U0139666

本书编写组

顾　　问：孙家栋　戚发轫　叶培建

主　　编：赵小津
副 主 编：李大明　路明辉　李　杰
执行主编：孙葅艺　吴晓波　高大林　张国航
成　　员：孟　旭　薛　飞　金哲阳　胡水洋　门　昱
　　　　　郭兆炜　赵淑霞　贾　然　王　莹　李　明
　　　　　潘　晨　于长海　卢昕平　李　敏　成　方
　　　　　庞　丹　王天成　叶峰屹　沈　昕　陆海东
　　　　　曹　冉　孙　琳　张宇通　詹　桓　时小丹
　　　　　李方乐　徐　芳　陈　袁　蒋德慧　邹　亮

旗帜的力量

中国共产党领导中国人民逐梦太空

中国空间技术研究院 编

赵小津 主编

人民出版社

责任编辑：毕于慧

封面设计：王欢欢

版式设计：汪　莹

图书在版编目（CIP）数据

旗帜的力量：中国共产党领导中国人民逐梦太空／中国空间技术研究院
　编．— 北京：人民出版社，2023.2（2023.6 重印）

ISBN 978－7－01－025326－8

I.①旗…　II.①中…　III.①中国共产党－航空航天工业－党的建设－
　研究　IV.① D267.1

中国版本图书馆 CIP 数据核字（2022）第 254612 号

旗帜的力量

QIZHI DE LILIANG

——中国共产党领导中国人民逐梦太空

中国空间技术研究院　编　赵小津　主编

人民出版社 出版发行

（100706　北京市东城区隆福寺街 99 号）

北京盛通印刷股份有限公司印刷　新华书店经销

2023 年 2 月第 1 版　2023 年 6 月北京第 4 次印刷

开本：710 毫米 × 1000 毫米 1/16　印张：22

字数：308 千字

ISBN 978－7－01－025326－8　定价：98.00 元

邮购地址 100706　北京市东城区隆福寺街 99 号

人民东方图书销售中心　电话（010）65250042　65289539

不忘初心跟党走
传承精神立新功

孙家栋
2025年1月

"共和国勋章"获得者，中国科学院院士，北斗导航工程、
探月工程首任总设计师孙家栋为本书题词

赓续红色血脉
探索浩瀚苍穹
高擎旗帜 实现
中国空间事业跨
越式发展

叶培建

2023.1

"人民科学家"，中国科学院院士，嫦娥二号、四号、五号，
天问一号总指挥、总设计师顾问叶培建为本书题词

目　录

序　一 ....戚发轫 001

序　二 ....赵小津 001

前　言 001

第一章　中国共产党的领导是中国人民逐梦太空的根本保证 005

　　第一节　中华飞天梦想　千年世代流传 007

　　第二节　中国共产党领导中国人民逐梦太空 011

　　第三节　听党指挥、强根铸魂引领中国航天跨越发展 020

第二章　社会主义建设时期：发愤图强　星出东方 025

　　第一节　我们也要搞人造卫星 027

　　第二节　创建中国空间技术研究院 036

　　第三节　全面推进卫星工程研制 044

　　第四节　发扬政治工作优良传统 060

　　第五节　坚持"支部建在连上" 070

　　第六节　建设又红又专的航天队伍 076

　　小　结 088

第三章　改革开放和社会主义现代化建设新时期：与时俱进
群星闪耀 091

　　第一节　发展应用卫星　服务国家战略 093

　　第二节　在世界高科技领域占有一席之地 112

第三节　推动航天科技惠及千家万户 ………………………… 131

第四节　党的建设和思想政治工作保障中心 ………………… 139

第五节　造就高素质航天人才队伍 …………………………… 152

第六节　大力弘扬践行航天"三大精神" …………………… 164

小　结 ……………………………………………………… 178

第四章　中国特色社会主义新时代：自信自强　星河璀璨 …… 181

第一节　坚持和加强党对航天事业的全面领导 ……………… 183

第二节　不断开创载人航天事业发展新局面 ………………… 199

第三节　开启星际探测新征程 ………………………………… 216

第四节　持续完善国家空间基础设施 ………………………… 233

第五节　航天科技造福中国、服务世界 ……………………… 246

第六节　实现航天强国梦必须坚持党建引领 ………………… 258

第七节　加快建设航天领域世界人才中心 …………………… 271

第八节　大力弘扬深厚博大的航天精神 ……………………… 283

小　结 ……………………………………………………… 296

第五章　中国共产党领导中国人民奋进航天强国建设新征程 … 297

第一节　党领导人民逐梦太空伟大奋斗的历史意义 ………… 299

第二节　党领导人民逐梦太空伟大奋斗的宝贵经验 ………… 305

第三节　奋进新征程　建功新时代　实现航天梦 …………… 317

主要参考文献 ……………………………………………………… 332

后　记 ……………………………………………………………… 339

序 一

读完这部《旗帜的力量》，我的心情久久不能平静。

我今年90岁了，一辈子相信党、跟党走，一辈子干航天、爱航天。回首往事，我更加深刻地感到，没有中国共产党，就没有新中国，就没有今天的中国航天事业。

我在大连长大，直到16岁才盼来了新中国的成立。那种曾经饱尝的"亡国奴"滋味和那种翻身当家作主、终于扬眉吐气的感觉，真是刻骨铭心。我决心把自己的一切都贡献给党的事业。1956年，我光荣地加入了中国共产党。第二年大学毕业，我来到了刚成立不久的国防部第五研究院，从"东风"导弹搞起；中国空间技术研究院成立后，又参与到"东方红一号"卫星研制工作中。党中央对我们非常关心，对航天坚定支持。1970年4月，周总理两次在人民大会堂听取工作汇报，亲自领导卫星发射取得圆满成功。那年五一劳动节的晚上，毛主席、周总理在天安门城楼上亲切接见研制代表，一起观看卫星飞过天空，聆听太空传来的《东方红》乐曲，毛主席还两次与我们亲切握手。《东方红》的旋律传遍了全中国、传到了全世界，让我感到无比高兴、无比激动。老一辈无产阶级革命家的高瞻远瞩、亲切关怀与严实作风，更是让我终生难忘，激励着我继续奋斗、永远奋斗。

从东方红一号开始，党领导我们大力发展卫星技术，勇于攀登科技高峰。邓小平同志高度肯定"人造卫星好"，强调要在高技术领域占有一席之地。1984年，东方红二号试验通信卫星飞到了赤道上空的静止轨道上，把信号覆盖到整个中国。之后，我们打破常规，向着技术更难、跨越更大的东方红三号通信卫星、风云二号气象卫星等发起冲锋，并不断加大民品研制开发力度，更好服务国计民生。

1992年，中国载人航天工程经过深入论证终于迎来立项。那一年我59岁，组织上考虑由我担任飞船的总设计师。我一方面为工程立项感到高兴；另一方面到了快退休的年纪，突然要承担这样的重担，心理上也很矛盾。但是国家有需要，就得义不容辞，必须义无反顾。在党中央的坚强领导和特别关怀下，我和同志们一起苦干实干，终于在新中国成立50周年时成功发射了神舟一号飞船。江泽民同志高度肯定我们是"特别能吃苦、特别能战斗、特别能攻关、特别能奉献"的队伍。2003年，杨利伟乘坐神舟五号遨游太空，回来后说："中国的飞船真棒！"胡锦涛同志满怀深情地说："中华民族的飞天梦想终于变成了现实。"那一年我70岁，得到这些评价，感到真是值了！

党的十八大以来，以习近平同志为核心的党中央运筹帷幄，擘画了建设航天强国的宏伟蓝图。航天队伍以"敢上九天揽月"的豪情壮志，矢志自立自强，勇于创新突破，在实干中推动空间科学、空间技术、空间应用全面发展，让航天事业实现伟大飞跃。从"神舟""天舟"，到"北斗""嫦娥"，再到"天问"和空间站，每一项成就都是历史性的跨越。这些都是党领导我们奋斗出来的，都凝聚着集体的劳动和集体的智慧。在航天队伍取得这些成绩的过程中，党的旗帜始终高扬在型号任务第一线，我在任何时候都感到党的领导就在身边、党组织就在身边、党建工作就在身边。作为一名老党员，我虽已到耄耋之年，但热血犹在。因为奋斗让人年轻！逐梦让人年轻！

习近平总书记指出，坚持党的领导、加强党的建设是"根"和"魂"。我认为这就是最根本、最重要的。相对宇宙来说，人太渺小了。但是每一个渺小的东西集中起来，能成就一番伟大的事业。航天事业为什么能跨越发展？关键就是在党的领导下，我们注重加强党的建设，统一了思想，鼓舞了干劲，让每一位同志在大群体中都能充分发挥聪明才智，让整个队伍充满力量，让各项工作总是沿着正确的轨道前进。

2021年建党百年时，组织为我颁发了"光荣在党50年"纪念章。我特别珍视这个荣誉，它不仅承载了党中央对我们老同志的敬重与关爱，也承载了党领导人民实现中华民族伟大复兴的光荣与梦想。现在，党的二十大已经胜利召开，我们正在向着全面建设社会主义现代化国家的宏伟目标挺进。但无论走得多远，都不能忘记来时的路。当得知中国空间技术研究院党委着眼实现航天梦、中国梦，决定组织编写一部系统回顾党领导人民逐梦太空的著作，我非常激动，当即建议编写组一定要坚定信念、深入研究，以强烈的历史责任感，承担好、完成好这项神圣的使命。

有志者事竟成。在研究院党委的领导下，编写组付出了艰苦努力，高质量地完成了任务。这本《旗帜的力量》站位高远、视角宏阔，字里行间充满了力量，让人很受鼓舞、很受启发。我认为，这本书带给我们最深刻的启发就是：只要我们坚定不移听党话、跟党走，以强根铸魂为引领，持续激发"旗帜的力量"，就一定能够推动事业跨越发展，在逐梦的征途上勇往直前，无往而不胜！

戚发轫

中国工程院院士、神舟飞船首任总设计师

2023 年 1 月

序 二

这本《旗帜的力量》，是自《精神的力量》一书后，我主持编写的第二本著作。能在党的二十大胜利召开、中国空间站全面建成之际，在人民出版社出版此书，深感荣幸。

编写此书的过程，于我和写作团队而言，是一件伟大的事，是进一步重温百年党史光辉历程、感悟中国共产党人初心使命的过程；是系统理清党领导中国人民逐梦太空、探索浩瀚宇宙历史脉络的过程，也是回溯我个人在航天领域 30 余年来亲身经历的过程。写作中，很多内容心有所感、思有所忆、随笔而书。我衷心希望，这本书能传递给读者以真实、以价值、以力量。

中国共产党是领导我们事业的核心力量。中国航天是由党一手缔造、一直关怀、一路领航的。历届党和国家领导人高度重视航天事业发展，给予亲切关怀和大力支持。特别是党的十八大以来，习近平总书记强调航天梦是强国梦的重要组成部分，作出一系列重要指示批示，明确指出要大力弘扬航天精神，坚持面向世界航天发展前沿、面向国家航天重大战略需求，强化使命担当，勇于创新突破，为中国人探索浩瀚宇宙、发展航天事业、建设航天强国注入了巨大信心和无穷力量。载人航天、月球探测、北斗导航等重大专项取得重要任务成功后，我作为参研参试人员代表多次受到习近平总书记会见，现场聆听讲话，深感荣幸。伟大事业都始于梦想、基于创新、成于实干，这充满力量的话语至今萦绕耳畔。

我常说，中国航天之所以能取得今日的辉煌成就，一是靠党中央的坚强领导，就是旗帜的力量；二是靠一代代航天人传承的航天精神，就是精神的力量。在中国航天半个多世纪的发展历程中，这两种力量一直相互交织、贯穿始终。旗帜为舵，给前行以方向、以保证，精神为桨，给奋进以动力、以支柱。两者共同引领推动中国人民在逐梦太空的航程中奋楫扬帆、破浪前行。自我 1987 年参加工作以来，这两种力量在我的航天人生轨迹中一直滋养着我，深刻影响着我，始终激励着我。

历史是最好的教科书，需要被铭记、被传承。刚参加工作之时，前辈们给我们讲过很多，党中央是如何决策创建中国空间技术研究院，如何领导我们排除万难、自力更生推动卫星研制，成功发射"东方红一号"卫星的。航天事业姓党为党的本色深深刻在我的心中。

20 世纪 90 年代，我作为一名青年科研人员参与型号任务，亲身经历了型号研制久攻不下的情况，也体会过型号任务遭受失利挫折的酸楚。那时，党中央给我们以最大限度的理解与包容。航天人在旗帜引领下奋起争先，走出了阴霾。进入新世纪，我担任过多个不同的职务，参与并见证了中国航天事业的跨越发展。在担任中国空间技术研究院副院长期间，我主管空间技术发展规划、通信卫星及平台化产品、卫星应用资源整合以及国际化业务；在担任中国长城工业总公司副总裁期间，我亲身经历了多次重要的国际谈判，参与了中国首颗出口卫星——尼日利亚通信卫星的谈判与签约。在党中央直接推动下，中国航天不断拓宽国际市场，成为中国外交的一张重要名片。在担任航天科技集团宇航部部长的十年中，航天型号任务井喷式发展，我们带领团队强有力地解决了高强密度火箭发射、星箭产品可靠性增长、星箭产品化、宇航型号风险分析与控制方法等瓶颈问题。那十年间，在党中央的领导和关怀下，载人航天、嫦娥探月、北斗导航、高分专项等航天重大工程任务有序推进，书写并不断刷新了世界航天发展史上的中国速度、中国高度、中国精度。

2016 年担任中国空间技术研究院党委书记以来，我主要负责研究院的党建和思想政治工作，对坚持党的领导、加强党的建设的重要意义和作用领会更加深刻。我先后担任载人航天、月球及深空探测等多个国家重大专项型号的发射场试验队临时党委书记，与全体试验队员一道投身发射场各项任务，参与并见证了一次次型号任务的圆满成功和中国航天的高光时刻。同时，研究院党委带领各级党组织坚决落实全面从严治党战略方针，以新时代党的建设总要求为指引，持续强化创新理论武装，坚持强基固本、强根铸魂，以系统工程思想构建党建工作体系，推动党建工作深度融入型号工程研制流程，推动党建工作穿透到班组，全面加强党建队伍建设，在以高质量党建引领高质量发展的征程中进行了深入的实践与探索，有力推动国家重大工程任务扎实推进，取得了以嫦娥揽月、北斗导航、天问探火、高分收官、空间站巡天为代表的民族复兴标志性成果。

同时，作为一名全国政协委员，我积极面向中国航天事业未来发展深入思考、倾力建言，着力推动新的国家航天重大专项立项，并在履职中接触到各行各业的优秀代表，深刻感受到党领导中国人民在不同领域、不同事业中所取得的伟大成就。我深刻体会到，党的领导是党和人民事业成功的根本保证。

2021 年是中国共产党成立一百周年。通过深入开展党史学习教育，中国空间技术研究院各级党组织、党员对党的百年历史的理解更加深入，对党领导中国航天事业实现跨越发展的脉络认识更加清晰。我更加深刻地认识到：我们在逐梦太空的征途上取得的一切成就，都是党和人民一道奋斗出来的。这一光辉历程必须写出来、传下去。

2022 年年初，我提出了编写这本《旗帜的力量》的想法，计划在党的二十大胜利召开后出版。之后，我们做了大量工作。2022 年 10 月，党的二十大胜利召开，科学谋划了未来五年乃至更长时期党和国家事业发展的目标任务和大政方针，擘画了新时代中国特色社会主义的宏伟蓝图，激励着全党全军全国各族人民团结奋斗。这本书也在大会胜利闭幕后不久顺利定稿。

这本书并没有以航天人作为单一视角，而是更多采用组织视角来回顾和讲述。我们希望通过此书告诉读者：中国共产党对中国航天事业的领导是全面的、坚定的、一以贯之的，中国航天事业对党中央各项方针政策的执行是坚决的、深入的、不折不扣的。无论在任何时期、任何阶段，中国航天事业都始终坚定不移听党指挥、向党而行，以党的意志为意志，以党的思想为指导，以党的部署为方向，是党和国家可以依靠的重要力量。党的旗帜始终高扬在中国航天事业每一名共产党员的心中。

只有善于在历史中寻找永恒，才能获得走向未来的智慧和力量。编完此书，多次通读校改，我反复思考这是一本怎样的书。这是一本以党史为背景、航天人深度解读中国航天事业的研究著作，是党的光辉历程在空间领域的时代缩影，是中国共产党的领导在中国航天的集中体现。在党的二十大胜利召开之际，我们编著此书，以此献给我们伟大的中国共产党和中国人民，献给为创建和发展中国航天事业谱写壮美篇章、建立卓越功勋的航天前辈，献给在新时代新征程上正在为强国伟业拼搏奋斗的战友和同事们。

我们真诚地希望，这本书能够为奋战在党和国家各项事业、各条战线上的人民群众进一步了解中国共产党领导中国人民逐梦太空的奋斗历程提供重要参考。

我们真诚地希望，这本书能够让各行各业的党组织、党员进一步感受到旗帜的力量，坚定不移为党的事业而奋斗，让鲜艳的党旗更加光辉璀璨！

我们真诚地希望，这本书能有助于汇聚起全国上下共同奋进全面建设社会主义现代化国家新征程的磅礴伟力，为早日实现第二个百年奋斗目标而携手奋斗！

我们坚信，只要我们更加紧密地团结在以习近平同志为核心的党中央周围，以习近平新时代中国特色社会主义思想为指导，毫不动摇地坚持党对一切工作的领导，坚决拥护和捍卫"两个确立"、增强"四个意识"、坚定"四个自信"、做到"两个维护"，就一定能加快把我国建设成为航天强国，就一定能够实现高水平科技自立自强，就一定能取得全面建设社会主义现代化国家、全面推进中华民族伟大复兴新的伟大胜利！

赵小津

2023 年 1 月于北京

前　言

对历史进程的认识越全面，对历史规律的把握越深刻，我们的历史智慧就越丰富，对前途的掌握就越主动。

探索浩瀚宇宙是中华民族不懈追求的伟大梦想。半个多世纪以来，中国共产党领导中国人民在逐梦太空的征途上砥砺奋进。中国航天在党的旗帜指引下，在人民的支持下，创造了以系列民族复兴标志性成果为代表的辉煌成就，走出了一条自力更生、自主创新的发展道路，积淀了深厚博大的航天精神，为筑牢国家安全基石、服务国家战略需求，推动中华民族伟大复兴作出了重要贡献，为中华民族迎来从站起来、富起来到强起来的伟大飞跃提供了重要战略支撑。

中国航天事业是党和国家的事业、人民的事业。追寻一个个载入史册的时代刻度，我们深切感受到，党旗所指即是前进方向，中国共产党的领导始终贯穿中国人民逐梦太空的伟大征程，是中国航天从无到有、从小到大、从弱到强，实现跨越发展、奋进强国征程的根本保证。

旗帜就是信仰。从"一穷二白"到"两弹一星"①，从卫星上天到繁星闪耀太空，中国共产党领导中国人民逐梦太空的一切奋斗、一切创造，都是为了富国强军、民族复兴的理想信念，都是在践行为中国人民谋幸福、为中华民族谋复兴的初心使命。在旗帜的引领下，中国航天因为信仰坚定，所以坚守理想；因为信念坚定，所以愈战愈勇；因为信心坚定，所以永不止步。

---

① "两弹一星"最初指原子弹、导弹和人造卫星，后来指导弹、核弹和人造卫星。核弹是原子弹和氢弹的合称。

　　旗帜就是力量。建设航天强国、实现伟大复兴，是伟大的事业，充满希望，也充满挑战。在旗帜的引领下，中国航天全面聚合党中央的坚强领导力量、全国人民的大力支持力量、航天队伍的团结拼搏力量，充分激发积聚起推动航天事业发展与航天强国建设的强大势能，不断增强勇敢战胜前进道路上一切艰难险阻的志气、骨气、底气，依靠顽强斗争打开事业发展新天地，有力推进科技创新，奋力实现自立自强。

　　旗帜就是方向。仰望星空，旗帜引领逐梦的征途；叩问苍穹，旗帜指明强国的道路。中国共产党领导中国人民逐梦太空，探索浩瀚宇宙的意志坚定不移，建设航天强国的战略清晰明确。旗帜高高飘扬，让一代代中国航天人看清前途、走好前路，执着的目光永远向前，前进的脚步永不停歇；旗帜鲜艳夺目，引领中国航天事业始终向着正确方向、朝着既定目标而不懈攀登。

　　进入新时代以来，旗帜的力量更加激越铿锵。

　　在旗帜的指引下，北斗三号全球卫星导航系统建成开通，高分辨率对地观测重大专项实现了遥感领域跨越式发展，探月工程"三步走"① 任务圆满完成，天问一号探测器成功着陆火星并实施火星巡视科学探测，中国空间站全面建成、我们的"太空之家"遨游苍穹……捷报频传提振民族士气，中国人民以前所未有的民族自信，昂首阔步走在全球太空探索前沿。

　　在旗帜的指引下，中国航天各级党组织坚决贯彻党的意志、执行党的决定，坚决落实新时代党的建设总要求，以系统工程思维推动党建与事业发展深度融合、同频共振，与时俱进创新党建工作方法，坚持不懈提升党建工作质量，更加有力地引领航天事业发展，并为推进新时代党的建设新的伟大工程贡献智慧和力量。

---

① 2004 年 1 月，绕月探测工程被正式批准立项，命名为嫦娥工程。我国探月工程规划为"绕、落、回"三期。第一步是"绕"，计划在 2004 年至 2007 年，研制和发展我国首颗月球探测卫星，实施绕月探测。第二步是"落"，计划在 2013 年前后进行首次月球软着陆和自动巡视勘测。第三步是"回"，计划在 2020 年前后进行首次月球样品自动取样返回探测。

在旗帜的指引下，航天队伍胸怀爱党爱国深情，肩负加快建设航天强国的光荣使命，秉承优良传统，践行航天精神，艰苦奋斗、顽强拼搏，系统组织实施航天重大工程，在拼搏中探索、在奋斗中创造，在历史洪流中砥砺前行、在时代进程中挺立潮头，取得一系列突破性进展、标志性成就，让中国航天不断创造新的历史，为推动党和国家事业取得历史性成就、发生历史性变革作出重要贡献，让中国人探索太空的脚步迈得更稳更远。

我们编写这本书，是为了方便读者更加深入地领略中国共产党领导中国人民逐梦太空的光辉历程。全书由五章组成。第一章重在概述，回溯中华民族飞天梦想，勾勒中国共产党领导中国人民创建和发展航天事业、建设航天强国的峥嵘历程，阐述党的领导始终是航天强国梦的根本指引，强根铸魂引领中国航天实现跨越发展。第二、三、四章重在回顾与讲述，将宏阔时代背景与事业发展进程相结合、党的路线方针政策与航天特色实践相结合，全面展现中国共产党领导中国人民逐梦太空的非凡历程。其中，第二章回顾了在社会主义建设时期，中国共产党领导中国人民进军太空、发愤图强，取得事业发展初步成果的艰辛探索；第三章介绍了改革开放和社会主义现代化建设新时期，中国共产党领导中国人民与时俱进、锐意进取，开启探索宇宙、应用空间的新阶段，推动我国航天事业大踏步赶上时代的奋斗征程；第四章浓墨重彩地讲述了中国特色社会主义进入新时代以来，中国共产党领导中国人民自信自强、守正创新，加快探索浩瀚宇宙、建设航天强国，奋力推动实现中华民族伟大复兴中国梦的伟大跨越。第五章重在阐发与展望，深刻总结中国共产党领导中国人民逐梦太空伟大奋斗的历史意义与宝贵经验，发出中国航天必将在新征程上坚持党的领导、加强党的建设，奋力向实现第二个百年奋斗目标迈进的时代强音。

2022 年 10 月，党的二十大胜利召开。大会明确宣示了中国共产党在全面建设社会主义现代化国家、全面推进中华民族伟大复兴的新征程上举什么旗、走什么路、以什么样的精神状态、朝着什么样的目标继续前进，对全面建成社会主义现代化强国两步走战略安排进行宏观展望，科学谋划未来 5 年乃至更长时期党和国家事业发展的目标任务和大政方针。习近平总书记发出号召：全党要紧密团结在党中央周围，高举中国特色社会主义伟大旗帜，坚定历史自信，增强历史主动，敢于斗争、敢于胜利，埋头苦干、锐意进取，团结带领全国各族人民为实现党的二十大确定的目标任务而奋斗。

党的使命神圣伟大，党的旗帜高高飘扬，党的事业蒸蒸日上。中国航天将紧密团结在以习近平同志为核心的党中央周围，高举中国特色社会主义伟大旗帜，全面贯彻习近平新时代中国特色社会主义思想，深刻领悟"两个确立"的决定性意义，增强"四个意识"、坚定"四个自信"、做到"两个维护"，踔厉奋发、勇毅前行、团结奋斗，高质量保证成功、高效率完成任务、高效益推动航天强国和国防建设，奋力谱写全面建设社会主义现代化国家新篇章，夺取中国特色社会主义新胜利，在新的赶考路上继续创造令人刮目相看的新奇迹。

我们坚信，在中国共产党领导中国人民逐梦太空的新征程上，鲜艳的党旗必将更加光辉璀璨，旗帜的力量必将更加澎湃升华！中国航天必将以新的奋斗、新的创造、新的业绩为党和人民的事业不断作出新的更大的贡献！

第 一 章

中国共产党的领导是
中国人民逐梦太空的
根本保证

自古以来，中华民族作为世界上古老而伟大的民族，创造了绵延五千多年的灿烂文明，为人类文明进步作出了不可磨灭的贡献。从玄幻神话到绝美飞天，从屈子问天到万户驭箭，从纸鸢竹鹊到神机火箭，中华民族仰观宇宙之大、遐想天上宫阙、欲上青天揽明月，在人类文明的卷轴中留下了追逐飞天梦想的东方印记，千年的飞天梦想同龙的图腾一道镌刻在一代代炎黄子孙的心中。

1921年中国共产党成立后，领导全国各族人民浴血奋战、百折不挠，实现了民族独立、人民解放。1949年天安门城楼上的庄严宣告，标志着中国人民站起来了。毛泽东说，中国是一个很古老的国家。革命胜利以来，变成了新的国家。①

星光辉映时代，奋斗托举梦想。新中国成立后，党中央审时度势，果断决定研制"两弹一星"，重点突破国防尖端技术，作出了对国家的发展和安全具有重大战略意义的英明决策。在中国共产党的坚强领导下，勤劳勇敢智慧的中国人民踏上了向宇宙空间进军的漫漫征途。党旗所指，行动所向。在旗帜的引领下，半个多世纪以来，中国航天坚持党的领导、加强党的建设，牢记初心使命、顽强拼搏奋斗，在逐梦太空的伟大征途上创造了以"两弹一星"、载人航天、北斗导航、深空探测等为代表的系列民族复兴标志性成果，推动我国成为航天大国、迈向航天强国，极大振奋了民族精神，极大提升了我国的国际地位，为党和人民赢得了伟大的胜利和荣光。

第一节　中华飞天梦想　千年世代流传

星空浩瀚，探索不止。人类自古就对浩瀚的宇宙空间充满好奇和向往，中华民族世代传递着飞天的传说和梦想。在这片"东渐于海，西被于流沙，

---

① 参见《毛泽东年谱（一九四九——一九七六）》第六卷，中央文献出版社2013年版，第167页。

朔南暨声教，讫于四海"的大地上，孕育了我国百万年的人类史、一万年的文化史、五千多年的文明史。我们的祖先仰望日月星辰，遥想天地宇宙，幻想探索和征服自然、改善生存和生活，创造了奇伟瑰丽的神话传说。盘古创世、女娲补天、夸父逐日、黄帝乘龙、嫦娥奔月等故事被代代传诵，传递着中华先民对开天辟地、改天换地、遨游天地的憧憬与向往，彰显了中华民族博大坚忍、自强不息、富于希望的品格特质。

神话是人类童年的产物，神话翅膀所翱翔的地方，总是吸引着一代又一代人的目光。先秦古籍、楚辞汉赋、魏晋文学、唐诗宋词、志怪小说，在中华民族的文学瑰宝中蕴含着大量的星空之观、宇宙之思。"鹏之徙于南冥也，水击三千里，抟扶摇而上者九万里。""夫列子御风而行，泠然善也。"……《山海经》《庄子》《列子》《淮南子》跨越千年，引人无限遐想。"天何所沓？十二焉分？日月安属？列星安陈？"……屈原抬头望天，发出了驰目骋怀、声震鸿蒙的千古《天问》。"奇肱民善为机巧，以杀百禽，能为飞车，从风远行。""鲁班刻木为鹤，一飞七百里。"……《博物志》《述异记》中的奇闻异事令人神往。"羿昔落九乌，天人清且安。""白兔捣药秋复春，嫦娥孤栖与谁邻。""孤月沧浪河汉清，北斗错落长庚明。"李白大量引用浪漫神话与日月星斗作诗，展现了壮阔胸襟与高超才情，让人俱怀逸兴壮思飞。"不知天上宫阙，今夕是何年。我欲乘风归去，又恐琼楼玉宇，高处不胜寒。"苏轼笔下的词句，意境豪放阔大，引得百代传唱。"从今去，任东西南北，作个飞仙。"陆游的浅吟仿佛真能凌云御风、求得逍遥。《西游记》中，天宫巍峨矗立，神仙腾云驾雾，孙悟空一个筋斗翻十万八千里。《月球殖民地小说》《新法螺先生谭》《电世界》等清末志怪小说延续着中华民族探索宇宙的瑰丽奇思与邈远想象。

飞天梦在神话传说和文学艺术中流传，也通过古代天文学的发展而更加具象。我国是世界上最早进入农耕生活的国家之一，农业生产要求有准确的农事季节，中华先民观测天象非常精勤，有力促进了古代天文知识的发展。商代的甲骨文已有对日食、月食、恒星、行星、彗星等天文现象的记载。在

《尚书》《诗经》《春秋》《左传》《国语》等典籍中，有着许多关于星宿的叙述和丰富的天象描绘。天文学在古代中国有着博大而深厚的传统，天学理论、天文仪器、观星测天、恒星体制、历法编制等，经过长期发展，达到了高深精微的程度，在世界几大文明中十分独特。古代中国将星座称为"星官"，建构了"三垣四象二十八宿"星官体系。星官的名字和布局都非常社会化，涵盖了古代神话、历史典故、社会制度、人文习俗等，几乎是按照地上人间的模式在天上复制了一个世界。这也成为中华文化"天人合一"宇宙观最典型、最形象的体现之一。

中华民族是勇于追梦的民族。在古代科学技术不发达的情况下，我们的祖先不仅将头顶的那片天空寄情于想象，也在劳动实践中进行了许多探索，取得丰富的技术成果。早在两千多年前的战国时代，我国就有了风筝，后来又陆续出现了竹蜻蜓、孔明灯等。《汉书》还有关于翼装飞行的记载。至迟到宋代，火药已经用于火箭，此时的火箭仍须由弩弓射出。到了明代，"二虎追羊箭""九龙箭""一窝蜂""火龙出水""飞空砂筒"等热兵器"火箭"相继出现。《武备志》记载了靠火药喷气推进的火箭外形。这种原始火箭虽然没有现代火箭那样复杂，但已经具有了战斗部（箭头）、推进系统（火药筒）、稳定系统（尾部羽毛）和箭体结构（箭杆），已经具备现代火箭的雏形。明代还有万户飞天的壮举。这位军官手持风筝，想靠数十支火箭发射的推力上天，不幸被摔得粉身碎骨。但作为人类首次飞天的尝试，这位先驱的英雄事迹被历史铭记，激励着一代代科学家投身航天事业、敢于探索创新甚至为科学献身。

13 世纪以后，伴随中西方的密切交往，中国的火药、火箭技术逐步传入欧洲，并对后来西方的文明发展与科技进步产生了深远影响。大航海时代到来后，西方文明逐步走向领先，并发生了近代科技革命。19 世纪，西方迎来"科学的世纪"。随着科学技术快速发展，一批科幻作家凭借杰出想象与优美笔触，大胆预测人类向太空进军的方式与路径，试图勾勒人类探索太空、利用太空的"遥远图景"，激发了西方社会关注航天、研究航天的兴趣与热情，带给科学家以非凡的灵感启发，给航天科技的产生与发展以重要启蒙。20世纪初，在欧美科学家的努力下，现代火箭技术在理论上有了重大进展，航天技术逐步实现了从理论研究到工程试验的重大突破。第二次世界大战结束后，美、苏很快建立起自己的导弹、火箭工业，并围绕研制发射人造地球卫星展开竞赛。进入20世纪50年代，世界上几个主要大国已经进入了所谓"原子时代"和"喷气时代"，航天技术进入了一个新的发展时期。1957年10月4日，苏联发射了人类第一颗人造地球卫星。1958年1月31日，美国的人造卫星也进入了太空。

反观中国，虽然在人类文明史上长期处于领先地位，但由于封建制度的禁锢，近代以来没有跟上世界科技大发展的潮流，错过了工业革命机遇，逐渐落后。1840年，西方用坚船利炮敲开了中国的大门，将这个东方古国一步步拖入了半殖民地半封建社会的深沼。国家蒙辱、人民蒙难、文明蒙尘，中华民族遭遇了前所未有的苦难。面对悲惨境地、存亡危机，中国人民没有屈服，而是挺起脊梁、奋起抗争，以百折不挠的精神，进行了一场场气壮山河的斗争，谱写了一曲曲可歌可泣的史诗。

中国是一只沉睡中的雄狮，它一旦被惊醒，世界会为之震动。近代以前，数千年的飞天梦止于文学想象，止于粗浅匠造，止于深重劫难。近代以来，导弹、火箭等航天技术快速发展，而处在战争状态下的旧中国，国民经济遭到严重破坏，科学研究力量十分薄弱，研究场所、设备、仪器和资金极端缺乏，发展现代航天技术更是无从谈及。在尖端技术方面，旧中国留下的完全是一张白纸，但中华民族绵延千年的飞天梦想没有止步。飞天的民族宏愿正如同中国人民期盼一个新世界一般，在等待着一股惊天动地的力量。

十月革命一声炮响，给中国送来了马克思列宁主义。五四运动之后，在中华民族内忧外患、社会危机空前深重的背景下，在马克思列宁主义与中国工人运动相结合的进程中，中国共产党于1921年应运而生。这是开天辟地的大事变，中国革命的面貌从此焕然一新。在中国共产党的领导下，中国人民被广泛动员组织起来，以精神上的主动掌握了历史的主动，历经二十八年浴血奋战，终于赢得了革命的胜利，建立了新中国。

"我们中华民族有同自己的敌人血战到底的气概，有在自力更生的基础上光复旧物的决心，有自立于世界民族之林的能力。"① 早在延安时期，毛泽东就以铿锵有力的话语，充分展示了中国共产党人领导中国人民实现中华民族伟大复兴的坚定信念。有了坚强有力的中国共产党，有了在党的领导下团结一心、众志成城的中国人民，我们就有了实现美好梦想的坚强意志，就有了完成远大目标的坚实底气。这也昭示着，世代流传的中华民族飞天梦已经不再遥远。

第二节　中国共产党领导中国人民逐梦太空

中国共产党自成立以来，始终把为中国人民谋幸福、为中华民族谋复兴作为自己的初心使命，始终坚持共产主义理想和社会主义信念，团结带领全国各族人民为争取民族独立、人民解放和实现国家富强、人民幸福而不懈奋斗。实现伟大梦想要靠拼搏和实干。自 20 世纪 50 年代起，中国共产党领导中国人民创建和发展了航天事业，踏上了探索浩瀚宇宙、逐梦无垠太空的征途，奋力建设航天强国、实现伟大复兴。在中华民族发展进步的新纪元里，在中国共产党的领导下，中国人民开创了逐梦太空的伟大事业，不仅叩开了头顶的穹庐，更点亮了文明的火炬，让千古夙愿从梦想真正地变为现实。

探索浩瀚宇宙，进入太空时代

天翻地覆慨而慷。以中华人民共和国成立为标志，中国人民站起来了。中国共产党成为在全国范围执掌政权的党，踏上了带领人民创造幸福美好生活的新征程。当时，中华大地万象更新，但经济还十分落后，工业基础和科

---

① 《毛泽东选集》第一卷，人民出版社 1991 年版，第 161 页。

学技术力量很薄弱，可谓百业待兴、百废待举。同时，新中国处于帝国主义的封锁、包围和威胁之下，面临着复杂形势与艰巨考验。

在中国共产党的领导下，"我们是能够克服困难的，不管什么样的困难也不怕"。① 毛泽东代表中国共产党人和中国人民向世界宣告："我们不但善于破坏一个旧世界，我们还将善于建设一个新世界。"② 当时，党中央在抓紧培养人才的同时，向海外留学生发出了回国参加建设的号召，各部门各方面积极开展工作。一大批热爱祖国、矢志报国的海外游子义无反顾回国，共建美丽山河，作出重大贡献。抗美援朝的胜利，让全世界对中国刮目相看，彰显了新中国的大国地位，也极大促进了国防和军队现代化建设。

中国作为一个大国，要不受人欺负，就必须树雄心、立壮志，依靠自己的力量，拥有现代化的武器装备。新中国的诞生，社会主义革命和建设的开展，为我国科学技术的发展开辟了广阔的道路。1953 年，我国开始执行第一个五年计划。到 1956 年，我国初步建立了一些工业部门，科学技术事业也有了一定的基础。为了把有限的人力、物力、财力，集中使用在最重要、最急需、最能影响全局的方面并首先取得突破，党中央决定重点发展以导弹、原子能为代表的尖端技术，并把发展导弹技术作为我国国防科技的一个重要主攻方向。

20 世纪 50 年代中后期，党中央决策创建航天事业，毛泽东以人民领袖的深邃政治智慧、超凡战略眼光与豪迈雄伟气魄，以高度的革命乐观主义精神与万丈豪情，提出"我们也要搞一点卫星"，领导中国人民正式迈出了逐梦太空的步伐，同时宣告中华民族有信心、有勇气登上空间活动的舞台。

1956 年 10 月 8 日，党的八大胜利闭幕后不久，我国第一个导弹研究机构——国防部第五研究院宣告成立，中国航天事业由此创建。同时，在党中央的领导下，以中国科学院为主的科研机构，首先以研制探空火箭开路，开

---

① 《毛泽东文集》第五卷，人民出版社 1996 年版，第 315 页。
② 《毛泽东选集》第四卷，人民出版社 1991 年版，第 1439 页。

展高空探测活动，同时开展人造地球卫星相关单项技术的研究和测量、试验设备的研制，为发展我国航天器技术和地面测控技术做了准备。毛泽东擘画航天蓝图，批准重大决策，多次会见、考察，鼓舞航天队伍艰苦奋斗、勇于登攀。周恩来、聂荣臻作为事业的直接领导者、组织者，以极高的组织能力与领导艺术，以民主作风与亲切关怀，推动航天事业在一穷二白的基础上创建并发展起来。在社会主义建设时期，党中央坚定决心，采取正确政策，坚持自力更生、独立研制，制定适合我国国情的航天发展战略，组织社会主义大协作，广泛调动各方面的积极性，在短期内就建立起比较配套的航天工程体系，开展了多种型号的独立研制，取得了令人信服的成绩。尤其是进入 20 世纪 60 年代，面对中苏交恶、三年自然灾害等困难挑战，党和人民没有动摇、后退，而是始终坚定民族自尊心和自信心，推动中国航天坚持走独立研制的道路，取得了导弹技术的重大突破。到 20 世纪 60 年代中后期，随着我国第一颗人造卫星及其运载火箭研制工作的全面展开，这两条战线的工作开始结合起来，整个航天工程体系集中起来。"文革"开始后，航天事业也受到很大影响，航天队伍在逆境中奋力前进。为了确保东方红一号卫星研制，党中央决策成立了中国空间技术研究院。在党的坚强领导和国家的统一规划、统一指挥下，我国航天事业以更大的规模、更快的速度向前发展，相继取得了东方红一号、实践一号和返回式遥感卫星的发射成功，为之后的发展打下了坚实基础。

中国航天事业的创建与发展，空间技术的探索与进步，受到了毛泽东的鼓舞与启迪。在毛泽东的诗词中，有着许多关于太空、航天的深刻感触与深远思索。"寂寞嫦娥舒广袖，万里长空且为忠魂舞。""坐地日行八万里，巡天遥看一千河。""人类而今上太空，但悲不见五洲同。""为有牺牲多壮志，敢教日月换新天。""可上九天揽月，可下五洋捉鳖，谈笑凯歌还。世上无难事，只要肯登攀。"……字里行间洋溢着浩然之气，酣畅淋漓地表达着人民领袖大无畏的革命乐观主义精神，体现着中国人民敢于斗争、敢于胜利的坚定信念与强大气魄。我国导弹、火箭和卫星、飞船、探测器等许多型号的名字都取自毛泽东诗词。中国航天人用科学探索与人文情怀，验证了伟人的思维创造，彰显了伟大的中国力量。

发展航天事业，攀登科技高峰

自 20 世纪 70 年代起，世界科技发展突飞猛进，航天科技尤其是空间技术成为世界各国综合国力竞争的焦点。"文革"结束后，在党中央的领导和各方面的共同努力下，航天事业的发展很快迎来了安定团结的崭新局面。1977 年，经党中央批准，20 世纪 80 年代前期的航天任务主要目标是：向太平洋海域发射远程运载火箭、发射静止轨道试验通信卫星、从水下发射固体燃料火箭。1978 年 3 月，全国科学大会在京召开，"科学的春天"到来了。1978 年 12 月，党召开十一届三中全会，实现了党和国家工作中心的战略转移。党中央领导中国航天坚持以科研生产为中心，以"出成果、出人才，为社会主义服务"为根本任务，推动各项工作走上了正规化、科学化的轨道。

改革开放后，党中央继往开来，大力推动空间技术发展及产业化，下决心搞应用卫星、载人航天、月球探测等航天重大工程，推动航天事业在改革开放的时代大潮中更好服务国计民生、有力支撑富国强军，大踏步赶上时代、走向国际。同时，党中央注重弘扬优良传统，提出并叫响了航天传统精神、"两弹一星"精神和载人航天精神，为全民族全社会增添了宝贵的精神财富。

20 世纪 70 年代末到 80 年代，以邓小平同志为核心的党中央从实际出发、从世界大势出发、从国情出发，高度重视科学技术的作用，调整政策、采取措施，鲜明提出"科学技术是第一生产力"，推动航天事业系统发展，推动我国空间技术从试验进入应用阶段，更好服务国计民生和国防建设，勇于攀登科技高峰。按照邓小平的指示，中国航天把力量集中到急用、实用的应用卫星上来，推动我国应用卫星和卫星应用技术获得长足进步。我国于 1984 年成功发射了东方红二号试验通信卫星，这是"我国社会主义现代化建设取得的一个重大成就"。①1986年，我国开始推进东方红三号通信卫星、风云二号气象卫星、资源一号卫星"新三星"任务。同年3月，四位科学家向党中央提出跟踪世界先进水平、发展高科技的建议，邓小平很快作出批示。11月，我国决定实施高科技发展的"863"计划。载人航天工程论证很快开始推进。邓小平强调"尊重知识、尊重人才"，并明确要求"发展高科技，实现产业化"②，极大鼓舞了航天队伍，有力促进了航天科技产业化发展，推动开创了民品发展新天地。

进入20世纪90年代，新旧世纪交替在即，新的千年即将开始。以江泽民同志为核心的党中央决策实施科教兴国、人才强国等战略，大力支持航天事业发展。党中央于1992年下决心搞载人航天，批准"921"工程③立项，之后领导航天队伍和全国人民拼搏七年，一举实现了神舟一号飞船发射成功和圆满返回。在改革开放浪潮中，党中央强调坚持自力更生为主、引进为辅，持续鼓励队伍沉着冷静应对挫折挑战，坚定信心、艰苦奋斗，于1997年至1999年终于实现了"新三星"任务的成功，并以与巴西合作研制发射中巴地球资源卫星，成就了"南南合作"的典范。党中央作出建立社会主义市场经济体制重大部署，大力支持小卫星和民用产业发展，同时持续深化航天管理体制和运行机制改革，为航天事业更好服务人民群众并在新世纪实现更大发展做好了体制机制上的准备。着眼国家战略与国家安全需要，党中央于1994年作出建设独立自主的卫星导航系统的重大战略决策，到2000年航天队伍完成了北斗卫星导航试验系统建设。在新中国成立50周年之际，党中央、国务院、中央军委作出决定，隆重表彰为研制"两弹一星"作出突出贡献的23位科学家，授予他们"两弹一星功勋奖章"，并提出了"两弹一星"

① 参见《四化建设的重大成就 航天技术的新飞跃标志 我国发射的试验通信卫星成功定点 中共中央国务院中央军委致电祝贺》，《人民日报》1984年4月19日。
② 《邓小平文选》第三卷，人民出版社1993年版，第409页。
③ 中国载人航天工程于1992年9月21日由中共中央政治局常委会批准立项，代号"921"工程，是中国空间科学实验的重大战略工程之一。

精神，在全社会引起强烈反响。世纪之交，神舟飞船飞天遨游，更多卫星通天盖地，我国在航天高技术领域不断进取，在更高起点上迈入 21 世纪。

进入新世纪，世界新科技革命发展的势头更加迅猛，孕育着新的重大突破，科技竞争成为国际综合国力竞争的焦点。我国发展也迎来了一个新的历史起点，进入了全面建设小康社会、加快推进社会主义现代化新的发展阶段。

党的十六大召开后，以胡锦涛同志为总书记的党中央要求，必须紧紧抓住 21 世纪头 20 年的重要战略机遇期，大力推进改革开放，提出建设创新型国家，将航天列入国家重大科技专项，强调集中力量实施好国家重大航天工程。党中央领导航天队伍和全国人民以"特别"的精神，在科学发展中跨越、在自主创新中登攀，实现了千年飞天梦、九天揽月梦，并开辟了更为广阔的领域和空间。2003 年，我国完成首次载人飞行任务，这是中国人民在攀登世界科技高峰征程上的又一个伟大壮举。党中央大力叫响载人航天精神，坚定支持继续推进载人航天工程后续任务，并于 2010 年批准通过了空间站建设立项报告。2008 年，中国人成功完成首次太空行走；2011 年，首次交会对接任务圆满成功。探月工程于 2004 年立项，嫦娥一号于 2007 年实现绕月飞行，嫦娥二号于 2010 年成功发射绕月，之后飞得更远，成为我国首个行星探测器，标志着中国人开启了走向深空探索宇宙奥秘的时代。这一阶段，按照中央部署，我国启动实施了高分辨率对地观测系统的建设，并在通信、遥感、导航、空间科学与技术试验等各领域不断取得创新突破；进军国际市场，实现整星出口"零"的突破；同时，推动航天技术应用产业发展迈出重要步伐，并向国内国际用户广泛提供服务。

在改革开放和社会主义现代化建设新时期，中国共产党领导中国人民逐梦太空的步伐不断加快，开创了群星闪耀、载人航天、飞天揽月的恢宏图景。中国航天没有走错路，没有走弯路，更没有走回头路，而是始终沿着党领导的正确方向坚定前行，每一步都使事业发展跃上了一个新的高度。《人民日报》评论指出，如果把我国整体科技事业比作一只奔腾的巨龙，那么航天科技事业就是龙头。① 新中国成立特别是改革开放以来，中国航天事业这个龙头始终高高昂起，将中国科技事业不断抬升到新高度，使中国的国际地位和核心竞争力跃升到新水平。②

建设航天强国，奔赴伟大复兴

从党的十八大开始，中国特色社会主义进入新时代。以习近平同志为核心的党中央以伟大的历史主动精神、巨大的政治勇气、强烈的责任担当，统筹中华民族伟大复兴战略全局和世界百年未有之大变局，带领全党全国人民拼搏奋斗、勇毅前行，推动党和国家事业取得历史性成就、发生历史性变革，实现了全面建成小康社会的第一个百年奋斗目标，开启了全面建设社会主义现代化国家新征程。

科技兴则民族兴，科技强则国家强。中国特色社会主义进入了新时代，我们也迎来了世界新一轮科技革命和产业变革同我国转变发展方式的历史性交汇期，既面临着千载难逢的历史机遇，又面临着差距拉大的严峻挑战。以习近平同志为核心的党中央高度重视科学技术，强调实现中国梦必须坚持创新驱动发展，把科技创新摆在国家发展全局的核心位置，把科技自立自强作为国家发展的战略支撑，坚持走中国特色自主创新道路，敢于走别人没有走过的路，不断在攻坚克难中追求卓越，掌握全球科技竞争先机，建设世界科技强国。

航天是关系国家全局和长远的重要领域，受到以习近平同志为核心的党中央的高度重视与亲切关怀。习近平很早便与航天结缘。1970 年 4 月 24 日，东方红一号卫星发射成功，遨游太空。消息传出，举国轰动，当时还不到17 周岁的习近平受到极大振奋。2013 年 5 月，他来到中国空间技术研究院参加"实现中国梦，青春勇担当"主题团日活动，参观航天成就，在东方红

---

① 参见本报评论员：《让中国航天的龙头高高昂起》，《人民日报》2006 年 10 月 14 日。

② 参见廖文根：《中国航天龙头高昂》，《人民日报》2008 年 11 月 7 日。

一号卫星总装的历史图片前，重温当年深情回忆道，"我当时在延川县梁家河村当知青，听到了发射成功的消息，非常激动！"①

党的十七大召开后，习近平到中央工作。作为中共中央政治局常委、中央书记处书记、国家副主席，他多次观看神舟、嫦娥等航天重大工程任务实况，并多次在谈话中提到"两弹一星"，提到航天。2011年1月26日，习近平代表胡锦涛总书记和党中央，来到航天科技专家、"两弹一星"元勋孙家栋院士家中亲切看望，关切询问孙老的身体和起居情况，对他为我国航天科技事业发展作出的突出贡献表示敬意和感谢，并认真听取孙老对创新型科技人才培养的意见和建议。②

2012年11月，党的十八大实现了中央领导集体的新老交替。习近平当选为十八届中央委员会总书记后不久，首次提出并阐释了实现中华民族伟大复兴的中国梦。作为当今世界最具挑战性和广泛带动性的高技术领域之一，航天是推动国家科技进步的强大引擎。要实现中国梦，更须着力推动航天事业发展，用航天梦托举中国梦，让中华民族和中国人民底气更足、腰杆更硬、说话更有分量。以习近平同志为核心的党中央高度重视航天事业发展，高度认可航天成就，高度褒扬航天精神，高度期待建设航天强国的前景。党的十九大明确提出建设航天强国的宏伟目标。习近平总书记对航天梦进行了深刻思索与宏远擘画，在不同场合和重大节点，通过讲话、谈话、指示、批示、书信、贺电等多种形式，作出一系列重要论述，表达亲切关怀，明确奋斗要求，为发展航天事业注入了强大动力，为建设航天强国指明了前进方向。

在以习近平同志为核心的党中央坚强领导下，全国人民万众一心支持航天事业发展，各方面协同攻坚勇于创新突破。航天队伍牢记习近平总书记嘱托，勇于探索、追求卓越，鼓舞起"敢上九天揽月"的豪情壮志，在党的领

① 《中国有梦 青春无悔——习近平五四青年节参加主题团日活动侧记》，《人民日报》2013年5月6日。
② 参见《习近平亲切看望著名科学家》，《人民日报》2011年1月27日。

导下敢下先手棋、善打主动仗，全力推进重大专项和重大工程，推动空间科学、空间技术、空间应用全面发展、创新发展、高质量发展，让中国航天不断创造新的历史，在逐梦太空的征途上谱写了新的壮美篇章。

载人航天"三步走"①、探月工程"三步走"、卫星导航"三步走"②等发展战略全面实现。中国载人航天工程连战连捷，中国空间站全面建成、遨游苍穹。嫦娥四号在人类历史上首次实现了航天器在月球背面软着陆和巡视勘察，嫦娥五号首次实现了我国地外天体采样返回，天问一号探测火星一次实现"绕、着、巡"。北斗三号全球卫星导航系统建成开通、稳定运行，造福中国，造福世界。

我国着力建设高速泛在、天地一体、集成互联、安全高效的信息基础设施，打造全球覆盖、高效运行的通信、导航、遥感空间基础设施体系。高分辨率对地观测系统建成开通，提供"高分"服务。东方红五号卫星公用平台首飞试验成功，我国跻身世界一流通信卫星"俱乐部"。第二代地球同步轨道数据中继卫星完成全球组网，"天链"系统扩容升级。首颗陆地生态系统碳监测卫星"句芒号"③遥瞰绿水青山，助力"碳达峰、碳中和"。慧眼号、张衡一号等空间科学与技术试验卫星取得丰硕成果。

通过加快航天科技领域自主创新成果转化应用，我国卫星应用体系日益

---

① 1992 年 9 月 21 日，中共中央政治局常委会批准我国载人航天工程按"三步走"发展战略实施：第一步，发射载人飞船，建成初步配套的试验性载人飞船工程，开展空间应用实验；第二步，突破航天员出舱活动技术、空间飞行器的交会对接技术，发射空间实验室，解决有一定规模的、短期有人照料的空间应用问题；第三步，建造空间站，解决有较大规模的、长期有人照料的空间应用问题。

② 北斗系统是党中央决策实施的国家重大科技工程。工程自 1994 年启动，采取了"三步走"发展战略。第一步于 2000 年完成北斗一号建设，解决有无问题，为国土及周边提供服务。第二步于 2012 年建成北斗二号系统，将服务范围扩大至亚太区域，服务于"一带一路"沿线国家和地区。第三步于 2020 年建成北斗三号系统，面向全球提供高精度、高可靠的定位、导航、授时服务。

③ "句芒"，是中国古代民间神话中的木神、春神，主管树木发芽生长，与祝融齐名。卫星采用此名，象征对自然环境的敬畏与责任。

完善，有力支撑了各行业的综合应用，不仅全面融入"五位一体"总体布局，为人民创造了更加美好的生活，而且赋能未来，开辟了更加广阔的发展前景。

习近平以宽广的视野与博大的胸怀，鲜明提出推动建设新型国际关系、构建人类命运共同体、共建"一带一路"、弘扬全人类共同价值等一系列重要思想和重大倡议，并高度关注中国航天事业的国际合作。在以习近平同志为核心的党中央坚强领导下，中国航天坚持合理开发、利用空间资源，保护空间环境，坚持在平等互利、和平利用、包容发展的基础上，与世界各国深入开展国际交流合作，致力于共享航天科技发展成果，为人类和平利用太空、推动构建人类命运共同体贡献更多中国智慧、中国方案、中国力量。

以习近平同志为核心的党中央十分关心航天队伍建设和航天青年成长成才，非常强调传承和弘扬深厚博大的航天精神，凝练提出了探月精神和新时代北斗精神，将其纳入中国共产党人的精神谱系。在党中央坚强领导下，中国航天已成为创新高地、人才高地、精神高地，为奋进新征程、建功新时代、实现航天梦、托举中国梦，准备了重要人才条件，提供了强大精神力量。

回望来时路，在党中央的英明决策和坚强领导下，在党的科学理论指引下，在中央领导同志始终如一的亲切关心与一以贯之的大力支持下，中国人民在逐梦太空的征途上创造了彪炳史册的伟大成就。没有中国共产党就没有新中国，没有中国共产党就没有今天的中国航天事业，没有中国共产党就没有实现航天梦、中国梦的光明前景。在实现中华民族伟大复兴的康庄大道上，中国共产党始终是我们成就伟业最可靠的"主心骨"，党的坚强领导始终是中国航天事业发展和成功的根本保证。中国共产党作为伟大、光荣、正确的党，将继续领导中国人民在逐梦太空的征途上永不止步、一往无前。

第三节　听党指挥、强根铸魂引领中国航天跨越发展

要坚持党的领导，必须加强党的建设；只有加强党的建设，才能让党的

领导更加坚强有力。一路走来，航天队伍以旗帜的力量为引领，听党指挥、向党而行，坚定不移坚持党的领导，毫不动摇加强党的建设，坚持强根铸魂，永葆鲜红底色，历经苦难辉煌，实现跨越发展。

坚持党的领导、加强党的建设，不仅是党中央一贯强调的重要工作原则，更是我们事业发展的根本所在、命脉所在，任何时候都只能加强、不能削弱，必须捍卫、绝不能动摇。毛泽东强调："离开了中国共产党的领导，任何革命都不能成功。"[1]"统一战线，武装斗争，党的建设，是中国共产党在中国革命中战胜敌人的三个法宝，三个主要的法宝。"[2] 习近平指出，党的领导是做好党和国家各项工作的根本保证，是党和国家事业不断发展的"定海神针"。[3]"党和人民事业发展到什么阶段，党的建设就要推进到什么阶段。这是加强党的建设必须把握的基本规律。"[4]

新中国成立后，面对帝国主义封锁包围和国内百废待兴的复杂局面，党中央深刻把握世界发展大势和科技发展趋势，以全局视野和长远眼光，毅然作出发展航天事业、进军宇宙空间的战略决策。一路走来，党中央高瞻远瞩、举旗定向，为航天事业发展壮大指引了明确方向；党中央运筹帷幄、科学领导，为航天事业取得成功提供了不竭力量；党中央亲切关怀、深情勉励，为航天事业赓续辉煌注入了强大动能。与此同时，马克思列宁主义、毛泽东思想、邓小平理论、"三个代表"重要思想、科学发展观、习近平新时代中国特色社会主义思想作为党的指导思想，有力武装头脑，科学指导实践，推动航天事业充分发挥社会主义制度集中力量办大事的政治优越性，在中国特色自主创新道路上持续奋进。

探索浩瀚宇宙、发展航天事业、建设航天强国是航天队伍肩负的历史使命。党的旗帜从一开始就引领航天队伍的奋斗。1968 年 2 月，中国空间技

---

[1] 《毛泽东选集》第二卷，人民出版社 1991 年版，第 651 页。
[2] 《毛泽东选集》第二卷，人民出版社 1991 年版，第 606 页。
[3] 参见习近平：《毫不动摇坚持和加强党的全面领导》，《求是》2021 年第 18 期。
[4] 习近平：《在庆祝中国共产党成立 95 周年大会上的讲话》，《求是》2021 年第 8 期。

术研究院正式成立，集中力量，形成拳头，进行突破。半个多世纪以来，中国空间技术研究院始终听党话、跟党走，在奔涌不息的时代潮流中砥砺奋进、勇往直前，在逐梦太空的征途上与各方面大力协同、团结奋斗，开展了一系列的技术攻关与创新探索，先后铸就了东方红一号人造卫星、神舟五号载人飞船和嫦娥一号月球探测卫星"三大里程碑"，实现了我国航天领域的"多个第一"，形成了六大系列航天器，大力推进了航天技术应用，创造了彪炳史册的非凡成就，将中国航天不断推向世界科技发展的舞台中央，让中华民族昂首阔步走在人类探索宇宙奥秘、和平利用太空的前列。

坚守初心铸忠诚，旗帜引领写辉煌。半个多世纪来，中国航天始终坚持党的领导，听从党的召唤，服从党的指挥，加强党的建设，从光荣中走来，在旗帜下前行，以人民为中心，进行了伟大奋斗，取得了伟大成就，积淀了伟大精神，实现了跨越发展，深度融入了以中国式现代化全面推进中华民族伟大复兴的历史进程。

在社会主义建设时期，中国航天在党中央的坚强领导和中央领导同志的亲切关怀下，发愤图强、艰苦创业，从无到有地发展起来。这一时期，航天各级党组织坚持党的领导，以政治工作为生命线，充分发扬党的政治工作优良传统，坚持"支部建在连上"的政治原则，充分发挥基层党组织战斗堡垒作用，建立起一套完善的政治工作制度，构建起一支又红又专、百炼千锤、善打硬仗的队伍，有力保证了党的领导在航天领域贯彻落地，确保了党对航天事业发展规划的有力落实；同时，积极采取措施排除干扰，经受住了特殊时期的严峻考验。以强有力的政治工作为保证，中国航天在困难条件下顺利起航，相继取得了东方红一号、实践一号和多颗返回式卫星研制发射任务的成功。

在改革开放和社会主义现代化建设新时期，中国航天主动适应伟大历史转折，落实党的路线方针政策，全面推进党的建设新的伟大工程，把党的建设工作重点转移到服务科研生产任务上来，开创了与时俱进、蓬勃发展的新局面。这一时期，航天各级党组织紧跟全党解放思想、改革开放的历史步伐，不断增强基层党组织的凝聚力、战斗力。科学构建科研生产中的党建与思想政治工作体系，将党建与思想政治工作有效纳入大型试验任务全过程、全周期，全面保障重大工程任务圆满成功。认真组织开展整党、"三讲"教育、保持共产党员先进性教育、深入学习实践科学发展观、创先争优等教育实践活动，探索出一条富有航天特色的党内集中教育路径。深入落实党的人才政策，健全人才培养体系，大力培养高素质航天科技人才，实现院士专家英才辈出。以规范化科学化党建为推动，中国航天从新时期跨入新世纪，实现了全面发展，迎来了百星在天。

在中国特色社会主义新时代，中国航天坚定不移加强党的领导、加强党的建设，以强根铸魂的高质量党建为有力引领，为实现航天梦、中国梦而不懈奋斗。这一时期，航天各级党组织深入学习贯彻落实习近平新时代中国特色社会主义思想，坚决拥护"两个确立"，增强"四个意识"、坚定"四个自信"、做到"两个维护"，深入贯彻落实新时代党的建设总要求，全面贯彻落实全国国有企业党建工作会议精神，充分发挥党委把方向、管大局、保落实的全面领导作用，坚持以政治建设为统领，服从服务国家发展战略。强化党的创新理论武装，深入开展党内集中学习教育，扎实开展党的群众路线教育实践活动、"三严三实"专题教育、"两学一做"学习教育、"不忘初心、牢记使命"主题教育、党史学习教育，推动把科学理论伟力转化成磅礴实践伟力。大力传承弘扬深厚博大的航天精神，铸就叫响了探月精神、新时代北斗精神，不仅为事业发展注入磅礴绵延的精神力量，而且丰富了中国共产党人的精神谱系，为中国人民和中华民族增添了新的宝贵精神财富。运用系统工程方法加强党建工作体系建设，坚持压实责任、健全制度、培育队伍、优化考核相统一，促进基层党组织全面进步、全面过硬。深刻汲取党的十八大以来全面从严治党的成功经验，以坚持党要管党、全面从严治党的清醒和坚定，做到理想信念坚定、组织体系严密、纪律规矩严明。坚持用形势任务教育凝聚力量，用理想信念教育鼓舞斗志，推动党建工作全方位深度融入型号研制主线，让党旗始终在重大工程一线高高飘扬。坚持党管干部、党管人才、党管青年，着力培养忠诚干净担当的高素质专业化干部队伍，形成一大批领军人才、卓越工程师、高技能人才竞相涌流的生动局面，让一大批航天青年迅速成长起来，推动人才优势更好地转化为事业发展战略优势，确保事业朝气蓬勃、后继有人。以高质量党建为引领，中国航天在新时代实现巨大飞跃，创造了以载人航天、探月探火、卫星导航等为代表的重大成果，正在奋力实现高质量发展与高水平科技自立自强，加快建设航天强国。

党旗所指，行动所向。回顾半个多世纪以来的奋斗，在中国人民逐梦太空的征途上，坚持党的领导，加强党的建设，从根本上确保了党的路线方针政策和党中央重大决策部署得到坚决贯彻；航天队伍强根铸魂、砥砺奋进，交出了事业跨越发展的优异答卷，没有辜负党的亲切关怀、人民的殷切期待。可以说，一部中国航天事业的发展史，就是一部党领导航天人不断从胜利走向新的胜利的成功史，就是一部航天人听党话、跟党走的奋斗史，同时也是一部强根铸魂引领事业跨越发展的实践史。

历史与实践充分证明：中国共产党是敢于斗争、敢于胜利的伟大政党，中国人民是勤劳勇敢、自强不息的伟大人民，中华民族是有志气、有非凡创造力的伟大民族。在党的坚强领导下，在全国人民的大力支持下，在全面建设社会主义现代化国家的新征程中，中国航天有信心、有能力继续攀登科技高峰，创造更多人间奇迹。探索浩瀚宇宙、发展航天事业、建设航天强国的航天梦，一定会在中国共产党领导中国人民逐梦太空的接续奋斗中变成现实。

第 二 章

社会主义建设时期：
发愤图强　星出东方

　　从 1949 年 10 月中华人民共和国成立到 1978 年 12 月党的十一届三中全会召开，是中国共产党领导中国人民进行社会主义革命和推进社会主义建设的历史时期。这一时期，党领导人民自力更生、发愤图强，进行社会主义革命，确立社会主义基本制度，推进社会主义建设，实现了中华民族有史以来最为广泛而深刻的社会变革，为实现中华民族伟大复兴奠定了根本政治前提和制度基础。

　　在这一历史进程中，中国共产党和中国人民仰望星空，建立了中国航天事业，迈出了进军宇宙的坚毅步伐。在党中央的坚强领导下，在全国人民的大力支持下，中国航天以毛泽东思想为指导，独立自主地创建和发展起来。为了集中力量、形成拳头，克服干扰、取得突破，按照党中央部署，中国空间技术研究院于 1968 年 2 月 20 日正式成立。我国从此有了专门研制人造卫星及其他航天器的科研机构。

　　在艰苦创业的岁月里，中国航天事业坚持政治工作就是党的工作，以政治工作为生命线，弘扬光荣传统，落实党的政策，勇攀技术高峰，逐步形成了配套的航天器研制体系，锻造了一支身经百战、百炼千锤、基础扎实、善打硬仗的坚强攻关队伍。这一时期，我国取得了东方红一号、实践一号和 3 颗返回式遥感卫星等发射成功，推进了载人航天领域的探索和应用卫星研制工作的起步，创造出非凡的科学奇迹，撑起了中华民族的坚实脊梁。

第一节　我们也要搞人造卫星

　　在全国革命胜利之际，毛泽东豪情满怀地说，中国人民将会看见，中国的命运一经操在人民自己的手里，中国就将如太阳升起在东方那样，以自己的辉煌的光焰普照大地，迅速地荡涤反动政府留下来的污泥浊水，治好战争的创伤，建设起一个崭新的强盛的名副其实的人民共和国。[①] 之后，中国共

---

① 参见《毛泽东选集》第四卷，人民出版社 1991 年版，第 1467 页。

产党领导人民建立了社会主义制度，进行了中国历史上从来不曾有过的热气腾腾的社会主义建设，并将目光投向太空，有力推动了中国航天事业的创建与起步，开创了中华民族向宇宙进军的新纪元。

决定突破尖端技术，创建航天事业

以中华人民共和国成立为标志，领导和组织人民革命取得胜利的中国共产党，成为在全国范围执掌政权的党，担负起领导全国各族人民建设新生活的重任，踏上了为实现国家富强、人民幸福而奋斗的新征程。

当时，党和人民面临着严峻考验，许多困难亟待解决。建立巩固的现代化国防，建设一支强大的正规化、现代化的革命军队，成为党提出的一项重大任务。1955 年 1 月，党中央和毛主席作出了发展原子能事业、研制原子弹的决定。研究发展导弹技术也提上了日程。"在今天的世界上，我们要不受人家欺负，就不能没有这个东西。"[1]毛泽东说，没有那个东西，人家就说你不算数。那么好，我就搞一点。[2]同年 3 月，毛泽东更明确地指出："我们进入了这样一个时期，就是我们现在所从事的、所思考的、所钻研的，是钻社会主义工业化，钻社会主义改造，钻现代化的国防"。[3]

1956 年 1 月，毛泽东等党和国家领导人以及 1300 多名领导干部，在中南海怀仁堂听取中国科学院 4 位学部主任关于国内外科技发展的报告，党中央向全党全国发出"向科学进军"的号召。在 1 月 25 日召开的最高国务会议第六次会议上，毛泽东进一步指出："我国人民应该有一个远大的规划，要在几十年内，努力改变我国在经济上和科学文化上的落后状况，迅速达到世界上的先进水平。"[4]很快，国务院成立科学规划委员会，制定

---

[1] 《毛泽东年谱（一九四九——一九七六）》第二卷，中央文献出版社 2013 年版，第 567 页。

[2] 参见《毛泽东年谱（一九四九——一九七六）》第三卷，中央文献出版社 2013 年版，第 373 页。

[3] 《毛泽东文集》第六卷，人民出版社 1999 年版，第 395 页。

[4] 《毛泽东文集》第七卷，人民出版社 1999 年版，第 2 页。

《一九五六——一九六七年科学技术发展远景规划纲要》，拉开了向科学进军的序幕。《纲要》明确了"重点发展，迎头赶上"和"以任务带科学"的方针，确定了 57 项重点任务，并特别强调发展原子能、火箭和喷气技术等尖端技术。

为了突破尖端技术，党和国家抓紧培养人才。同时，在党中央的号召下，一大批热爱祖国、矢志报国的海外游子纷纷回国效力，作出重大贡献。其中，世界知名的科学家钱学森在周恩来的亲自关心下，冲破重重阻碍，最终于 1955 年 10 月踏上祖国的土地。1956 年 2 月 1 日，毛泽东亲切接见钱学森。17 日，钱学森向国务院递交了《建立我国国防航空工业的意见书》，就组建导弹研究机构的组织架构、人员选调、发展规划和实施步骤，提出了具体建议和意见。毛泽东、周恩来等对此高度重视。党中央作出了一系列有关导弹技术发展的重大决策。

1956 年，我国完成社会主义改造，建立了社会主义制度，以《论十大关系》发表和党的八大召开为标志，党对中国社会主义建设道路的探索有了良好开端。毛泽东在《论十大关系》中强调，国防不可不有。现在，我们有了一定的国防力量，已经比过去强，以后还要比现在强。[1]1956 年 9 月，党的八大在北京召开，强调"一步步地把我国建设成为一个伟大的社会主义工业化的国家"。党的八大根据我国社会主义改造基本完成后的形势，提出国内主要矛盾已经不再是工人阶级和资产阶级的矛盾，而是人民对于经济文化迅速发展的需要同当前经济文化不能满足人民需要的状况之间的矛盾，全国人民的主要任务是集中力量发展社会生产力，实现国家工业化，逐步满足人民日益增长的物质和文化需要。[2]

大会闭幕后不到半个月，国防部第五研究院成立大会 10 月 8 日在北京召开。聂荣臻出席大会并宣告研究院成立，他展望说，现在人数虽少，但只

---

① 参见《毛泽东文集》第七卷，人民出版社 1999 年版，第 27 页。
② 参见《中国共产党的一百年（社会主义革命和建设时期）》，中共党史出版社 2022 年版，第 465—466 页。

要大家团结一心、艰苦奋斗，中国的导弹事业一定会有美好的前景。经聂荣臻提出、毛泽东和周恩来批准，国防部五院的建院方针被确定为"自力更生为主，力争外援和利用资本主义国家已有的科学成果"。①

以国防部五院的成立为标志，中国航天事业正式创建，从此开启了在党的坚强领导下，与人民同向同步探索社会主义的奋进之路。

发出"我们也要搞人造卫星"伟大号召

1957年是十月革命40周年。这一年10月4日，苏联发射了人类第一颗人造地球卫星，展现了新的发展图景，激发了中国对人造卫星的浓厚兴趣。

11月2日，毛泽东应邀到访莫斯科。在机场的讲话中，他高度评价"苏联发射第一个人造地球卫星不是一个简单的事件，人类进一步征服自然界的新纪元从此开始了"。②11月3日，苏联又发射了一颗更大且肉眼可见的人造地球卫星，还载有一只叫"莱卡"的小狗。在红场举行的纪念十月革命胜利40周年阅兵式上，毛泽东还见到了最新型的火箭。他敏锐地作出判断："从今以后，西风压不倒东风，东风一定要压倒西风。"③

苏联卫星上天，让西方受到极大震撼。西方国家对苏联的实力刮目相看，甚至开始质疑自己国家的制度、经济模式、文化，怀疑自己是不是站在"历史正确的一边"。1957年12月6日，美国人匆匆实施了一次发射，但遭遇失败，直至翌年1月31日才将一颗重约14公斤④的"探险者1号"卫星送入太空。苏联和美国相继发射卫星后，两国进行了长达30多年的太空竞赛。

中国是个大国，必须在探索太空的征途上有所作为。毛泽东以人民领袖的雄才大略展望航天科技的发展前景，进行了深入的思考。1957年12月，

① 参见《聂荣臻年谱》上卷，人民出版社1999年版，第590页。
② 《毛泽东年谱（一九四九——一九七六）》第三卷，中央文献出版社2013年版，第234页。
③ 《毛泽东年谱（一九四九——一九七六）》第三卷，中央文献出版社2013年版，第249页。
④ 该数据包含卫星本体（8.22公斤）外的其他结构。

毛泽东在中南海颐年堂同各民主党派负责人和无党派民主人士谈话时谈到，再过十年八年，卫星、火箭都可以造。①1958 年 1 月，他在主持最高国务会议第 14 次会议时强调，"重心要转到技术革命，要革地球的命。要搞技术，搞工业、农业技术，要来一个革命"。②

1958 年 5 月 15 日，苏联发射了第 3 颗卫星，重达 1327 公斤，是美国"探险者 1 号"卫星重量的近百倍。当时，党的八大二次会议正在北京举行。毛泽东在会上多次提到人造卫星，于 5 月 17 日发出了"我们也要搞人造卫星"的伟大号召。他说，苏联第三颗卫星上天，这是好事。我们也要搞一点卫星。③

从"不能没有这个东西"到"我们也要搞人造卫星"，党中央和毛主席作出了研制"两弹一星"、重点突破国防尖端技术的伟大决策。历史证明，这是一项很有远见、很有胆略的战略决策，对于中国国防科技事业发展和国防现代化建设具有重大而深远的意义。

20 世纪五六十年代，我国经济落后、工业基础薄弱，帝国主义对我国实行制裁封锁。尽管在原子弹、导弹研制初期，苏联的援助发挥了一定的作用，但这种作用是有限的。1960 年苏联突然断绝援助，撤走了所有专家。在中国共产党的领导下，在中国人民的大力支持下，老一代航天人和科技工作者筚路蓝缕，在艰苦奋斗中勇于登攀，在 20 世纪 60 年代搞成了导弹，相继爆炸了原子弹、氢弹。钱学森后来回忆道，当年党中央、毛主席下决心搞"两弹"，那真是了不起的决策。那个时候，我们连汽车都没造出来，竟决定搞最尖端的技术——导弹和原子弹，没有无产阶级革命家的伟大胸怀和气魄，谁敢作这样的决策？我国第一枚导弹在 1960 年就首次发射成功了，第

① 参见《毛泽东年谱（一九四九——一九七六）》第三卷，中央文献出版社 2013 年版，第 261 页。
② 《毛泽东年谱（一九四九——一九七六）》第三卷，中央文献出版社 2013 年版，第 291 页。
③ 参见《毛泽东年谱（一九四九——一九七六）》第三卷，中央文献出版社 2013 年版，第 350—351 页。

一颗原子弹在 1964 年就炸响了。这样的速度是空前的。[1]

推进卫星技术探索

以卫星技术等为代表，中国的航天科技是在完全没有外援的情况下，在一穷二白、一无所有的基础上，独立自主、自力更生地发展起来的。"穷者，几乎一无所有；白者，一张白纸，好做文章。穷，就要革命，就要干，就有一股劲儿。"[2]

1957 年苏联发射卫星后，我国科学界很快作出反应。赵九章、钱学森等科学家积极建议开展人造卫星的研制工作。中国科学院党组研究决定，将卫星研制列为 1958 年第一项重大任务，命名为"581"任务。聂荣臻召集专门会议，责成中科院和国防部五院组织有关专家拟定人造卫星发展规划草案。

"我们也要搞人造卫星"的号召发出后不久，毛泽东于 1958 年 7 月 1 日写下《七律·送瘟神》。钱学森后来从"坐地日行八万里，巡天遥看一千河"[3]的诗句中受到启发，提出把人类在大气层之外的飞行活动称为"航天"。

7 月初，中科院初步提出了我国卫星规划和"三步走"思路，要求苦战三年，实现我国第一颗卫星上天；并成立"581"工程组，开展卫星预研。国家很快也派出了"高空大气物理代表团"到苏联考察"取经"，积极争取援助。

10 月，毛泽东、刘少奇、周恩来、李富春、聂荣臻、彭德怀等参观了中科院"自然科学跃进成果展览会"，观看了展出的运载火箭模型、人造卫

---

① 参见本刊编辑部：《周谷城、华罗庚、钱学森等知识界知名人士谈新中国和毛泽东》，《党的文献》2009 年第 5 期。

② 《毛泽东年谱（一九四九——一九七六）》第三卷，中央文献出版社 2013 年版，第 289—290 页。

③ 毛泽东在 1958 年 8 月 25 日致周世钊的信中说，"巡天，即谓我们这个太阳系（地球在内）每日每时都在银河系里穿来穿去。银河一河也，河则无限，'一千'言其多而已。我们人类只是'巡'在一条河中，'看'则可以无数"。

航天事业创建之初，钱学森等大力推动人才培养①

星设计蓝图、高空探测仪器模型。毛泽东对钱学森讲，要独立自主，自力更生，敢于走前人没有走过的道路。②

11月，中科院向中央汇报了科学家们对研制人造卫星的意见和计划，得到赞同。中央政治局研究并决定拨2亿元支持中科院研制卫星。这笔钱推动了一系列相关项目的开展与建设，为早期的导弹与运载火箭技术发展和卫星技术探索奠定了重要基础。

在当时"争上游"的形势下，发射卫星一开始被认为比较简单，但随着工作的深入，计划推进遭遇了困难。赴苏考察的"高空大气物理代表团"一行只看到火箭的一个头部，连卫星的影子也没见到，更谈不上获得技术援助。航天队伍深刻认识到，空间技术要由初级到高级逐步发展，根据当时的国情，发射卫星的技术条件是不具备的。

时任中央委员会总书记的邓小平实事求是地分析了国内经济、科技形

① 此为钱学森为近代力学系学生上课的场景，摄于中国科学技术大学。

② 参见《毛泽东年谱（一九四九——一九七六）》第三卷，中央文献出版社2013年版，第479页。

势，指示现在放卫星与国力不相称，要调整空间技术研究任务。1959年1月，中科院党组传达了这一指示，提出"大腿变小腿，卫星变探空"的工作方针，决定调整任务、收缩机构，把力量重点转移到研制探空火箭上来，不断探索卫星发展方向。①

在那个艰苦奋斗、乐于奉献的年代里，党领导人民投身热火朝天的社会主义建设，加速推进科学技术发展。1956年制定的12年科学技术发展远景规划，到1962年就基本完成了；1963年，我国又提前制定了新的10年科学技术发展规划。毛泽东在听取聂荣臻关于规划的汇报时说，科学技术这一仗，一定要打，而且必须打好。不搞科学技术，生产力无法提高。②

探空火箭是进行空间探测和科学试验的有效探测工具，其研制很快取得了突破，为我国第一颗人造卫星上天开辟了道路。1960年2月19日，我国自行设计制造的"T-7M"③试验型液体探空火箭在上海市南汇县（今上海市南汇区老港镇）的简易发射场首次发射成功，飞行高度8公里，迈出了我国探空火箭技术的第一步。王希季主持了这枚火箭的研制任务。5月28日，毛泽东参观上海科学技术成果展览，躬身仔细察看了"T-7M"探空火箭模型。他说"不算太低，亦不算高"，鼓励航天队伍从八公里到二十公里、二百公里地搞上去。④

1962年11月3日，毛泽东在罗瑞卿关于建议成立一个专门委员会的报告上作出批示："很好，照办。要大力协同做好这件工作。"⑤随即，中央十五

① 参见张钧主编：《当代中国的航天事业》，中国社会科学出版社1986年版，第28页。
② 参见《毛泽东文集》第八卷，人民出版社1999年版，第351页。
③ "T-7M"火箭是型号为"T-7"的无控制探空火箭的缩比模型火箭。
④ 参见《毛泽东年谱（一九四九——一九七六）》第四卷，中央文献出版社2013年版，第405页。当时，探空火箭的设计研制任务，主要由上海机电设计院承担。王希季作为技术负责人主持了这枚火箭的研制任务。该设计院之后调整为七机部第八设计院，1971年调归中国空间技术研究院。这支队伍还承担了长征一号运载火箭早期的设计研制工作，之后按照规划方案移交给七机部，由火箭技术研究院承担。
⑤ 《毛泽东年谱（一九四九——一九七六）》第五卷，中央文献出版社2013年版，第167页。

人专门委员会成立，这是在党中央直接领导下的具有高度权威的行政权力机构，主要任务是促进原子能事业和导弹核武器等的发展，周恩来任主任。1965 年 3 月，随着委员会组成人员的调整和增加，委员会改称为中央专门委员会（即中央专委）。中央十五人专门委员会成立后，我国对尖端武器的研究工作开始提速。

批准"651"工程上马

1964 年是新中国成立 15 周年，国民经济调整任务持续取得进展。10 月 16 日，我国爆炸了第一颗原子弹，蘑菇云升空的画面永留史册。在这样的形势下，党适时提出了新的奋斗目标。1964 年底，三届全国人大一次会议在北京召开。毛泽东在审阅修改《政府工作报告》时写道："我们不能走世界各国技术发展的老路，跟在别人后面一步一步地爬行。我们必须打破常规，尽量采用先进技术，在一个不太长的历史时期内，把我国建设成为一个社会主义的现代化的强国。"[①] 周恩来在会上郑重提出实现"四个现代化"的历史任务，从此成为党和全国各族人民的共同奋斗目标，成为凝聚和团结全国各族人民不懈奋斗的强大精神力量。[②]

与此同时，加速我国人造卫星研制的问题也提上日程。赵九章和钱学森先后上书中央，认为现在已有条件考虑卫星问题，建议加速我国空间技术的发展。周恩来十分重视两位科学家的建议和意见。聂荣臻批示"人造卫星只要力量有可能，就要积极去搞"。[③]

1965 年 4 月，国防科委根据各有关方面座谈的意见，提出了 1970 年至 1971 年发射我国第一颗人造卫星的设想。7 月，中科院受国防科委委托，提

---

① 《毛泽东年谱（一九四九——一九七六）》第五卷，中央文献出版社 2013 年版，第 447 页。

② 周恩来提出，"在不太长的历史时期内，把我国建设成为一个具有现代农业、现代工业、现代国防和现代科学技术的社会主义强国，赶上和超过世界先进水平"。参见《中国共产党简史》，人民出版社、中共党史出版社 2021 年版，第 198 页。

③ 戚发轫：《毛泽东与东方红卫星》，载《中国航天腾飞之路》，中国文史出版社 1999 年版，第 12 页。

出了《关于发展我国人造卫星工作的规划方案建议》。当时的判断是：如果运载工具 1969 年能搞出来，1970 年发射人造卫星是可能的。中央专委先后原则批准了上述设想和规划建议，决定将这项工作纳入国家任务，列入各有关部门的长远规划及年度计划。

根据中央批准的方案，整个卫星工程由国防科委负责组织协调，卫星本体和地面测控系统由中科院负责，运载火箭由七机部①负责，卫星发射场由国防科委试验基地负责建设。我国第一颗人造卫星由此进入工程研制阶段，工程代号被定为"651"②。周恩来 1965 年在审议人造卫星方案部署时强调，只要"651"任务需要，全国的人、财、物都可以调动起来，不管是哪个地方、哪个单位的，一律放行，全面绿灯。③1966 年初，中科院正式成立了"651"设计院（即卫星设计院），推进卫星总体方案论证设计，着手筹建有关的试验室。赵九章任院长，钱骥等任副院长。此外，中科院还发挥各有关研究所的专业技术特长，安排了 100 多项空间技术预先研究课题，并研究制定了《发展中国人造卫星事业的十年规划》。这一规划后来成为描绘我国人造卫星事业宏伟蓝图的重要指导性文件。这一时期，从干部到人才，从政策到资金，从场地到设备，党中央都给予倾斜和大力支持。人造卫星研制任务在党中央的坚强领导下得以顺利推进。

第二节　创建中国空间技术研究院

组织相对集中的科研机构，"集中力量，形成拳头，进行突破"，是我国

---

① 七机部是第七机械工业部的简称。为了将当时分散在不同部门的研制单位有效协调组织起来，1964 年 12 月 26 日，三届全国人大一次会议通过了成立七机部的决议。七机部以国防部第五研究院为主要基础，统一管理整个航天科技工业。

② 1965 年 1 月 8 日，钱学森写信给国防科委主任聂荣臻，认为已有条件考虑卫星研制问题。1965 年一季度，周恩来批示中国科学院提出具体方案。在"581"任务的基础上，这一工程代号被定为"651"任务。

③ 参见姜天骄：《太空奏响"东方红"》，《经济》2021 年第 5 期。

从 20 世纪五六十年代经济和技术的实际情况出发，组织科技攻关积累的一条重要经验。根据当时的形势和推进空间工程的需要，有必要建立一个专门研制人造卫星及其他航天器的机构，以形成我国完整的航天工业体系。党中央作出决策，成立中国空间技术研究院。研究院成立后，领导机构从建院之初的军管会到党的核心领导小组，再到临时党委、党委，党的组织形式在变迁中逐步健全，党的领导逐步加强。在事业初创阶段，具有鲜明时代特色的领导组织形式有效发挥了引领作用，确保了党的路线、方针、政策在空间技术领域的执行与落实，推动中华民族迈入太空时代。

集中力量，形成拳头

由于历史原因，我国第一颗人造卫星的研制工作，最早是分散在中国科学院、七机部等相关机构和部门进行的。这给组织领导和指挥调度带来了很多困难。

1966 年 5 月，经国防科委、中国科学院、七机部等相关单位商定，同意将我国第一颗人造地球卫星命名为"东方红一号"、将运载火箭命名为"长征一号"，我国第一个航天工程进入技术攻关阶段。就在我国人造卫星研制即将迎来大好局面之时，"文化大革命"开始了，航天科研部门和科研工作遭受巨大影响，原来承担东方红一号卫星本体研制任务的中国科学院受到冲击，生产秩序遭到破坏。[1] 此时，尽可能降低"文化大革命"干扰是当务之急，解决第一颗人造卫星研制的领导组织体制问题迫在眉睫，决定了研制工作能否顺利进行。

毛泽东一直关心着国防科研体制调整任务，曾亲自向聂荣臻询问调整进展等情况。1967 年 3 月 20 日，毛泽东审阅周恩来 3 月 18 日关于对国防工业部门和国防科研院所实行军管的报告后，批示："退总理照办。"周恩来在报告中指出：对国防工业各部门的研究院、所和科学院所属承担国防任务的

---

[1] 参见《走向宇宙——第一颗人造地球卫星上天》，《人民日报》1999 年 9 月 17 日。

各研究所，拟同意聂荣臻同志的意见，交国防科委实行军管。①

6月，中央军委同意了国防科委提出的组建中国空间技术研究院的方案。8月，国防科委决定在中国空间技术研究院成立前，先成立"国防科学技术委员会651筹备处"。9月，聂荣臻向中央提出了《关于国防科研体制调整改组方案的报告》，建议把国防科研方面的研究力量进一步集中起来，成立18个研究院，其中第五研究院为"人造卫星、宇宙飞船研究院"，即后来的中国空间技术研究院。10月25日，毛泽东在此报告上批示："此件压了很久，今天看过，很好，照办。"②

11月，党中央、国务院、中央军委、中央文革小组转发聂荣臻的报告。国防科委召开会议，讨论了中国空间技术研究院的组建方案，明确了所属单位的方向、任务、分工、人员调整，确定该院以中科院"651"设计院、自动化研究所、北京科学仪器厂、力学所分部、原新技术局所属应用地球物理研究所、西南电子研究所、兰州物理研究所、北京电工研究所、上海科学仪器厂、山西科学仪器厂以及军事医学科学院第三研究所等单位为基础，并从七机部抽调部分技术骨干进行组建。总人数体量约为8500余人。其中，中科院划归的研制队伍为5000余人。当时，经钱学森向聂荣臻推荐，孙家栋从七机部火箭技术研究院调往中国空间技术研究院，负责我国第一颗人造地球卫星的总体设计工作，他还选了戚发轫等18名条件优越、技术水平高超的同志一并投入卫星研制工作。

1968年2月20日，中国人民解放军第五研究院（中国空间技术研究院）正式成立，属于军队建制，由国防科委领导。七机部副部长钱学森兼任首任院长，常勇任政治委员。研究院的主要职责和任务是：参与制定国家的航天发展规划，负责航天器的技术指标论证，负责各类航天器的研究、设计、生产和试验，负责与运载火箭、发射场和地面测控系统之间的技术

---

① 参见《毛泽东年谱（一九四九——一九七六）》第六卷，中央文献出版社2013年版，第67页。

② 《毛泽东年谱（一九四九——一九七六）》第六卷，中央文献出版社2013年版，第136页。

协调。

中国空间技术研究院的成立，标志着中国航天在空间技术领域的主导力量已经形成，极大推动了东方红一号及后续我国各类人造卫星、航天器的研制工作。

在"军管"中边建设、边研制

"军管"，指对一些地区、部门和单位实行军事管制或军事接管，是"文革"期间军队"三支两军"①政策之一，对于稳定"文革"初期的混乱局面发挥了一定作用。国家对国防科研机构实行"军管"，使我国空间技术的发展最大限度地免受"文革"动乱的破坏，保持基本的工作秩序，在特殊时期实现有序发展。

"文革"发生后，全国掀起"踢开党委闹革命"的浪潮，党的组织活动基本被叫停。1967 年，在老一辈无产阶级革命家的力争下，党中央、中央军委先后作出一系列有利于稳定部队的规定。1 月 14 日，党中央下发了《关于不得把斗争锋芒指向军队的通知》，强调军队担负战备和保卫国防的任务，不许任何人、任何组织冲击人民解放军的机关。②

3 月 19 日，中央军委根据毛泽东的指示作出了《关于集中力量执行支左、支农、支工、军管、军训任务的决定》，在全军推行"三支两军"政策。3 月 20 日，毛泽东发出"关于对国防科研机构实行军事接管"的指示。③

4 月 3 日起，中央军委设立支左工作、支工支农工作、军管工作三个办公室。军管工作办公室由叶剑英领导，其中科研系统的军管由军委副主席聂荣臻负责。人民解放军各总部、各军兵种、各军区遵照毛泽东和党中央的指

---

① "三支两军"：支左（支持当时被称为左派群众的人们）、支工（支援工业）、支农（支援农业），军管（对一些地区、部门和单位实行军事管制）、军训（对学生进行军事训练）。

② 参见肖裕声主编：《中国共产党军队政治工作史》下卷，军事科学出版社 2015 年版，第 503 页。

③ 参见肖裕声主编：《中国共产党军队政治工作史》下卷，军事科学出版社 2015 年版，第 526 页。

示、命令，在中央军委的领导下，积极贯彻执行党中央、国务院和中央军委赋予的军管任务，对一些要害部门和重要单位实行军管。[①]

1968年2月8日，中央军委决定，国防部国防科学技术委员会改称中国人民解放军国防科学技术委员会，对所属17个研究院和1个设计院，分别授予部队番号。中国空间技术研究院成立时，部队番号为"中国人民解放军第五研究院"，代号"中国人民解放军总字815部队"。初生的研究院全面贯彻党领导军队的各项制度，实行党委集体领导下的首长分工负责制。

中国空间技术研究院成立之初，军管工作办公室向研究院派出的军管会成为事实上的领导组织机构。按照党中央、国务院、中央军委关于各级军区机关不搞"大鸣、大放、大字报、大辩论"的决定，军管会采取"以正面教育为主"的教育方式，在每周组织至少一天的集中理论学习之外，尽最大可能在政治上保护型号研制队伍，减少政治风波的冲击和干扰，全力确保东方红一号、实践一号等卫星型号的研制工作顺利推进。

1968年7月27日，北京市的60多个工厂、3万多名工人根据毛泽东的指示，组成"首都工人毛泽东思想宣传队"，进驻北京各大专院校，接管学校的领导权。工宣队进驻研究院期间，对东方红一号卫星的研制造成了极大的影响。一大批经验丰富、技术过硬的领导干部和科研工作者由于历史原因和成分问题被迫"靠边站"，离开研制队伍，很多人家里也遭到了翻查。9月2日，中央军委、中央文革小组发出通知，工宣队很快撤出。在军管会的领导下，研究院的科研生产秩序很快得到了恢复。

1972年，党中央、中央军委印发关于陆续撤回革委会中军队人员的相关文件，全国各地军管会的军队人员也开始陆续撤回原属部队，"三支两军"工作逐步结束。这一时期，在"军管"保护下，外部环境对空间技术领域的干扰得到最大程度的抑制，这也为20世纪70年代取得一系列航天科技成就

[①] 参见肖裕声主编：《中国共产党军队政治工作史》下卷，军事科学出版社2015年版，第526页。

筑牢了坚实屏障。

核心领导小组推动空间技术发展

自 1969 年起，军管会按照上级要求，贯彻毛泽东整党建党学说，以加强党的建设、加强党员教育、加强党章教育为目标，在各级党组织分步骤、有计划地推进整党建党工作。通过开展整党建党工作，党员队伍的组织生活得到基本恢复，基层党支部的建设逐步走向完善，党员和群众的政治觉悟、纪律意识大大提高。同时，整党建党工作进一步强化了军管人员联系群众的作风，密切了党群关系，营造了"抓革命、促生产、促工作、促战备"的形势。

1970 年初，党中央召开整党建党工作座谈会，下发工作情况报告。文件指出，在党委没有建立之前，革委会内设立党的核心领导小组代行职权。国防科委于同年 4 月，批准成立中国空间技术研究院党的核心领导小组。党的核心领导小组的成立，明确了"军管"中党的领导组织形式，为党委成立做了组织层面的初步准备，对于开展党的建设工作、加强研制人员思想教育具有重要意义。

1970 年 5 月 15 日，经国务院、中央军委批准，研究院划归七机部领导，但仍属军队序列、国防科委建制。在特殊的时代背景下，党的核心领导小组承担起党组织的角色和作用，努力在政治风波中保持战略定力，坚决抵制国防尖端技术战线上搞大计划、高指标、瞎指挥等不良风气，坚决纠正违背科研规律的"左"倾冒进计划，突出研制重点，刹住了"5 年内把 14 种空间飞行器投入使用"等不切实际的空间技术发展规划倾向，全力保障了当时正在进行的返回式遥感卫星等型号任务的研制进程。

1972 年，周恩来结合批判极"左"思潮，推动各方面工作有了明显起色。党的核心领导小组坚持按照客观规律办事，以严格的科学态度加强管理，并针对"文化大革命"造成的科研生产失序、规章制度废弛、仪器设备失修、产品质量下降等情况进行了初步整顿。

1973 年 7 月 24 日，按照中央决定，研究院正式脱离军队序列，划归七机部建制，同时期，京外单位也逐步建立起院和地方的"双重领导"体制。这在当时对加强党的领导发挥了积极的促进作用。

临时党委有效发挥领导作用

研究院正式划归七机部建制后，按照国防科委相关要求，实行党委集体领导下的首长分工负责制，并要求任命厂所长及政委的单位，全面加强党委或核心领导小组的领导。

当时，研究院党的核心领导小组中老同志居多，中年同志偏少，青年占比基本为零，距离中央关于领导队伍"老中青三结合"的原则存在差距，在调动全院各年龄层次干部职工抓革命、促生产方面存在一定限制。

航天党组织机构的健全及领导队伍的结构，关系到卫星研制任务的顺利推进和事业发展方向。经七机部批复，研究院临时党委及革命委员会于1974 年底正式成立，自 1975 年元旦起正式办公。

临时党委成立后，有效发挥了党委的领导作用，积极贯彻落实党中央指示，正确执行党的知识分子政策和科学技术政策，科学确定技术发展方向，调整专业分工及优化人员结构，建立科研生产管理制度，并在畅通技术指挥渠道、进行大规模基础建设、狠抓基础技术研究等方面做了大量开拓性工作。坚持贯彻建院初期"边建设、边研制"的方针政策，带领研制队伍发愤图强、知难而进，全力完成了我国返回式遥感卫星发射回收任务。

在广大干部群众的强烈要求下，临时党委本着"精简、统一效能、节约和反对官僚主义"的原则，逐步调整和加强党组织的地位及作用，将群众拥护、支持作为选拔干部的重要考量因素，高度重视在科研生产一线选拔优秀分子，坚持在科学实践中选拔干部队伍，将工人作为领导班子成员的重要选拔对象，并且有意识地培养妇女干部。经过一系列的调整和充实，"老中青"队伍层次不断优化，组织建设和干部培养经验也逐步积累起来，为后续党委的正式成立做好了充分准备。

党委成立开启事业发展新篇章

1976 年 10 月，党中央公布粉碎"四人帮"的消息。粉碎"四人帮"，结束了"文化大革命"，使我国的社会秩序得以恢复正常，党和国家的工作开始重新走上健康发展的轨道。1977 年 3 月，党中央决定在全党开展整党整风运动。同月，中央工作队进驻研究院，肃清了"左"倾思想和"四人帮"的影响。3 月 24 日至 4 月 4 日，临时党委召开扩大会议，深刻揭发批判"四人帮"及其帮派体系的阴谋活动和严重危害，并为因"天安门事件"受到处分的同志落实政策、给予平反。这在一定程度上为成立正式党委做了干部上的准备。

1977 年 12 月，经上级党组织批准，中国共产党第七机械工业部第五研究院委员会正式成立，党委制的组织形态与运作机制基本成型。成立当月，党委发布《我们的决心》，用五个"一定要"表达出党组织领导广大干部职工，坚持以马列主义、毛泽东思想为指导，全力投身事业发展，为完成科研生产任务而奋斗的坚定信念。

《我们的决心》指出，一定要遵从毛主席"认真充分学习，弄通马克思主义"的教导，努力学习马克思列宁主义著作和毛主席著作，不断提高政治理论水平；一定要坚决贯彻党的民主集中制原则，在广泛民主的基础上加强集体领导，加强党的集中统一，把党委建设成为团结的坚强的战斗堡垒；一定要立党为公，全心全意为人民服务；一定要深入实际，恢复和发扬党的群众路线和实事求是的优良作风；一定要鼓起最大的干劲，狠抓革命、猛促生产，为完成和超额完成党中央和上级组织交给我们的各项科研生产任务而努力奋斗。

《我们的决心》是中国空间技术研究院党委正式成立后，提出的关于党的建设的重要文件。该文件鲜明倡导群众路线和实事求是的工作作风，明确了党委的组织原则和角色定位，释放出完成科研生产任务必须尊重客观规律的信号，对推动我国在空间技术领域走上健康发展道路，做了充分的思想动员。

中国空间技术研究院成立后组织领导机构的变迁，是中国航天始终坚持和加强党的领导的重要体现。在特殊年代的航天工程实践中，党的领导体制机制不断健全完善，党组织领导能力不断提升，航天队伍始终爱党向党、为党而战，自强不息、排除万难，推动我国的空间技术在相对困难的条件下快速取得发展突破。

第三节　全面推进卫星工程研制

毛泽东指出："资本主义提高劳动生产率，主要靠技术进步。社会主义提高劳动生产率靠技术加政治。"[①]1965 年 8 月，中央专委第十三次会议原则上批准了《关于发展我国人造卫星工作的规划方案建议》。在此基础上形成的《关于发展中国人造卫星事业的十年规划》勾画出中国航天在空间技术领域的发展蓝图。这一阶段，航天队伍在执行党的决定、完成规划任务的过程中，以科研生产为中心，发扬实事求是、深入群众等优良传统，教育和激励科研人员以极大的工作热情、严谨的工作作风、忘我的工作精神投身工作，全力推动各项型号任务取得成功。

排除万难放飞"华夏第一星"

东方红一号卫星的酝酿、论证、研制、发射，饱含着党中央、国务院、中央军委和中央领导同志的关心和支持，是国家战略意志的集中体现，寄托了中华民族耕宇牧星探索宇宙的梦想。钱学森曾指出，"两弹一星"研制是一件千头万绪的工作，需要组织成千上万人参加。这样一支庞大的队伍，完成这么艰巨的任务，首先是因为有了一个非常有力而且很有效的领导，这就是中国共产党的领导。

根据中央专委批准的发射中国第一颗人造卫星的计划安排以及《关于发

---

① 《毛泽东年谱（一九四九——一九七六）》第四卷，中央文献出版社 2013 年版，第 284 页。

展中国人造卫星事业的十年规划》中提出的发展步骤，必须首先按期完成中国第一颗人造地球卫星的研制任务，并通过该卫星的研制实践摸清卫星工程研制规律、建设急需的专门生产线和试验设备，为后续卫星的研制打下坚实的基础。

在东方红一号卫星任务中，从任务的确定到研制工作的全过程，毛泽东、周恩来等中央领导同志倾注了大量心血，给予极大的关怀和支持，多次听取卫星、运载火箭工作进展情况和存在问题的汇报。航天队伍积极响应"我们也要搞人造卫星"的伟大号召，坚决落实毛泽东"自力更生、艰苦奋斗、破除迷信、解放思想"的要求和周恩来提出的"严肃认真、周到细致、稳妥可靠、万无一失"的十六字指示，从零起步，向着一道道难关发起了冲锋。东方红一号卫星研制技术负责人孙家栋回忆说，国家那时候是比较困难的，条件非常不具备。外界对我们是完全封锁的。但是，只要党和国家需要，就得动员一切力量，大家一起来办。

火箭的研制是发射人造卫星的基础。1959 年初，航天队伍落实党中央的指示，重点开展探空火箭研制工作。刚入党一年的技术负责人王希季与同志们一起承担起这项任务。团队先后攻克了 T-5 火箭的设计、制作和总装工作，却因试验所需仪器不齐套而被迫中止研制。12 月，邓小平视察 T-5 火箭研制生产情况，指示做一些比这小一点的火箭。年轻的研制团队开始向 T-7M 火箭发起新的冲锋。研制队伍因陋就简、土法上马，将停用的厕所改装为测试室，将废弃的旧碉堡改装为试车台，在荒滩上建设发射场。在经历失败的考验后，1960 年 2 月 19 日，中国第一枚完全自己设计制造的探空火箭发射成功。

在东方红一号卫星的研制过程中，航天队伍面临诸多困难，不仅要解决卫星本身的一系列新技术，而且星上所用的材料、元器件、仪器和验证试验的技术设备都需要从零起步。1967 年 12 月，国防科委组织召开东方红一号卫星方案论证协调会，确定了"上得去、抓得住、听得到、看得见"的十二字卫星总体技术方案。为了实现"上得去"，航天队伍抓紧时间研制长征一号运载火箭，为解决运载火箭的发动机试车问题，周恩来在日理万机中，于1969年7月先后召开了4次会议，亲自协调、解决和落实火箭试车问题，有力推进了工程进度。

为了实现"抓得住"，必须突破通过地面观测站对卫星进行实时跟踪测量的技术。当时，卫星划过我国国土上空的时间只有十几分钟，卫星测控难度很高。在一番权衡之后，研制人员不舍昼夜地分析可行性、开展技术攻关，成功研制出多普勒测速定轨系统，实现了卫星追踪，并做到了对卫星飞经世界各地的时间进行预报。1970年4月2日下午，周恩来在听取东方红一号的情况汇报会上，对卫星运行中经过国外一些大城市的时间预报很重视，要求一定要实现这一目标。东方红一号卫星发射成功后，《人民日报》详细地刊登了卫星飞经中国各地以及飞经世界各地的精准时间。这套凝聚了无数技术人员心血、自主研发的测速系统出色地完成了东方红一号卫星测控任务。

东方红一号卫星要在太空奏响《东方红》，听似简单，但是在当时的技术基础条件下，实现起来殊为不易。如何保证传回的音乐不变调就是一道难题。研制人员把北京火车站钟声的节奏和铝板琴的琴声合二为一，采用了一个发射机交替播送《东方红》乐曲和发送卫星各种工程遥测参数，以高稳定度的6个音源振荡器代替"音键"，用程序控制线路产生的节拍来控制音源振荡器发音。从"音键"选择调配，到所有元器件、材料和测试仪器的设计，研制人员反复进行探索，经过上百次试验后，终于奏出了乐音纯正、节奏明快的《东方红》乐曲。

在实现"看得见"的目标时，研制团队没有任何成功的经验和资料可供借鉴，只能一点点摸索，最终决定在长征一号火箭第三级上设计增加"观测裙"，"观测裙"借助火箭旋转离心力展开后，通过铝镀层大面积反射太阳光实现"借箭显星"。东方红一号卫星研制过程中，卫星功率消耗的分配与限制问题凸显出来。因为卫星使用的是化学电池，所以总体和各分系统的初始功率的消耗难以平衡。用不完的功率如果消耗不掉，就可能会给整星温度控制系统带来问题。当时各分系统的设备都已经做出来了，任何细小的改动都可能牵一发而动全身。研制团队反复思考后，用逆向思维的方法提出了解决方案：在出现功率余量的分系统串联功耗电阻，把富余的功率由电阻消耗掉。这个思路也给解决分系统质量富余问题以很大启发，研制人员通过给质量不够的仪器设备增加配重，实现了整星的质量平衡。

周恩来直接关心、亲自领导了我国第一次人造地球卫星发射任务。他在开会听取汇报时，要求大家认真工作，搞好协作，"认真地、仔细地、一丝不苟、一颗螺丝钉都不放过地"进行发射前的准备工作。他指示，第一颗卫星的发射要做到"安全可靠，万无一失，准确入轨，及时预报"。①

1970 年 4 月 24 日，周恩来向毛泽东报送了关于发射我国第一颗人造地球卫星的请示报告。毛泽东作出批示："照办。"② 东方红一号卫星发射过程可以说是一波三折。当天下午，试验队发现地面的一个跟踪雷达出现了不稳定状态。研制队伍沉着冷静、通力协作，在发射当天下午全面排除故障风险。下午 5 时 30 分，试验队向北京报告了地面雷达站出现的情况，并报告说，发射时间初步定在当晚 9 时至 9 时 30 分左右。晚上 7 时 50 分，周恩来打来电话询问。钱学森报告了火箭和卫星的最新状态，并表示，尽管还可能出一些小问题，但这次试验是有把握的，预计 9 时发射。然而，不久后又有意外发生。卫星上一台应答机对地面所发信号未作出反应，气浮陀螺发出异响。电话再次打到北京，请求延长半小时准备时间。周恩来同意并要求一定要把应答机的问题解决好。应答机的问题刚解决好，一台单脉冲雷达的参数放大器零件烧坏，研制人员立即更换和调试。在发射指挥员下达了发射前口令后，周恩来又发来指示："关键是工作要准确，不要慌张，要沉着，要谨慎。"③ 周总理的指示让试验队员沉下心来，大家抓住最后的时间，逐个排查隐患，再次确认火箭和卫星具备发射条件。

---

① 《周恩来年谱（一九四九——一九七六）》下卷，中央文献出版社 2020 年版，第 353 页。

② 《毛泽东年谱（一九四九——一九七六）》第六卷，中央文献出版社 2013 年版，第 293—294 页。

③ 转引自张钧主编：《当代中国的航天事业》，中国社会科学出版社 1986 年版，第 259 页。

　　4月24日晚9时35分，东方红一号卫星由长征一号运载火箭发射升空，10时整，国防科委指挥所向周恩来报告卫星入轨。周恩来高兴地说："准备庆贺！"同时，他也立即向毛泽东报告这一喜讯。一时间，东方红一号卫星播送的《东方红》乐曲传遍神州大地，响彻五洲寰宇。

　　发射当晚，周恩来在审阅将要发表的《新闻公报》稿时，亲自加上了"坚持独立自主，自力更生方针"的字句。第二天，周恩来在广州参加"三国四方会议"，宣布"为了庆祝这次会议的成功，我给你们带来了中国人民的一个礼物，这就是昨天中国成功地发射了第一颗人造地球卫星。中国人造地球卫星的上天，是中国人民的胜利，也是我们大家的胜利"。①

　　4月25日至28日，毛泽东先后收到中央广播事业局寄来的两封信件和两盘磁带。它们是东方红一号卫星上天的原始记录，被毛泽东珍藏了起来。

　　1970年五一国际劳动节的晚上，毛泽东、周恩来等党和国家领导人在天安门城楼上亲切接见钱学森、任新民及其他参加东方红一号卫星研制的代表，一起观看卫星飞过首都上空。毛泽东两次与大家握手。周恩来送走毛泽东后，特意留下来与代表团的同志们合影留念，并对大家说，你们辛苦了，作出了很大贡献。②

　　我国虽然比苏联首次发射卫星晚了13年，但这毕竟是我国这样一个经济技术比较薄弱的国家，完全依靠自己的力量实现的，是来之不易的。该星不仅全部达到了设计要求，而且重173公斤，比前4个国家成功发射的首颗卫星的总和还要多。东方红一号卫星的成功发射，使中国成为继苏联、美国、法国和日本之后，第5个有能力研制和发射人造卫星的国家，充分体现了党的独立自主、自力更生方针的胜利，彰显了勤劳、勇敢的中国人民的智慧和力量。

　　东方红一号卫星的发射成功在国际舆论场上泛起了巨大涟漪，在国际社

---

① 参见张钧主编：《当代中国的航天事业》，中国社会科学出版社1986年版，第54、260页。
② 参见张淑云：《为有源头活水来——访戚发轫副院长》，载《飞翔太空——中国空间技术研究院二十年》，中国宇航出版社1987年版，第16页。

喜看"东方红" 为胜利欢呼

会产生了重大影响。许多友好国家、地区的领导人、团体和友好人士发来贺信贺电，热烈祝贺中国取得的新成就；美国 NASA 局长惊呼这"引人注目"，日本内阁官员感到"完全出乎意外"，西方观察家甚至"目瞪口呆"。①

世上无难事，只要肯登攀。在"东方红一号"的研制和发射任务中，航天队伍牢记党中央要求、激荡斗争豪情，鲜红的旗帜鼓舞起大家不畏艰险、攻坚克难的豪迈斗志。孙家栋后来讲："那个年代，能把第一颗卫星送上天，每一个螺丝钉都是中国自己搞的，真感觉到扬眉吐气！"王希季回忆说："首次首发首颗就成功，这个是在世界航天史上都是很光荣的，是我们中国人很值得骄傲的事。"

乘胜而进，"实践"出真知

东方红一号卫星发射成功后，毛泽东以高度的战略清醒，一再强调不

———————

① 综合自《人民日报》《参考消息》1970 年 4 月下旬刊载的新闻报道。

能骄傲。1970 年 7 月 13 日，毛泽东会见由贝当古率领的法国政府代表团，在贝当古说很钦佩中国自己发射卫星时，毛泽东说，我是不那么钦佩，不算啥事。因为天上有那么多卫星在转，都是那两个国家的，我们这些国家放个把两个卫星算啥。[①]7 月 20 日，在会见刚果客人时，毛泽东说，这个天空上有好多人造卫星在那里转，都是美国和苏联的，后头才有法国的、日本的跑上去，最近中国才跑上去一个。[②]9 月 23 日，在会见越南领导人时，毛泽东也谈及此事，指出天上每天有那么多卫星，我们只有一个，算什么。[③]

早在 1968 年，研制队伍就已经考虑到在东方红一号卫星发射成功后，备份的运载火箭以及卫星和星上各分系统将如何利用的问题。经过认真研究，党组织决定再研制一颗科学探测和技术试验卫星，并在向国防科委报告的《1970 年科研试制计划纲要（草案）》中提出研制东方红一号甲（后改名为实践一号）卫星的计划。8 月，各分系统开始投入紧张的研制工作，并确定了实践一号卫星的总体方案。

东方红一号卫星的成功发射，给了航天队伍极大的鼓舞。中国空间技术研究院随后组织开展型号研制工作"大会战"，运用毛泽东思想，狠抓实践一号卫星科研生产任务。

在党中央的亲切关怀、大力鼓舞下，航天队伍发扬自力更生、艰苦奋斗的精神，牢记"谦虚、谨慎、不骄、不躁"的作风要求，扎实工作，研制出一系列技术配套设备，建立起一批专用实验室和专用车间。据不完全统计，仅 1970 年，围绕实践一号卫星研制的技术革新就达到了 102 项，大大加速了研制进程。

---

① 参见《毛泽东年谱（一九四九——一九七六）》第六卷，中央文献出版社 2013 年版，第 310 页。

② 参见《毛泽东年谱（一九四九——一九七六）》第六卷，中央文献出版社 2013 年版，第 312 页。

③ 参见《毛泽东年谱（一九四九——一九七六）》第六卷，中央文献出版社 2013 年版，第 338—339 页。

在进行实践一号卫星热真空试验时，研制人员发现，实践一号卫星附舱 I 的温度比计算结果低了 15℃，附舱 I 的遥测设备如果长期处于这个温度范围将会影响正常工作。如果不解决这个问题，整个发射计划就有可能被拖后腿。在这个关键时刻，研制人员创新性地提出可以利用黄金吸收热量多、挥发热量少的特性，在卫星外壳体上的适当角度安装两片镀金板"耳朵"，设法多吸收一点太阳的热量，使卫星舱内的温度变化范围控制在设计要求之内。这一方案随后被验证是可行的，并应用在了实践一号卫星上。

1970 年国庆节前夕，周恩来和中央专委领导同志在人民大会堂听取发射实践一号的火箭出厂前的汇报，语重心长地叮嘱研制队伍："干你们这一行比绣花还要精细，要精雕细刻才行"。[1]12 月底，研制队伍在开展实践一号星箭出厂汇报和故障预想时，提出了卫星遥测发射机是否干扰运载火箭应答机的问题。党组织高度重视，安排研制人员立即进入南苑运载火箭测试厂房，紧急进行了星箭联合干扰试验。研制人员经两个白昼、两个夜晚的奋战，在厂房内度过了 1971 年元旦，证实了遥测发射机不会影响运载火箭应答机。此后，卫星及运载火箭得到批准，顺利出厂。

1971 年 3 月 2 日，周恩来主持中央专委会会议，听取关于发射科学实验人造地球卫星实践一号准备情况的汇报，并观看了卫星模型实体，指出应总结经验，精益求精。次日，毛泽东审阅了周恩来关于实践一号科学实验卫星的现场测试与准备情况的报告。[2] 报经毛泽东批准，实践一号成功发射。这颗科学实验卫星设计寿命为 1 年，实际在太空运行时间超过 8 年，为我国设计和制造长寿命应用卫星提供了宝贵的经验。

毛泽东指出："我是靠总结经验吃饭的。以前我们人民解放军打仗，在每个战役后，总来一次总结经验，发扬优点，克服缺点，然后轻装上阵，乘

① 参见黄立德：《回忆周总理对航天事业的关怀》，载《中国航天腾飞之路》，中国文史出版社 1999 年版，第 21 页。

② 参见《毛泽东年谱（一九四九——一九七六）》第六卷，中央文献出版社 2013 年版，第 371 页。

胜前进，从胜利走向胜利，终于建立了中华人民共和国。"① 这深刻阐述了我党重要的思想方法和工作方法。"在战争中学习战争"，在实践和再实践的基础上进行认识和再认识，不断推动事业发展，也是航天队伍抓好型号工作的重要经验和方法。

1971 年 3 月 25 日，中国空间技术研究院党的核心领导小组发动广大群众全面总结实践一号的经验和教训，指出：一定要把政治工作做到科研生产的全过程中去。《关于实践一号卫星发射后的总结报告》深入梳理型号任务经验，进一步明确了"把政治工作做到科学技术活动的全过程中去，把研制发射卫星的过程，作为改造世界观的过程，作为提高认识和改造客观世界能力的过程"，并针对任务开始时、奔赴发射场途中、执行任务过程中的不同阶段，明确了相应的政治工作关注重点、可采取的措施和方案。《报告》指出，要在完成任务的全过程中大抓"三破三立"，具体是：一破"尖端老大"，立谦虚谨慎、甘当小学生的作风；二破"小干部无关大局论"，立胸怀大局、立足本职的思想；三破"差不多"的自满松劲思想，立精益求精、"过细"做工作的态度，为完成任务打下了较好的思想基础。

同时，党组织通过梳理分析在任务顺利、遇到困难及有技术难点等情况时，研制人员可能会出现的心理状况，系统性地凝练出思想政治工作的关键发力点。

着眼于"多快好省地完成科研生产任务"，研制队伍还全面总结了实践一号研制中在设计、质量保证、队伍建设等方面的经验和教训。在设计方面，凝练出"要应付多种情况的准备，采取多种措施，确保稳妥可靠，万无一失地实现主要试验目的"，"卫星的装备设计要考虑在发射场发生故障后，可以对星上单元进行检测以至更换，防止因一个部分的问题就更换整星"，"发射场要有一套简单、可靠、准确的测试设备，既符合战备需要，又保证地面设备相对稳定，减少故障"等重要经验。在质量方面，识别出"各单元

---

① 转引自张太原：《毛泽东："我是靠总结经验吃饭的"》，《党的建设》2021 年第 9 期。

的电性能指标和全星的电性能匹配试验""卫星出厂前的综合测试关"等质量保证关键点和相应管控重点。在队伍建设方面，总结提出了要建立相对稳定的技术骨干队伍，建立技术档案实现经验传承等有效举措。

这其中，有些经验后来被写进了制度，成为了卫星研制的工作规范。如《对实践一号进靶场工作人员的要求》明确了进场人员的各项要求和规范，为后续试验队挺进发射场前选拔人员、进驻发射场后进行人员管理提供了范例。有些通过不断传承，内化成了航天队伍的独特气质，成为航天精神的有机组成部分。

1972 年 4 月，实践二号作为我国第一颗专门用于空间物理探测的科学试验卫星列入了国家计划。在实践二号卫星研制过程中，研制团队积极运用"应付多种情况的准备，采取多种措施"的经验，在卫星运载工具未能确定的情况下，本着"宁可有了卫星等运载，也不让有了运载等卫星"的积极态度，把卫星研制做在前面。凡是不需要与运载工具直接接口的卫星研制工作均不间断进行。1977 年，实践二号卫星的运载工具确定下来。当时，卫星各分系统仪器设备已基本研制完成，进入电性能联试阶段，为研制任务的推进和后续发射任务的开展打下了良好基础。

"实践"中取得的真知是宝贵的，在特殊历史时期，这些经验得以积累和传承，为后续返回式遥感卫星等型号研制少走弯路、不走弯路提供了重要经验。

返回式遥感卫星取得突破

20 世纪 70 年代初期我国发射的第一、二颗卫星，集中代表了我国航天活动初期的技术水平，但与国际水平相比还有很大差距。1972 年 7 月 10 日，毛泽东在会见法国外交部长舒曼时强调，天上放卫星，我们也只放了两个。[①] 在奋进的征途上，航天队伍奋力向更高的目标进军——研制重 10 倍、技术

---

① 参见《毛泽东年谱（一九四九——一九七六）》第六卷，中央文献出版社 2013 年版，第 439 页。

更复杂的返回式遥感卫星及其运载火箭。

　　返回式遥感卫星是通过空间对地摄影、卫星返回地面的方式，开展国土普查的一类实用型卫星。1967年9月，国防科委审查了返回式遥感卫星总体方案论证报告，基本上明确了返回式遥感卫星"先试验型，再实用型"的两步走研制规划。中国空间技术研究院成立后，在上述总体方案的基础上，全面开展了返回式遥感卫星分系统的方案论证和设计工作。

　　1969年至1970年，该卫星方案阶段和部分分系统的初样研制工作全部完成。1970年11月，研究院党的核心领导小组研究决定对星上仪器设备进行桌面联合试验。返回式遥感卫星各分系统都参加了这次真刀真枪的大兵团作战，来自7个单位的80多位研制人员团结协作、密切配合、连续奋战，通过试验发现并解决了无线电干扰等关键问题。当时，卫星带有6种无线电设备，工作频段跨度较大，多种设备同时开机时，会相互干扰，影响地面指令收发，导致经常收不到指令。通过对不同状态的20多次匹配试验，发现遥控上行发送指令被阻塞的根本原因在于双频信标机。针对这一问题，研制人员很快拿出了新的设备使用和遥控方案，无线电干扰的问题得到了有效解决，充分保障了星地间的指令收发畅通。

　　返回式遥感卫星研制需要解决降落伞安全开伞、烧蚀防热材料相容性等关键技术问题。卫星使用的降落伞面积大、回收质量大。尽管降落伞衣强度不断加强，但由于降落速度过快，多次空投试验都未能获得成功。主持卫星研制工作的王希季，组织研制人员总结问题、分析原因，拿出了二次开伞的方案，进一步降低了开伞时的载荷。利用降落伞收口绳，首先使主伞部分张开进行一次减速，几秒钟后切断收口绳，再使降落伞全部张开。这种方法在空投试验中获得了成功，返回式遥感卫星安全着陆问题解决了。

　　返回式遥感卫星进入大气后，星表温度可达到1600多摄氏度。只有采取防热技术有效阻隔热量向内扩散，才能确保卫星的安全。当时返回式遥感卫星的烧蚀防热结构安装在头部。在热真空试验中，防热结构出现裂纹。研制团队认真分析后发现，结构内壁中有金属内套，由于烧蚀材料和金属材料热膨胀系数不同，导致了裂纹。经过多方努力，研制人员终于找到了烧蚀性能好、物理性能满足要求的国产涤纶纤维增强复合材料，进而改进了防热结构，让星体通过了热真空环境的考验。

在特殊的年代里，卫星的成功发射面临着诸多不确定性因素，质量大、技术复杂的返回式遥感卫星对空间摄影、三轴稳定的关键技术提出更高要求。在长征火箭和返回式遥感卫星研制进入紧张的设计加工阶段时，周恩来、朱德等中央领导同志亲临视察，送来亲切关怀，勉励大家排除万难，争取胜利。广大干部职工以事业为重，在十分困难的情况下努力工作，对"文革"中各种错误进行了坚决的抵制斗争。

1974年，研究院党组织开展攻坚克难"大会战"，号召广大党员以严谨务实的态度，全身心投入返回式遥感卫星研制工作，务求"试验产品不带问题出厂，试验装备不带故障参试"。3月，返回式遥感卫星串联星补充振动试验结束后，研制人员发现，四个气瓶、装有正式火药的制动火箭发动机等在振动试验时有一定危险性。虽然事前采取了一定安全措施，但事故仍有可能发生。这种情况下，参加试验的同志在工作中一丝不苟，每画一条线、写一个小数点、焊一个接头、按一个电钮、拧一个螺丝钉都做到严肃认真，实现了结构的再加固。同时，承担返回式遥感卫星星上回收系统伞上切割器的研制人员，为了保证工作性能可靠，在一个月左右时间里，反复做了230多个切割器的环境试验，有力保障了切割器的有效。

1974年11月5日，我国进行返回式遥感卫星第一次发射试验。尽管研制队伍排除万难、拼尽全力，但因运载火箭控制系统一根导线折断，火箭起飞后失控，发射指挥员不得不下达安全自毁指令。卫星连同运载火箭，顷刻之间变成一团火焰。任务当天，中央军委副主席叶剑英得知失败的消息后，立即打电话给发射中心全体参研参试人员，勉励研制发射队伍"失败是成功之母，不要颓废，要继续奋斗、再接再厉，一定要达到目的为止"[1]。

---

[1] 《中国航天事业的60年》，北京大学出版社2016年版，第185页。

在中央领导同志的亲切关怀与勉励下，航天党组织高度重视此次发射任务中暴露出的质量问题，组织开展"航天产品、质量第一"思想教育，进一步明确各级岗位责任制，认真组织研制队伍开展质量复查，恢复和健全必要的规章制度，加强对卫星设计和制造过程的质量把关。随着思想教育的不断深入，"质量第一"的思想在航天队伍中深深扎根，全体返回式遥感卫星研制人员以更强烈的责任感，认真负责、严谨工作，积极投身到第二次试验任务中。

1975 年 6 月 30 日，经毛泽东圈阅，党中央转发国防科委临时党委《关于解决七机部问题的报告》，强调必须立即调整和加强领导班子，建立严格的科学管理和必要的规章制度，加强劳动纪律，建立正常的科研生产和工作秩序。① 经过整顿，"文革"造成的混乱局面初步得到纠正，科研生产形势迅速好转，型号研制质量明显提高。

1975 年 10 月 16 日，第二颗返回式遥感卫星安全抵达酒泉卫星发射中心。全体参研参试人员牢记"把卫星送上去、收回来，尽最大努力，打好这场硬仗"的工作要求，认真做好发射前的准备工作。11 月 26 日，我国用长征二号运载火箭发射返回式遥感卫星取得成功。卫星在太空正常运行工作 3 天后，携带着太空中拍摄到的地面遥感资料，按照预定计划安全返回至我国腹地。毛泽东对这次试验非常关心，多次审阅有关报告和卫星获得的遥感资料。② 返回式遥感卫星的发射回收成功，是我国航天技术一个新的突破。

1976 年 5 月，毛泽东批准了返回式遥感卫星第三次飞行试验计划，航天队伍受到了巨大的鼓舞。7 月，卫星总装期间，唐山发生大地震，波及北京，人们纷纷住进了防震棚。广大航天科研人员、工人和干部，坚持在岗位上继续工作。在全体研制人员的齐心协力下，卫星于 10 月初完成了总装

---

① 参见《毛泽东年谱（一九四九——一九七六）》第六卷，中央文献出版社 2013 年版，第 594 页。

② 参见张钧主编：《当代中国的航天事业》，中国社会科学出版社 1986 年版，第 56 页。

测试任务并顺利出厂，运往酒泉卫星发射中心。

1976 年 10 月，"文革"结束。为迅速消除"文革"造成的恶果，中央决定对七机部在京单位进行整顿，调整、改组了各级领导班子，平反冤假错案，落实党的各项政策，恢复科研生产秩序，使七机部在京单位很快出现了安定团结的局面，各项工作呈现了新的气象。航天队伍欢欣鼓舞，并拿出实际行动，于 1976 年 12 月、1978 年 1 月连续取得返回式遥感卫星发射及回收的圆满成功。[①]

在党中央的正确决策和坚强领导下，中国成为继美国、苏联之后世界上第三个掌握卫星返回技术和卫星遥感技术的国家，这也标志着《关于发展中国人造卫星事业的十年规划》确定的、发展以返回式遥感卫星为重点的应用卫星系列的第二步目标已基本完成。

着眼国家建设需要谋划未来

在狠抓型号研制、确保型号任务成功的同时，航天队伍牢记党的伟大号召，充分发扬科学作风，运用聂荣臻提出的预先研究、研制和定型（或鉴定）、定型（或鉴定）后生产"三步棋"的大规模科学技术研制工作方法，着眼未来，提前开展研究和论证工作。

早在 20 世纪六七十年代，我国曾开展过"灯塔"导航卫星的研究。党中央、国务院和中央军委对于发展我国卫星导航技术高度重视、大力支持。1969 年，中国卫星导航工程的先驱、代号为"691"的"灯塔一号"工程立项，正式列入国家计划。3 月，国防科委下达了导航卫星方案论证任务，中国空间技术研究院承担卫星导航系统总体和卫星本体设计协调工作。面向国防需求，航天队伍把导航卫星的发展列入发展规划和重点任务，并持续开展了卫星导航系统和卫星本体技术方案的论证和设计。

此后 10 年间，"灯塔一号"研制工作有序推进。到 20 世纪 70 年代末，

---

① 参见《中国共产党简史》，人民出版社、中共党史出版社 2021 年版，第 214 页。

卫星初样阶段工作全部完成，即将转入正样研制。然而，由于当时国家工业基础和经济实力比较薄弱，加之原定的技术指标渐显陈旧落后，1980 年为贯彻调整方针和研制急用实用卫星的原则，有关部门发文撤销了"灯塔一号"任务。

北斗卫星导航工程原副总设计师、北斗一号卫星总指挥李祖洪说："中国的'灯塔'虽然没有点亮，但却高耸在航天人的心中。"通过"灯塔一号"研制的工程实践，我国卫星导航工程队伍得到了锻炼，培养造就了一批高素质的科研人员，积累了技术经验和技术储备。各系统特别是星上设备和地面跟踪测量设备等领域均获得一些有价值的成果，其中有些成果填补了国内空白，为后来北斗卫星导航工程的上马和其他型号的研制奠定了基础。

在论证"灯塔一号"的同时，按照党中央的要求，航天队伍肩负飞天梦想，开展了载人航天工程的早期研究，点亮了我国载人航天领域的"曙光"。20 世纪 60 年代，美苏两国"太空竞赛"愈演愈烈。1961 年 4 月，苏联宇航员尤里·加加林实现人类首次太空飞行。1969 年 7 月，美国阿波罗 11 号飞船将宇航员送上月球。有着古老飞天梦想的中国，也开始酝酿飞天逐梦的计划。

1967 年，中科院和七机部联合开启了载人航天途径和步骤的专题研究。之后钱学森组织专家进行了严密论证，确定了中国第一艘载人飞船的总体设计方案，并按照中央专委办公室的建议，将其命名为"曙光一号"。中国空间技术研究院 1968 年成立后，在不断优化飞船总体方案的基础上，大力推进关键技术攻关和产品试制工作。1970 年 7 月 14 日，毛泽东圈阅国防科委《关于航天员选拔的计划报告》，批示开展中国载人航天计划，工程代号"714"，"曙光一号"飞船计划于 1973 年底发射升空。

在飞船总体方面，戚发轫负责曙光飞船的结构研制，带领研制团队先后拿出了 500 多稿设计方案，研制团队在飞船外形设计、质量特性分配等方面进行了大量分析计算，在气动力风洞试验方面做了大量工作，积累了一定的经验。各分系统在结构、能源、热控制、制导导航等方面进行了原理性探索与技术攻关，不少分系统已经通过试验，有的完成了初样研制和样机。其中，飞船的热控工作在闵桂荣等同志的推动下取得了重要成果。

除飞船总体设计和分系统研制外，大型地面试验设备和航天员的选拔与训练也取得了进展。KM4热真空地面模拟设备①建成并投入使用。人体耐受冲击、振动、噪声等大量人体科学研究数据的取得，为我国载人飞船设计提供了极其宝贵的第一手医学数据。

"714"工程前后进行了8年研究。然而，由于当时我国的经济基础较薄弱，且工业制造及相关的工艺水平较低，这项中国载人航天工程的早期预研暂时下马。航天队伍将更多精力放到了党中央要求的返回式遥感卫星、通信卫星等应用卫星领域。"曙光一号"飞船的研制虽被"尘封"，但在飞船总体设计、分系统攻关、地面试验验证等方面取得了多项成果，培养了一批从事飞船设计的技术人员，开启了我国向载人航天领域探索的道路。

20世纪70年代伊始，我国就开始着力谋划卫星通信工程。1970年6月，航天科技队伍进行了通信卫星的概念性讨论，这项任务代号"706"。1972年美国总统尼克松访华，美国使团随身携带的一个黑匣子是卫星地面通信站的终端，能让远在大洋彼岸的美国人看到实况转播。这种颠覆传统的通信方式，让中国人认识到通信卫星的巨大作用。1974年5月，周恩来作出批示，要求就通信卫星做出规划、督促执行。航天队伍在抓紧突破返回式遥感卫星关键技术的同时，还组织力量加快推进通信卫星的论证及研制工作。1975年3月31日，中央军委第八次常委会会议通过《关于发展我国卫星通信问题的报告》并决定马上请示党中央。经叶剑英签署，这份报告呈送毛泽东和党中央，并得到批准。②中国卫星通信工程正式列入国家计划，后来被命名

---

① KM是"空间"和"模拟器"两个词的汉语拼音首字母。在建成KM4之前，航天队伍已经成功建成了KM1、KM2和KM3三套空间环境模拟设备。

② 参见张钧主编：《当代中国的航天事业》，中国社会科学出版社1986年版，第324页。

为"331"工程。通信卫星被国家列为重点型号任务，从人力、物力、财力上予以保证，研制工作全面展开。

正确的战略对于事业的发展有着至关重要的影响。在起步发展的关键历史时期，中国航天在党的坚强领导下，坚决落实党中央制定的发展战略，结合我国的实际需要、技术水平和物质基础、投资大小，采取了择优跟踪、有序发展、形成体系、注重效益的发展模式，积累了宝贵的航天工程研制经验，在整个国家经济基础比较薄弱的情况下获得了长足的发展，向世界展现了中国人民逐梦太空的能力、信念和风采。

第四节　发扬政治工作优良传统

毛泽东强调，共产党领导的革命的政治工作是革命军队的生命线。[1] 以党的第八次全国代表大会召开为标志，党开创了执政党建设的新阶段。[2] 中国航天事业的政治工作是在执行党的路线方针政策、落实中国人民解放军政治工作要求的基础上建立和发展起来的，政治工作传统对于加强航天党组织建设具有重要意义。在特殊的历史时期，各级党组织在实践中将人民解放军政治工作的优良传统逐步同航天科技发展的客观规律和完成型号研制任务的实际情况结合起来，为航天事业的发展提供了强有力的保证。人民解放军政治工作的优良传统深刻影响了中国航天事业半个多世纪的发展历程，为其奠定了深厚的红色底蕴。

以政治工作为生命线

1929 年召开的古田会议确立了思想建党、政治建军的原则，强调加强红军政治工作。这一会议奠基的军队政治工作对革命战争年代我军的生存发

---

① 参见《毛泽东年谱（一九八三——一九四九）（修订本）》中卷，中央文献出版社 2013 年版，第 507 页。

② 参见《中国共产党组织建设一百年》，党建读物出版社 2021 年版，第 206 页。

展起到了决定性作用。

1954年，毛泽东在审修新中国成立后中国人民解放军第一部政治工作条例时，将总则第四条中"中国共产党在中国人民解放军中的政治工作是我军战斗力量的保证"一句，恢复为原稿的"中国共产党在中国人民解放军中的政治工作是我军的生命线"，并重写了被划去的"生命线"三个字。①"生命线"三个字重若千钧，深刻揭示了党的政治工作关乎事业的存亡、决定事业的成败。

政治工作是中国人民解放军的生命线，也是国防科技事业的生命线。聂荣臻指出："政治工作是灵魂、是统帅，是一切工作的保证"，强调要更加发挥思想工作的威力。② 作为国防科技事业的重要组成部分，中国航天坚持听党指挥，把始终坚持和加强党的领导，作为政治工作的根本保证，把贯彻执行党和国家方针政策，保证事业发展的正确方向，保证型号任务的圆满成功，作为政治工作的根本任务。

坚持听党指挥、保证党的领导是政治工作生命线作用的重要体现。在军队中建立党委制、政治委员制、政治机关制，包括双首长制，是我们党在思想建党、政治建军过程中，通过艰辛探索创造、吸收经验教训而丰富发展、逐步定型的，构成实现党对军队绝对领导组织体系的"四梁八柱"，体现了我军独特的政治优势。

20世纪50年代，国防科研机构设立之初，在各研究院、分院和设计部、研究所三级建立了党的委员会，实行了党委集体领导下的首长分工负责制，并明确了党委正确领导的首要条件，是"遵循航天科技规律，结合航天科研特点具体贯彻执行上级指示"。③ 国防科研机构院本级和各分院设立政治部，各设计部、研究所和试制厂设立政治部或政治处，研究室、车间设立政治委

---

① 参见《建国以来毛泽东军事文稿》中卷，军事科学出版社、中央文献出版社2010年版，第206页。

② 参见《聂荣臻科技文选》，国防工业出版社1999年版，第196页。

③ 参见《中国航天事业的生命线》，中国宇航出版社1996年版，第220页。

员（后改为政治指导员），机关设立政治管理员。

　　党的八大着重强调了执政党的建设问题，强调党的正确领导是胜利完成党的任务的决定性因素，党应当而且可以在思想上、政治上、方针政策上对于一切工作起领导作用。[①]"文革"期间的"军管"一定程度上保证了党的八大关于党的领导的要求在航天领域的贯彻落实。中国空间技术研究院 1968年成立之初属于军队编制，沿循了解放军政治工作模式，建立健全了政治工作制度，建立政治部或政治处，实行政治委员制度；在研究室设立政治指导员，政治指导员和室主任同为全室人员的首长；对京外研究所的政治工作，也请报总政治部责成各有关军区给予代管。

　　通过这一系列举措，党的领导进一步加强，政治工作在国防科研机构中的重要作用得到有力彰显。政治部的机构设置直至 20 世纪 90 年代末 21 世纪初才逐渐调整，至今航天研究院所的党建工作部门仍多沿袭"政治工作部（处）"的名称。

　　政治工作是生命线，不仅体现在组织设置上，更体现在政治工作的使命任务中。那个时期，航天科研院所政治部门的基本任务与部队是基本一致的，即以毛泽东思想为指针，领导政治教育和思想工作，提高全体人员的无产阶级觉悟，领导党的建设工作，贯彻执行党的路线政策、国家的法律法令和上级的命令指示，巩固党对军队的绝对领导，培养"三八作风"[②]，增强官兵团结和军民团结，瓦解敌军，维护军事政治纪律，巩固和提高部队战斗力，从政治上、思想上、组织上保证部队完成作战、训练和一切工作任务。这一基本任务有力彰显了党的方向就是航天科研院所政治工作的方向，确保了把航天队伍的意志和力量凝聚在党的旗帜下。

　　同时，航天科研院所的政治工作也要为科学研究服务。为进一步加强政治工作，航天各级党组织注重建立健全一支忠于党的事业的专职政治工作队

---

①　参见《中国共产党组织建设一百年》，党建读物出版社 2021 年版，第 208 页。

②　"三八作风"，指的是三大纪律、八项注意。

伍，在从各单位抽调成熟政工人员加入的基础上，从技术人员中抽调了一批政治思想素质好、工作能力强的科技人员充实到政工队伍，组成了自上而下强有力的政治工作系统。在"吃苦在前、享受在后，甘愿'吃亏'，为航天事业奉献自己的力量"的教育鼓舞下，广大政工队伍深入科研生产一线，跟班作业、认真调查研究，开展思想教育，宣传好人好事，并不断改进工作方式方法，有力地团结了群众、凝聚了力量。[①] 在与国防部第五研究院高级专家的谈话中，聂荣臻曾勉励专家们更加主动地与政工人员谈思想、谈工作，商量问题，交换意见，彼此更加密切地合作互助。聂荣臻指出，政治工作做好了，干部与专家同心协力，形成一股劲、一条心，我们就一定能够以成倍、成十倍的高速度前进。[②]

在中国航天创建和发展的过程中，党组织始终坚守政治工作这条生命线，坚持以科研生产为中心，坚持"出成果、出人才、出效益"，在队伍心中刻下崇高理想信仰和坚定信念信心，保证了党和国家的方针政策的贯彻落实，保证了航天事业沿着党和国家确定的道路前进。

把思想工作放在第一位

党的八大强调，党要保持正确的、健全的领导。党的建设的基本任务是提高全党马克思列宁主义水平。[③] 政治思想的因素，是我军战斗力诸因素中的首要因素，也是党的建设的重要内容。从长期的革命斗争到社会主义建设，我们党在军队政治工作中高度重视思想政治教育，指出"在处理各种工作和政治工作的关系中把政治工作放在第一位，在政治工作中把思想工作放在第一位"[④]。

许多航天科研机构创建之初，机构调整频繁，队伍变动很大，人员来自

---

① 参见《中国航天事业的生命线》，中国宇航出版社 1996 年版，第 242 页。

② 参见《聂荣臻科技文选》，国防工业出版社 1999 年版，第 196 页。

③ 参见《中国共产党组织建设一百年》，党建读物出版社 2021 年版，第 208 页。

④ 《中国人民解放军政治工作条例》，人民出版社 1964 年版，第 3 页。

五湖四海，加之各自的实践经验和思想作风的差异，给统一思想、协调工作带来难度。针对这一历史阶段的特殊情况，各级党组织传承发扬解放军政治工作的优良传统，通过开展细致的思想教育工作调动各方面积极性，团结奋斗，保证了事业的健康发展。①

在型号研制中，政治部门和政治工作队伍，以主要力量抓思想工作，扎根在科研生产的第一线、研制试验基地、卫星发射场，针对科技单位知识分子多的特点，同知识分子广交朋友，开展群众性的思想工作，润物细无声地把思想工作做深、做细、做透，加速了来自不同地方和单位的人员融合，加速了航天队伍集体意识的形成，凝聚起为研制东方红一号卫星而共同奋斗的斗志。

"文化大革命"时期，在周恩来等中央领导同志的关怀下，广大科技人员、干部和工人坚持工作，保证了东方红一号卫星及实践一号卫星成功发射。但受政治环境影响，科研生产相关工作受到很大干扰。在1975年整顿工作中，为了恢复科研生产正常秩序，党中央发出了十四号文件，批复了国防科委《关于解决七机部问题的报告》，调整、加强了七机部的领导班子。负责七机部整顿工作的张爱萍说："整顿，首先从政治思想上整顿。"②

按照国防科委和七机部部署，各级党组织立足于统一思想的基准点，掀起了贯彻落实中央十四号文件的高潮，举办学习班，对党员和干部进行轮训，召开经验交流会，加强交流学习。党员骨干带头，在同志之间广泛开展"拆墙、填沟、解疙瘩"式的交心、谈心活动。党员同志主动找到了自己的"对立面"谈心，在支部大会上开展自我批评，消除了研制人员之间的隔阂。在党员带动下，各研究室、车间化解了不少见面吐唾沫的"一对崩"，打造了更多团结战斗的"一对红"，促使科研生产出现了新气象。

一些党员在交流材料里真诚地反省："毛主席、党中央、全国人民、全

---

① 参见《中国航天事业的生命线》，中国宇航出版社1996年版，第9页。

② 转引自张化：《邓小平与1975年的中国》，中共党史出版社2004年版，第226页。

世界人民都对我们寄予极大希望"，"我们没有把工作做好，失去了许多宝贵的时间"，"如果我们再不急起直追，完成毛主席、党中央交给我们的战斗任务，我们就是对党和人民的犯罪"。通过深入认真学习，广大工人、干部和技术人员进一步认清了形势，鼓舞了干劲，全身心地投入到型号研制中去。

这一时期，无论航天科研机构的领导体制和组织归属如何变化，思想教育始终是政治工作的重要组成部分。深入的思想政治教育既加强了党的领导，也鼓舞起广大干部职工火热的奋斗激情，让科研生产出现了新气象，让航天各项科研任务得以持续向前推进。

坚持实事求是的思想路线

党的八大指出，坚持理论联系实际、实事求是原则，反对主观主义、官僚主义和宗派主义是党的建设的基本任务之一。[①] 实事求是的思想路线是党在领导革命与建设的伟大实践中逐步形成的优良传统，也是思想政治工作的优良传统。毛泽东曾对实事求是作过深刻论述，指出"'实事'就是客观存在着的一切事物，'是'就是客观事物的内部联系，即规律性，'求'就是我们去研究"[②]，强调"共产党员应是实事求是的模范"。[③]

1961 年 1 月，为了解决"大跃进"对新中国经济发展带来的严重问题，党的八届九中全会在北京召开，正式决定实行"调整、巩固、充实、提高"的八字方针，国民经济开始转入调整的轨道。在这次全会前后，毛泽东多次发表讲话，强调要恢复实事求是的优良传统，提出"决不要层层加码，总而言之是实事求是，一切从实际出发"[④]。7 月，为了加强和改善党对于国防科技工作的领导，为做好科技单位的政治工作，消除科技工作中"一味追求数

---

① 参见《中国共产党组织建设一百年》，党建读物出版社 2021 年版，第 208 页。
② 《毛泽东选集》第三卷，人民出版社 1991 年版，第 801 页。
③ 《毛泽东选集》第二卷，人民出版社 1991 年版，第 522 页。
④ 《毛泽东年谱（一九四九——一九七六）》第四卷，中央文献出版社 2013 年版，第 525 页。

量、速度，作风浮夸"的风气，党中央批转了聂荣臻《关于自然科学工作中若干政策问题的请示报告》和国家科学技术委员会党组、中国科学院党组《关于自然科学研究机构当前工作的十四条意见（草案）》，这两个文件统称"科学十四条"。

"科学十四条"明确规定，科研机构的根本任务是"出成果、出人才，为社会主义服务"，鼓励在学术问题上实行"百花齐放、百家争鸣"的方针，提倡科技人员发扬"三敢"，即敢想、敢说、敢干；"三严"，即严肃、严格、严密的精神。这一制度的建立是中国共产党在自然科学研究领域实事求是路线的生动实践，对整个国防科技战线的科技工作具有重要的指导意义。更为可贵的是，"科学十四条"催生出一系列政策调整和制度建设，使得"实事求是"的思想在国防科技战线的科技人员心中深深扎根。

航天科研院所在贯彻执行"科学十四条"时，坚持和运用马克思主义基本原理，充分发扬实事求是的优良传统，在深入调研、全面掌握科研工作的具体情况后，结合自身的实际，对各科研单位实行了"五定"，即定方向、定任务、定人员、定设备、定制度，注意科技人员的合理使用，对专业不对口的大部分人员作了调整，选拔了一批研制人员担任领导。同时，狠抓研究室和技术部门的思想作风建设，开展革命传统教育，树立"为科研工作服务，为科技工作者服务"的思想，按照实事求是的原则发扬技术民主，并实施了"两改"措施，将研究室党支部由领导作用改为保证作用，将研究室政治委员改为政治指导员，改善了党对科技工作的领导，保证了研制人员每周至少有六分之五的科研工作时间，可以把精力集中到型号研制中。

针对许多研究成果推广周期长的问题，航天科研院所深入一线搞座谈调研，深挖根源，找准了"一些成果属于国家急需，但需要量小、规格特殊，产业部门任务重，难于排上队，安排接产滞后"的病灶，组织干部和技术人员开展大讨论，明确了"有研有产"的工作思路和小批量急需产品"一竿子插到底"的管理方式。这为日后科学管理大型综合性任务积累了重要经验。

按照"科学十四条"要求，各级党组织充分发挥保证监督作用，尽最大努力减少政治风波对东方红一号卫星研制生产的影响。在周恩来提出的务实、严苛、细致的工作要求指导下，在党组织的教育引导下，航天队伍激荡起"哪怕被扣帽子、掉脑袋，也要求真务实"的科学精神，以严谨细致的态度对待卫星研制每个环节的工作。

1969 年 10 月下旬的一个晚上，孙家栋作为东方红一号卫星总体技术总负责人和钱学森的助手，与钱学森一同来到人民大会堂江苏厅向周恩来作汇报。当时，佩戴毛主席像章成为一种社会风尚。在"东方红一号"研制过程中，各分系统的仪器做出来后，都认真镶嵌上一枚像章，导致卫星超重问题严重，可能会带来许多想不到的技术问题。但在当时的时代背景下，无论是谁多说一句话，都有可能招致政治帽子落到头上。在向周恩来汇报过程中，孙家栋思忖再三。在忠诚的党员意识和求真务实的科学态度的鼓舞下，他如实介绍了在卫星仪器上安装毛主席像章的影响。这马上引起了周恩来的重视，他说："政治挂帅的目的是要把工作做好，而不是要把政治挂帅庸俗化，搞卫星一定要讲科学，要有科学态度。你们回去好好考虑一下，只要把道理

孙家栋在卫星研制现场指导研制工作

给群众讲清楚，我想就不会有什么问题嘛。"① 按周恩来的要求，钱学森、孙家栋会后马上作出安排，使这件棘手的难题得到圆满解决。

温控系统是确保卫星在太空正常运行的关键，研制队伍在研制过程中展现出求真务实的工作作风。卫星运行在太空的真空冷背景下，向阳的一面吸收太阳的热量，温度超过 100℃；背向太阳的一面，温度则骤降到零下 100℃ 以下。这种极高极低的温度环境下，卫星必须做好温控。国外当时一般采用太阳能电池或大容量电池主动加热的方式来解决这一问题。研制人员从实事求是出发，立足国内研制能力和卫星依靠普通化学电池供能、电池携带电量有限的实际，充分利用了星上仪器设备工作时产生的热量帮助卫星控温，拿出了具有中国智慧的零耗电热控方案，解决了温控系统耗电的世界性难题。

航天科研人员坚持实事求是的思想路线，依靠中国人自己的智慧和艰苦奋斗，弥补了我们国家物质、技术基础的不足，成功发射了东方红一号卫星。中国航天在具有中国特色的事业发展道路上迈出了坚毅步伐。

弘扬大力协同的工作作风

党的八大把贯彻执行党的群众路线作为执政党必须着力解决的历史任务，强调群众路线是党的组织工作中的根本问题、是党章中的根本问题。② 航天队伍在党的领导下，发扬群众路线优良传统，结合技术发展客观规律，形成了"大力协同"这一重要作风，通过军民团结，组织社会主义大协作，集中力量办大事，把各行各业的精锐力量组织发动起来，变总体劣势为局部优势，实现了尖端技术领域的率先突破。③

航天工程规模庞大、技术复杂、高度集成，必须依靠紧密团结、大力协同，才能实现集智攻关。中国空间技术研究院 1968 年 2 月成立后，迅速组

---

① 转引自《孙家栋故事》，中国宇航出版社 2011 年版，第 28—31 页。

② 参见《中国共产党组织建设一百年》，党建读物出版社 2021 年版，第 208 页。

③ 参见《中国航天事业发展的哲学思想》，北京大学出版社 2006 年版，第 538 页。

建起政治委员担任组长的接管领导小组，在两个多月间全面推进并完成了对十余家调归研究院单位的接管。成立初期，职工主要由两部分构成，一部分为现役军人，另一部分为来自各研究机构的技术人员及工厂工人。以院直机关为例，219 名职工中含现役军人 80 名、普通职工 139 名。为此，党组织高度重视密切军民关系，着力在加强军民团结上下功夫。20 世纪 70 年代初，按照中央统一部署，军人陆续撤出，党组织对选择留院工作的军人进行热情欢迎，对调到其他单位的同志，以厂、所为单位召开军民联欢会，并以支部为单位组织座谈会、交心会等，做好热情欢送工作。许多来自军队的党员纷纷表示，岗位变了，密切联系群众的作风不变；职务变了，普通一兵的本色不变。军民一家、团队一心的思想观念，为各项任务的又好又快推进打下了坚实基础。

卫星研制是一项系统工程。从东方红一号卫星任务开始，钱学森创造性地构建了适应航天器研制的组织体系，突出了"总体设计部"的核心作用，明确了"方案设计、初样研制、正样研制"的基本研制程序，形成了型号项目"两条指挥线"管理体制，依托型号指挥调度和设计师体系协同开展工作，保证了研制任务的有序推进。1968 年 8 月，中国空间技术研究院整合从中国科学院"651"设计院、七机部一院和八院抽调的有关力量，组建了航天器总体设计部，具体实施卫星和航天器的总体设计和技术抓总等工作。总体设计部广大干部职工牢记周恩来提出的"总体人员要有挑货郎担的精神"要求，克服物质条件匮乏的艰苦环境，不辞辛劳，依靠自行车、公共汽车、火车，深入到各研制单位和参与型号研制的各分系统单位，进行讨论、分析和协调有关方案、技术指标和接口关系，牵引、带动参研参试单位强力合作，发挥"全国一盘棋"集中力量办大事的优势，为中国人造卫星研制工作从起步到发展发挥了重要作用。

强有力的政治工作在中国航天事业创建和发展的过程中发挥了极端重要的作用，绘就了航天队伍向党爱党的鲜红底色，塑造了大力协同、严谨务实、无私奉献的工作作风。在优良传统和革命精神的洗礼下，航天队伍听党指挥、艰苦奋斗，将党的理论力量、精神力量转化为巨大的凝聚力和战斗力，为航天事业的发展提供了有力的政治保证和思想保证。

第五节　坚持"支部建在连上"

毛泽东曾指出，红军所以艰难奋战而不溃散，"支部建在连上"是一个重要原因。[①] 在 1927 年 9 月秋收起义后，毛泽东在江西省永新县三湾村，领导了举世闻名的"三湾改编"，从此"支部建在连上"成为建立人民军队的一条重要政治原则。中国航天事业创建之初，科研机构全面贯彻党领导军队的各项制度，基本保留了所属单位中党的基层组织设置，并始终坚持"支部建在连上"的基本原则，为科研生产任务的顺利进行提供了有力保障。

支部在，力量在

1956 年 9 月，党的八大胜利召开。会议总结了党的建设的历史经验，并结合新中国成立后党的建设的特点，第一次使用"党的基层组织"这一概念，把党的基层组织明确分为基层党委、总支委员会及支部委员会。党的八大强调，党的基层组织是党联系广大群众的基本纽带，党的领导机关应经常检查和改进基层组织的工作；一切直接领导基层组织的党委员会，应根据党章在基层组织中普遍地进行教育。[②] 党的八大对党的支部建设作出比较系统的规定，反映了巩固全面执政地位和开展社会主义建设对党提出的新要求。早期的航天科研机构在建立后，按照党的八大提出的组织建设要求，设立了相应的党的基层组织。

20 世纪 60 年代初，国际形势出现新的动荡，我国周边局势日趋紧张，备战问题摆到党的重要议程上来。1964 年 10 月，党中央下发《一九六五年

---

① 参见《毛泽东选集》第一卷，人民出版社 1991 年版，第 65—66 页。
② 参见《中国共产党组织建设一百年》，党建读物出版社 2021 年版，第 210 页。

计划纲要（草案）》，提出三线^①建设的总目标是：采取多快好省的方法，在纵深地区建立起一个工农业结合的、为国防和农业服务的比较完整的战略后方基地。听从党中央号令，接下来的十余年间，全国一盘棋、集中力量办大事的社会主义制度优势不断彰显，数以千亿计的资金投向西部，数以百万计的建设者奔向内陆深山。按照"靠山、分散、隐蔽"的布局原则，一批各具特色的工业基地和新兴工业城市在崇山峻岭中迅速生长起来。中国航天事业的多家科研院所都诞生于三线建设时期，在"好人好马上三线""备战备荒为人民"等口号动员下，最初的三线建设者怀揣"一不怕苦、二不怕死"的战斗意志，无怨无悔走向艰苦创业的新战场，为我国筑起了牢不可破的战略大后方。

三线建设期间，部分科研机构工作地点数易其址，每次搬迁都要跨越千里。那时物资匮乏、条件艰苦，冬天没有暖气，只能劈柴生火，甚至靠运动出汗来御寒。由于住房紧缺，两家人住一户、三代人住一间的情况非常普遍。在投身三线战天斗地的过程中，党总支、党支部等党的基层组织同步建立起来，有力发挥了战斗堡垒的作用，尽一切努力帮助大家解决工作和生活难题，以身作则带领党员群众坚持开展科研生产，把苦难和奉献放在身下，将事业托举在头顶。

到1966年"文化大革命"前，散落在全国各地和军队的航天科研机构基本普遍建立了党的基层组织，强化了党对科学技术工作的领导，在研制实践中充分发挥党支部的战斗堡垒作用和党员的先锋模范作用。

"文化大革命"开始后，科研单位的基层党组织受到严重冲击。中国空间技术研究院成立初期，由于实行"军管"，基层党支部受到的影响相对可控，仍较好地发挥了战斗堡垒作用。这为中国空间事业的发展筑牢了坚实的组织基础。

---

① 三线是指云、贵、川、陕、甘、宁、青、晋、豫、鄂、湘等11个省区，其中西南（云、贵、川）和西北（陕、甘、宁、青）俗称"大三线"。

加强支部建设，激发队伍斗志

中国航天事业各条战线的基层党组织，基本是按照技术专业和工作任务组织起来的，是思想政治工作与科研生产任务相结合的前沿阵地。

按照党章对基层党组织的任务定位，各党支部积极组织党员群众认真学习马克思列宁主义、毛泽东思想，狠抓党支部委员"一班人"思想整顿，组织党员群众开展思想和政治路线方面的教育，认真宣传和落实党的政策、执行党的决议，在各项工作中经常听取群众的意见和建议，并坚持在科研生产一线、技术骨干中选拔培养新党员，在型号任务实践中逐渐强化政治工作的优良传统。

1972 年，中国空间技术研究院召开组织工作座谈会，分析了党的建设形势以及基层党组织的业务特点，明确了各级党组织建设的方向和路线。会议指出，基层党支部应坚持党日制度，每月召开四个会，一个是支部大会，一个是党小组生活会，一个是上党课，一个是传达党内文件及上级党委指示、研究党的工作。组织工作座谈会为恢复和健全党内组织生活作出了制度性安排，对基层党支部的工作机制提出了更规范的要求。据统计，随着整党建党工作的深入开展，研究院所属京内 104 个党支部中，基础建设结论为"好"和"比较好"的占到 88.5%。

航天型号任务研制周期长、时间跨度大，需要进行较长时间的外场试验，发射任务需奔赴发射场执行，队伍的组织以成立发射场试验队的方式进行。在发射场建立临时党组织，一直是中国航天的特色做法。这一时期，航天队伍开始对发射场临时党组织及其工作规律进行探索。1974 年，我国第一颗返回式遥感卫星进驻发射场期间，成立了临时党总支，技术负责人孙家栋被任命为临时党总支副书记，同时在各试验分队分别设立临时党支部。进场前，试验队临时党总支制定思想政治工作意见，坚持政治挂帅，明确试验队各临时党支部的地位和作用，并分步骤细化进场前中后期的重点工作任务。

在发射场，试验队各分队党支部在试验队临时党总支领导下，不断推进思想政治工作深入工作各个环节。在返回式遥感卫星测试任务中，每个分队临时党支部坚持在每项单元测试工作开始前召开支委扩大会传达上级精神，并将测试工作队伍按照业务分工编成党小组，在临时党支部带领下"抓质量、抓安全、抓团结"，将基层党组织的力量挺进型号任务第一线。

在强化党支部建设的过程中，党组织要求一方面注重组织结构与工作流程的优化，另一方面注重发挥组织在"人的工作"方面的重要作用。基层党组织建设的不断加强，以及党员思想教育的不断深入，为圆满完成型号任务提供了坚实的组织依靠。

在科研生产实践中，根据型号工程特点，打破行政组织壁垒，积极探索适应型号任务周期的党组织设置方式，党支部坚持重大问题集体讨论决定、分工负责，保证党组织力量贯穿科研生产任务始终。例如，在"抓大事、促大干"过程中，卫星制造厂的车间党支部在业务协作的同时，邀请总体设计部和分系统的干部和技术人员参与支部工作，保证型号任务研制工程的系统性推进。在"331"工程研制任务中，各党支部坚持"抓革命、促生产"，认真学习毛泽东思想和中央文件，同时结合科研生产实践，通过党小组会和党员积极分子座谈会，对知识分子开展深入细致的思想教育，凝聚起为完成"331"工程而奋斗的昂扬斗志。在坚持宣传贯彻毛泽东思想和党中央理论方针政策的同时，党支部着重培养专业理论队伍，定期组织学习宣讲，在思想教育中初步形成一支具有战斗力的骨干力量，进一步激发了研制队伍的斗志，促进了型号任务的圆满完成。

做好思想工作是完成各项工作的重要保证，得到高度重视与大力推动。各级党组织坚持从基本著作开始、从路线教育入手，引导党员把读书学习与改造世界观紧密结合起来，坚持党课制度，着重在学习立场、观点、方法上用力气，并不断加强榜样典型的树立。同时，各级政工部门积极协助党支部安排党课教育计划，并协调召开备课会及教育准备会，确保了授课方向正确、内容丰富。

搞好党支部领导班子思想建设是党支部思想引导的重要部分，党支部书记是党支部"一班人"的领头人，其个人品质、才能、工作方法对党员群众的团结凝聚起着重要作用。20 世纪 70 年代中期，研究院党组织在抓党支部书记队伍建设方面也作出了诸多尝试，党支部书记学习班的机制正是其中之一。培训班教学使用自主编写的、全面系统的理论教材，由经验丰富的优秀党支部书记进行详尽生动的理论讲授。这进一步提升了党务干部的理论教育和思想政治工作水平，让党中央和毛主席的指示批示更加深入人心。

在科研生产一线发挥战斗堡垒作用

政治思想工作是否成功，很重要的一个标志就是看能否发挥各类干部特别是科技干部的积极性、创造性。[1] 随着组织的优化完善以及党员队伍思想水平的不断提升，党支部在保证事业发展方针、规划贯彻落实方面的作用日益凸显。在基层党支部的带领下，思想政治工作不断深入到科研生产过程的方方面面，科技工作者和工人的积极性被广泛调动起来，党员的先锋模范作用不断得到激发，转化为在型号任务一线誓夺成功的行动伟力。

在革命和科研生产实践中，党支部坚持依靠党员群众，坚持在发挥各类干部职工的积极性上下功夫，形成了适应任务特点、具有研究院特色的思想政治工作优势。研究室、车间是科研生产的基础单元，研究室、车间党支部的思想政治工作，必须渗透到研制过程中去，围绕关键技术攻关、资源调配保障等方面开展。在科研生产和型号任务中，在基层党委的领导下，各党支部坚持发挥战斗堡垒作用，全力带领党员群众克服万难、完成任务，不断提高解决问题的能力及效果。

在返回式遥感卫星的研制中，参研单位核心领导小组高度重视发挥基层党支部的战斗堡垒作用，坚持分工上阵、主抓重点，以支部工作汇报的形式，及时交流返回式遥感卫星研制工作中的问题与困难。针对返回式遥感卫星合练星产品齐套工作，承担研制任务的党支部召开支委会专门研究齐套前

---

[1]　参见《中国航天事业的生命线》，中国宇航出版社 1996 年版，第 234 页。

各项试验及准备事项。在完成姿轨控系统线路生产准备工作的同时，广泛动员群众、狠抓工作短线，及时调整急需的技术力量。在组织执行机构的各项试验中，党支部坚守生产第一线，把思想政治工作贯穿试验环节全流程，在工作量大、人手短缺的情况下，大力协调各方资源，全力保障试验任务的顺利进行。在多部门、多支部的通力协作下，产品齐套工作按节点完成，保证了整星研制的进度。

20世纪70年代初，航天队伍贯彻落实毛主席"抓革命，促生产，促工作，促战备"的方针，以党支部为单位，开展了"工业学大庆"的群众运动，革命和生产取得了较好成绩。1975年，在上级党组织的指导下，基层党支部修订"工业学大庆"措施，强化理论武装，迅速掀起学大庆的高潮，发出"以新的胜利迎接建国二十六周年"的号召。各党支部立即召开支委会或支委扩大会，认真学习毛主席重要指示，分析形势、寻找差距，喊出"学理论、抓路线、学大庆、促大干"的战斗口号，消灭迟到早退和出勤不出工、出工不出力的不良现象。各党支部还组织开展群众性"五赛五比"① 活动，营造出"觉悟高、干劲足、协作好、出勤高、质量强"的工作氛围。在"工业学大庆"的浪潮中，党支部高度重视思想动员工作，将形势任务教育作为思想动员的重要内容，积极动员党员群众、鼓舞党员群众，全面调动起拼搏奋斗的积极性。在大型离心机的维修工作中，空间环境试验领域的党支部坚持政治业务一起抓，领导干部以身作则带头干，党员"不怕脏、不怕毒"，始终站在第一线，大力发扬大庆铁人精神，圆满完成维修任务。

党员是航天队伍中的先进分子，勇于冲锋、敢于担当，是科研生产任务中的中坚力量。党支部注重将科研生产任务中的先进分子吸收进党内，认真开展党员发展工作，有效激发了干部职工干事创业积极性；坚持搞好政治审查，严格履行入党手续，坚持成熟一个发展一个，着力提高党员队伍质量，

---

① "五赛五比"是指赛学习，比觉悟；赛生产，比干劲；赛团结，比协作；赛纪律，比出勤；赛安全，比质量。

推动党员队伍在科研生产一线中更好发挥先锋模范作用。大批科研团队和工人中的优秀分子在这一时期加入党的队伍。

党的力量来自组织，组织严密是党的光荣传统和独特优势。贯彻"支部建在连上"的原则和制度，奠定了党领导航天事业的基层组织根基，有效地抵制了干扰，有力保证了党的路线方针政策充分传递至各级党组织和广大党员、得到充分贯彻落实，为中国航天事业发展构筑起一大批坚强的战斗堡垒。

第六节　建设又红又专的航天队伍

毛泽东指出："无产阶级没有自己的庞大的技术队伍和理论队伍，社会主义是不能建成的"。[①] 在党的方针政策指导下，建设一支又红又专的航天队伍，是中国航天事业发展初期必须完成好的一项战略任务。航天事业创建后，党中央抽调精干力量，选配骨干人员，打造了一支强有力的研制技术队伍。各级党组织严格落实党的科技工作政策和知识分子政策，坚持用毛泽东思想育人，重视领导干部和各类人才的培养和使用，为航天事业发展奠定了人才基础。

调集人才，组建航天队伍

1956年组建国防部第五研究院时，党中央决定：只要是国防部第五研究院需要的技术专家和党政干部，都可以从工业部门、高等院校和军队中抽调。各部门各方面同心协力组建我国航天科研队伍。广大科技人员朝令夕到，以承担国防方面的技术攻关任务为荣。

1958年毛泽东发出"我们也要搞人造地球卫星"的伟大号召后，在党中央的统筹谋划和系统调度下，各方面的专业人才、管理人才向航天领域汇

---

① 《毛泽东邓小平江泽民论人才》，党建读物出版社2003年版，第12页。

聚。以赵九章、钱学森等为代表的科学家在开展科技探索的同时，高度重视人才队伍培养。这些为之后卫星研制任务的开展和空间技术研究院的成立做好了人才储备。

那个年代，党中央给予航天队伍充分的信任与关怀。在20世纪50年代末60年代初的三年暂时经济困难时期，全国人民都面临吃不饱肚子的问题。科研人员每餐只能吃到一个馒头，一角钱干菜汤，汤里只有几星油花，七成人员都因营养不良出现了浮肿。为了保证尖端武器的顺利研制，党中央给予科研人员亲切关怀和大力支持。聂荣臻呼吁人民解放军海军和北京、沈阳、济南、广州等军区领导机关，尽快拨付一批副食品支持国防科研单位。这些单位在生活物资同样紧缺的情况下，省吃俭用，把猪肉、鱼、大豆、水果等食品送去支援国防科研单位。聂荣臻指示：这些食品只能供科技人员食用，其他人员不得享受。由此，这些食品被冠以"科技肉""科技鱼""科技豆"之称。

1961年春节前夕，周恩来和陈毅、聂荣臻将众多科学家邀至人民大会堂宴会厅。主宾席上，周恩来的座位旁一边是钱学森，一边是钱三强。聂荣臻举杯宣布"会议"开始："各位辛苦了，为了感谢大家，总理要我和陈老总请大家来开会，会议主题只有一个，吃肉！"四张大圆桌上摆满了一寸见方、烧得油光晶亮香味扑鼻的红烧肉。周恩来起身为在场的科学家夹肉："吃吧，都要吃，吃好！吃肉补补脑。"在那段困难时期，党中央向科学家们表示关怀和感谢的礼物，是一碗碗大家久违的肉。这在富裕的年代不一定算得上佳肴，但在当时，"周总理请吃肉""科技工作者特供"成为一种激励、鼓舞和动力。那时，国防科研单位的食堂为科技人员专门开设了打饭窗口，肉片炒菜、白米饭和汤专供科技人员。有时候在这个窗口，每位科学家还能得到一个用羊油煎的小面饼。清炖黄豆被加进了科研人员的菜盘子，虽然只有一汤匙，却温暖了科研人员的胃和心。

"文化大革命"开始后，作为中国航天事业的直接领导者，周恩来、聂荣臻等采取一系列措施，力图将尖端技术部门的动乱抑制到最低程度。为了保护航天队伍，党中央在对国防科研机构实行军管的同时，着手对重要人才进行保护。1969年8月9日，周恩来主持召开了国防尖端科研会议。为了使七机部的专家和工程技术人员免受政治环境的干扰，放开手脚工作，突破工程技术难关，周恩来要求七机部军管会副主任落实政治责任，并明言：钱学森（当时兼任中国空间技术研究院院长）和其他专家要是被人抓走了，不能正常工作，我拿你是问！与此同时，周恩来还批准了一份需重点保护的几百名工程技术人员名单，并指出：这些同志都是搞国防科研的尖子，即使不是直接参加某工程的，也要保护，主要是从政治上保护他们，不许侵犯他们、抓走他们；如果有人要武斗、抓人，可以用武力保护。总之，要想尽一切办法，使他们不受干扰，不被冲击。①

20世纪60年代末，党和国家将一大批研制卫星急需的各领域优秀人才划归中国空间技术研究院。其中，有归国科学家，也有中青年技术专家，还有许多在长期革命实践中锻炼出来的经验丰富的领导干部，以及来自五湖四海的工程技术人员、解放军指战员、技术工人、年轻的大学生等。钱学森、王希季、杨嘉墀、孙家栋、钱骥等是他们中的优秀代表。他们把投身航天看作是党和国家的无比信任和最大光荣，不计个人得失，运用自己的专业知识，勇敢地投入新的研究领域，心甘情愿地做一个埋头苦干的开拓者。

孙家栋在"靠边站"②以后，仍埋头实验室专心于技术攻关，并多次前往东方红一号卫星元器件生产单位，想方设法排除"两派人员"斗争的干扰。尽管他为卫星研制作出了重要贡献，但因"成分"问题，没有享受到应得的待遇，在卫星发射成功后也未能登上天安门城楼与毛主席、周总理欢度劳动节。孙家栋从来把名利看得很淡，并未因此感到失落。这一天，他到前门大栅栏，给他的夫人抢购了一件红毛衣，就高高兴兴地回家了。

---

① 参见《周恩来年谱（一九四九——一九七六）》下卷，中央文献出版社1997年版，第314页。

② 参见《走向宇宙——第一颗人造卫星上天》，《人民日报》1999年9月17日。

杨嘉墀 1956 年 10 月回到祖国后，潜心开展研究，并参与制定了中国空间技术发展规划，为我国第一颗人造地球卫星组织研究了姿态控制系统。"文革"中他虽受到了重点保护，但还是被迫接受隔离审查。在隔离审查室里，杨嘉墀除了写检查、做交代，仍然坚持做卫星控制方案，为了不让别人发现，他经常把手稿偷偷藏在抽屉里，在没有人时拿出来继续完善。[①] 就这样，他和同事们攻克了一个个技术难关，完全掌握了卫星姿态控制这一关键技术，为我国人造卫星的发展作出了重大贡献。他说："争名当争国家名，计利当计人民利。"

当时，年轻的吴宏鑫与杨嘉墀在同一房间接受隔离审查。当他看到杨嘉墀仍在坚持做卫星方案时，更觉得自己没有理由消沉。于是，他利用这段时间自学英语和日语，学习现代控制理论和计算机控制等新知识，坚持做卫星地面检测设备相关研究。1978 年"平反"后，他又在杨嘉墀的指引下，着力在自适应控制这一当时国内无人涉足的新领域开展攻关，逐渐探索出一套完整的自适应控制理论和方法，这一理论和方法在航天与工业过程控制领域得到广泛应用。2003 年，吴宏鑫当选中国科学院院士。

参与研制东方红一号卫星乐音装置的刘承熙是技术骨干，当时由于家庭成分不好，不能进实验室参与调试工作，但他仍然每天坚守在门口。当产品调试出现问题时，同事们便出来询问他的意见，他便在门口认真解答，与大家一起认真查找原因，以这种特殊的方式保证了乐音装置研制任务的完成。

在中国航天空间技术起步发展的关键期，正是党选派并建立起了这样一支具有强烈事业心、一流专业知识和热忱报国志向的科技人才队伍，中国航天才得以负重拼搏、攻坚克难，顺利推开了我国进入太空时代的大门。

坚持又红又专的人才标准

我们党历来把政治标准作为选人用人的首要标准。1957 年 10 月，毛

---

① 参见《永不落幕的功勋科学家精神》，《光明日报》2019 年 7 月 17 日。

泽东在党的八届三中全会上阐述了"又红又专"的选人用人思想。所谓的"红",指的是"学点马克思主义,学点时事"。① 所谓的"专",指的是"在提高马克思列宁主义水平的基础上,使自己成为精通政治工作和经济工作的专家"②。

聂荣臻结合科技工作的特点,对"又红又专"的意义和辩证关系作了进一步论述,指出对科学技术工作者来说,"红"首先要达到两条政治要求,一是拥护党的领导,二是拥护社会主义,用自己的专门知识来为社会主义服务。③"只专不红,就会迷失政治方向,而只红不专,便是空头政治家。"④ 他强调:"科技工作者要加强学习,改造思想,钻研业务,努力提高自己的思想政治水平和科学技术水平。"⑤

只有在思想上拧成一股绳,来自五湖四海的人才队伍才能形成一条心。在党组织的安排下,各方人才积极学习毛泽东思想,运用毛泽东思想改造主观世界、指导技术实践,以"最大的热情、最强的决心、最快的速度"投入到事业发展中。

航天事业是知识密集型的高技术产业,航天队伍坚决贯彻党中央提出的科研单位"出成果、出人才"的根本任务要求,对不切实际地把"红"和"专"对立起来的要求进行纠偏,根据党员和非党员、科技人员和技术工人、党政干部和普通群众的不同身份特点,提出切合实际的政治要求,采取多种教育培养方式,锻造全力投身事业发展的人才队伍。

在"红"的方面,党组织在七机部的领导下,将毛泽东思想作为攻坚克难的强大武器,组织干部职工深入学习毛泽东思想。据不完全统计,仅在1970年,中国空间技术研究院及所属单位就召开学习会86次,举办各种类型

---

① 《毛泽东年谱(一九四九——一九七六)》第三卷,中央文献出版社 2013 年版,第 83 页。
② 《毛泽东年谱(一九四九——一九七六)》第二卷,中央文献出版社 2013 年版,第 360 页。
③ 参见《聂荣臻科技文选》,国防工业出版社 1999 年版,第 523 页。
④ 《聂荣臻科技文选》,国防工业出版社 1999 年版,第 525 页。
⑤ 《聂荣臻年谱》下卷,人民出版社 1999 年版,第 819 页。

的毛泽东思想学习班404期，有4500多人次参加了学习。"全党要认真学习毛主席的哲学著作"的号召深入人心，"攻关先攻思想关"有力激发了干部职工的科研生产热情，确保了这一时期取得政治、生产"双胜利"。

在坚持"红"的教育的同时，针对特定时期人们不敢言"专"的问题，党中央进行了纠偏。聂荣臻指出，考察科学工作者的政治觉悟，必须看到他们钻研科学的积极性。① 在"专"的方面，航天队伍认真贯彻"科学十四条"要求，创造条件保证研制人员工作时间，集中精力搞研究。科技知识分子是航天队伍的主体，在卫星研制生产的全流程中都发挥着重要作用。各级党组织认真落实党对科技知识分子的政策，创造良好的政治环境和工作环境，让知识分子能够发挥专长、放手工作。以钱学森、屠善澄等为代表的航天事业开拓者不仅全身心地投入到科研工作，而且甘当人梯，通过传帮带培养接班人。一大批技术骨干得到锻炼，成长为航天事业接续奋斗的中坚力量。同时，党组织鼓励科技知识分子深入科研一线，与工人群众相结合，学习工人阶级的好思想、好作风。

培养和造就一支热爱祖国、献身事业、基础扎实、善打硬仗的航天队伍，是航天事业持续发展的希望所在。中青年科技人员有理想、有抱负，敢于进取、不畏困难，既有振兴中华忘我工作的精神、集体主义的高尚科研道德情操，又有对尖端技术严肃认真、精益求精的科学态度。党组织在对他们进行思想教育和业务培训的同时，注重通过型号研制的实践锻炼他们的工作能力、发挥他们的创造精神。中青年科技人员同事业一起成长，在型号研制过程中逐渐成为事业发展的中流砥柱。

航天队伍注重以"大会战"的形式历练培养队伍。1970年，为了啃下遥测技术中关键的基础设施——10米天线研制任务，党组织形成以会战培养遥测队伍的决议，组建由各厂所百余名大学生职工组成的"建新队"，奔

---

① 参见《关于当前自然科学工作中若干政策问题的请示报告》，载《聂荣臻科技文选》，国防工业出版社1999年版，第251页。

赴山西，与当地研制人员合作攻坚，大家一起吃、一起住、一起协同作战。五年磨一剑，1975年，遥测测速所需要的天线转台反射体、球体和扇形体三大部件及天线座简易安装基础全部完成。随后，大会战指挥部于4月发出"奋战二十天，架起大天线"的号召，"建新队"终于研制出当时国内首屈一指的10米直径大天线。在这场技术大会战中，很多青年技术人员得到了锻炼与培养，成长为遥测技术方面的专业骨干。

立足又红又专，航天事业培养、锻造了一支既忠于使命、专于业务，又为国分忧、为国尽责的人才队伍。1972年9月，周恩来等中央领导同志来到航天的火箭总装车间视察时指出，"我代表中央专委的同志向你们表示感谢。党中央、毛主席都十分关心你们事业的成长"，鼓励航天队伍再接再厉，搞好工作。[1] 为国造星的光荣感在一代代航天队伍中得到传承和发扬，汇聚起强大的智慧和力量。

涵养独立自主的志气

独立自主是中国革命、建设和改革取得伟大成就的重要法宝，是毛泽东思想活的灵魂之一。我国国防科技事业奠基起步时，党中央就确定了"自力更生为主，力争外援和利用资本主义国家已有的科学成果"的方针。[2] 聂荣臻多次告诉航天队伍，尖端技术靠买是买不来的。[3]

面对西方封锁、苏联断援，国防科研机构党委和政治机关大力宣传贯彻"自力更生"方针，进一步引导研制人员的思想认识"由自力更生为主、力争外援为辅转变到自力更生、奋发图强上来"。[4]

1962年春，在中央科学小组领导下，国家科委开始着手制定中国第二

---

[1] 参见郑德晃：《周总理对火箭总装车间的关怀》，载《中国航天腾飞之路》，中国文史出版社1999年版，第25页。

[2] 参见谢光主编：《当代中国的国防科技事业》（上），当代中国出版社1992年版，第30页。

[3] 参见任新民：《航天历程中的几点回忆》，载《中国航天腾飞之路》，中国文史出版社1999年版，第68页。

[4] 参见《中国航天事业发展的哲学思想》，北京大学出版社2016年版，第17页。

个科学技术发展远景规划，即《一九六三——一九七二年科学技术发展规划》。这个规划的制定，对动员和组织全国科学力量，自力更生地解决中国社会主义建设中的关键技术问题，取得以"两弹一星"为核心的国防尖端科技的辉煌成就，发挥了重要作用。①

在部署科研生产工作时，党组织明确提出要贯彻"独立自主、自力更生"的方针，号召干部职工充分发挥主观能动性，依靠自己的力量完成任务；反对依赖外援、借口专业不对口就不干和消极等待协作的错误思想，凡是自己有条件、自己能干的就坚决干，不当"伸手派"。

研制东方红一号卫星是航天事业肩负的一项重要政治任务。"文化大革命"开始后，中国航天事业步入了一段艰难岁月。在特殊历史时期，面对简陋艰苦的科研条件，航天队伍坚持自力更生方针，调动一切积极因素，挖掘一切潜力，大搞技术革新，走因陋就简、土法上马、土洋结合和逐步完善的道路。当时承担卫星热控技术任务的闵桂荣回忆说："艰苦奋斗，土法上马，因为我们国家以前没有，国外的话有，他不给，只有靠自己来发展，一个个攻破。"

在东方红一号卫星初样和试验阶段，铆接是必不可少的一道工序。生产车间物资工具匮乏，没有铆枪，也没有固定工件的桁架，铆接组的工人们就靠一把小锤、几个自制的铆模，以身体当桁架将铆钉一个个敲上去。卫星上天需要大量计算，那时研究室只有半自动手摇计算器。任务急的时候，研制人员连算盘都得用上。计算一条卫星运行轨道需要"三班倒"，对着算要将近一年时间。就是在这样艰苦的条件下，航天队伍自力更生、排除万难，推动了卫星研制工作按照中央部署持续向前推进。

当时，研制工作还面临多个环境试验的难题。其中之一就是卫星飞向太空的过程中能否扛住重力加速度的影响。要回答好这个问题，必须研制一种试验设备来验证。然而，当时大家手中唯一的资料只是一本国外杂志上卫

---

① 参见《中国共产党组织建设一百年》，党建读物出版社 2021 年版，第 231 页。

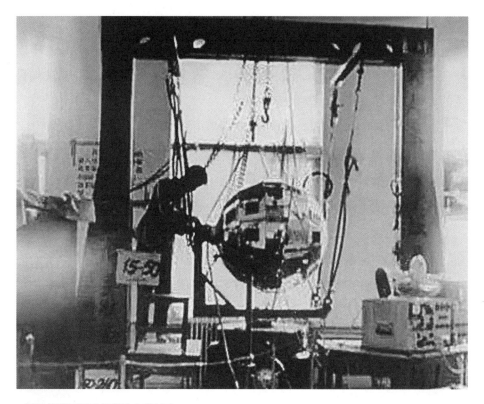

因陋就简开展卫星振动力学试验

星离心机的照片。在组织的支持下，研制人员克服重重困难，开展大量调查研究工作，在多次论证后拿出了造价低、周期短、技术先进的多泵多马达液压拖动方案。同时，为了将方案变成现实，研制人员跑遍国内 5 省 20 多个加工厂。北到齐齐哈尔，西到青海，白天跟厂加工，晚上修正方案。在武汉调研期间，有一天晚上，居住的旅馆外发生"武斗"，旅馆门窗多处被破坏。就是在这样的条件下，研制人员不畏艰苦，自主研制了中国第一台大型离心机，保障了卫星发射一次成功。

　　1970 年 4 月 24 日，东方红一号人造地球卫星在长征一号运载火箭的托举下飞向太空，《东方红》乐曲响彻全球，东方大国的复兴之音传遍世界。闵桂荣自豪地说："东方红一号靠中国科技人员和工人独立研究、设计、制造和试验，当时没有请任何外国专家，整个卫星，包括材料、元器件全是国产货。"戚发轫回忆说："靠别人靠不住，就得靠自己，这个自力更生精神是我们航天发展最根本的。"

东方红一号卫星研制成功后，航天事业各级党组织坚持开展思想教育，多次强调"在科研生产中要贯彻落实毛主席'抓革命、促生产'的伟大指示，坚持'独立自主、自力更生、艰苦奋斗、勤俭建国'的方针，千方百计完成科研生产任务"。通过各级党组织广泛开展思想教育工作，独立自主、自力更生、艰苦奋斗的志气深深融入到航天队伍的血脉中。

全力做到人尽其才

世间一切事物中，人是第一个可宝贵的。在共产党领导下，只要有了人，什么人间奇迹也可以造出来。空间技术研究院初建时期，面对人员来自五湖四海的实际，如何发挥好人才队伍中各类人员的不同作用，形成推动事业发展的合力，成为做好人才工作的一大命题。

邓小平强调，科技人员应当受到重视。要给他们创造比较好的条件，使他们能够专心致志地研究一些东西。这对于我们事业的发展将会是很有意义的。① 国家选派的大批领导干部和高级专家，充分发挥长期革命实践中锻炼出来的组织、指挥、决策的才能，认真执行党的路线、方针、政策，为航天事业发展贡献了重要力量。他们贯彻党中央的指示，在发扬党的政治工作传统、建立科研生产管理制度、畅通技术指挥渠道、狠抓基础技术研究等方面做了大量奠基性工作。

钱骥是中国空间技术的重要开拓者、功勋卓著的科学家，1952 年加入中国共产党。1965 年 12 月，作为东方红一号卫星论证与研制的负责人之一，他由北京南下到各研制单位进行考察，了解其特长、水平和承担卫星工程的潜力，安排协作任务。每到一处，钱骥都详细介绍我国空间技术领域的发展前景，通过开诚布公的讨论，坚定各单位的领导和技术专家参加卫星任务的

---

① 参见《邓小平年谱》第四卷，中央文献出版社 2020 年版，第 76 页。

决心。这次宣传考察使很多单位积极接受新的任务，围绕卫星任务安排了许多预研课题，对组织科技队伍起到了一定的促进作用。钱骥常说，为了祖国的事业，我愿意负重，我必须疾驰。

闵桂荣是航天器热控方面的专家，1955 年加入中国共产党。在东方红一号卫星研制过程中，为检验热控的设计方案，他带领团队利用电加热器模拟各分系统功耗的热控星，在空间模拟器的真空状态下进行模拟卫星在轨道上冷、热环境下的热平衡试验，根据试验结果修改热控设计，此后再进行试验，直至满足设计要求。1970 年，东方红一号卫星入轨第一天，卫星温度为 25℃，之后每天增加 1℃—2℃。这样下去，倘若超过 40℃，卫星中的元器件将受到影响。有同志实在沉不住气，问闵桂荣会不会出事，他很有把握地回答："放心吧！这颗星的温度最高不会超过 35℃。"随后的事实果然证实了他的预料，卫星温度上升至 33℃后便不再升高。

技术工人是航天工程研制队伍的重要组成部分。针对成立初期技术工人能力不均、不能完全满足高技术要求的问题，党组织举办了各种培训班和在岗技术业务学习活动，为工人提高文化知识水平、掌握新的工艺手段创造条件，同时着力加强工人队伍的质量意识教育，培养他们严肃认真、一丝不苟的工作作风。事业创建初期，航天队伍的工人主要来自全国轻重工业战线，许多是原来行业的劳动模范和技术能手，也有从部队技术兵种中选调的优秀战士，还有一些是从技术学校毕业的工人。他们有理论、有文化、肯钻研，在实践中成长很快。这支队伍在生产卫星产品中，很好地满足了许多特殊材料和高难度加工工艺的要求，充分体现了艰苦奋斗的精神和攻克技术难关的精湛技艺。

汤士良是航天工人队伍中的典型代表。他靠实干、巧干的本领和坚韧不拔的精神，掌握了钛合金、铁镍钴铍合金等星上零件的加工，解决了爆炸螺栓的加工难题。爆炸螺栓加工精度要求极高，大于误差值无法断裂，小于误差值稍有震动就可能断开，这些情况都会影响星箭分离。那个时候靠手工做出的爆炸螺栓，成品合格率非常低。汤士良就是靠自己积累的经验一点点摸索出科学的加工方法，保证了产品的合格率满足要求。东方红一号卫星的电缆插头生产是个大难题，针状的插头是玻璃合金的材料，要从直径 1 毫米加工到 0.5 毫米，装卡不好的话，要么一扯就断，要么偏离位置。汤士良自己琢磨设计出了适宜加工的胚具和合适的加工方法，提前 7 天完成了 500 件产品的加工任务。

为东方红一号卫星蒙皮制作模具的金安富，凭着精益求精的工作劲头，备受组织信任，被选拔参与到梦寐以求的东方红一号卫星研制任务中。为了完成蒙皮制作，他琢磨图纸，用橡皮泥捏出零件的样子仔细比对，甚至还通过削萝卜来模拟零件。就这样，他干完初样干试样，最终按节点完成任务，践行了"历史的列车不能在这里误点"的响亮口号。

为更好地发挥各类人才的不同作用，中国航天坚持走群众路线，大力发扬党中央在"科学十四条"中提出的"研究工作问题的处理，要贯彻领导、专家、群众三结合的原则"①，充分发挥党的领导优势、技术人员专业优势、工人师傅技能优势的合力，啃下了一块块硬骨头，打赢了一场场攻坚战。

在返回式遥感卫星镁合金"井字梁"任务中，面对零件大、工艺复杂、技术难度大、质量要求高的挑战，中国空间技术研究院专门成立了一支由工人、干部、技术人员参加的"三结合"突击队。车间领导以身作则，一直跟班劳动，在干中指挥，狠抓思想发动。许多党员干部深入班组，讲路线、鼓干劲，帮助指导，木工班、铸工班、锻工班三个班组打破工种界限，齐心协力，互相补台、团结战斗。技术人员在和工人师傅一起劳作中，严格按工艺规程办事，并在实践中逐步摸索，改进工艺、提高质量。兄弟单位主动承担协助工序，派出有镁合金铸造经验的工人师傅到现场指导，并把过去试制中积累的宝贵经验毫无保留地贡献出来。正是靠着这种创新合力，"三结合"突击队用简陋的设备，仅用 21 天就攻克了难关。

在返回式遥感卫星研制中，研制人员充分发挥能动性，把"三结合"模

① 《聂荣臻同志和科技工作》，光明日报出版社 1984 年版，第 52—53 页。

式所展现的工作干劲同严格的科学态度结合起来，狠抓产品质量，技术风险得到有效控制。返回式遥感卫星进场前，工人同技术人员、领导干部一起，组成一个"三结合"小组，在装箱时，严格检查，一起签封。他们为了把进场前的准备工作搞得更细、更好，主动加码，又专门把工装、卡具、文件、工具、地面设备等摆在地上，多次进行全面检查。承担卫星姿控系统工作的同志，成立"三结合"攻关队，连续三个月多次进行质量复查和事故预想，找出并解决大、小问题42个，确保了卫星"零隐患"出厂。

"三结合"的方式，不仅改变了型号研制的模式，更团结了职工群众，在航天战线凝聚起更为紧密的统一战线、汇聚起强大的力量。很多同志说，"三结合"改变了以往干部在上面、工人在车间，技术人员一条线、工人师傅照着办，能用不能用、生产出来再看看的情况。领导深入班组，技术人员和工人师傅打成一片，三方力量充分地结合在一起，及时发现问题，把问题解决在萌芽状态。

功以才成，业由才广。在党的领导下，在又红又专的标准指引下，通过长期的思想政治工作和火热的科研实践锻炼，一支既具有尊重科学、尊重技术、实事求是、尊重规律的理性精神，又能够令行禁止、作风干练、胸怀大局、群策群力的航天队伍迅速成长起来。这支队伍敢于战胜一切艰难险阻，成功让东方壮歌响彻寰宇，鼓舞了全国人民的精气神；他们以报效祖国为神圣职责，发扬革命精神，自力更生、勇于登攀，表现出高尚的思想情操、道德品质和价值追求，为铸就航天传统精神和"两弹一星"精神培植了深厚沃土。

小 结

发愤图强，星出东方。在"一穷二白"的特殊国情和复杂的国际环境下，在中国共产党的坚强领导下，新中国有了自己的航天事业，实现了箭鸣翔天、卫星飞驰。

1970 年 4 月 24 日，党领导人民托举中国第一颗人造卫星上天遨游，开创了中国航天的新纪元。从太空高奏《东方红》开始，党领导人民接续奋斗，在百折不挠、顽强拼搏中实现"众星出东方"，挺起了中华儿女屹立东方的民族脊梁。在航天事业的发展中，航天队伍坚持独立自主、自力更生，矢志发愤图强、埋头苦干，创造出一个个举世瞩目的成就，推动空间技术达到一个新的水平，让中国为世界刮目相看，发出了东方大国的时代强音。

1978 年 3 月，孙家栋在全国科学大会上说，我国的航天事业在毛主席的亲切关怀和周总理的直接领导下，从无到有、从小到大迅速地发展壮大起来，一支坚强有力的队伍逐渐成长起来。可以说，中国航天事业的起步和发展是中国共产党带领全国人民筚路蓝缕、艰苦奋斗，推进社会主义建设的时代缩影和光辉写照。随着改革开放大幕的拉开，中国的航天事业即将跨入一个新的发展阶段。

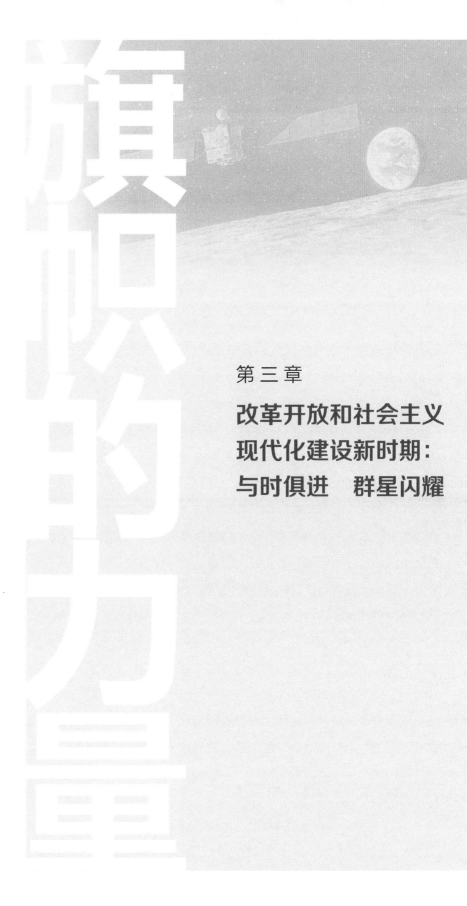

第三章

改革开放和社会主义
现代化建设新时期：
与时俱进　群星闪耀

1978 年 12 月，党召开十一届三中全会，实现党和国家工作中心战略转移，开启了改革开放和社会主义现代化建设新时期，实现了新中国成立以来党的历史上具有深远意义的伟大转折。自此，中国共产党人和中国人民踏上建设中国特色社会主义新的伟大征程，以一往无前的进取精神和波澜壮阔的创新实践，开创和发展了中国特色社会主义事业。

在这一历史进程中，中国航天紧跟党中央重大决策部署，牢记富国强军使命，与时俱进、锐意进取，取得一系列重大成就。在空间技术方面，第一颗通信卫星东方红二号通联天地，第一艘载人飞船神舟五号圆梦苍穹，第一颗探月卫星嫦娥一号九天揽月，神舟七号飞行任务中我国航天员首次漫步太空，尼日利亚通信卫星实现中国航天整星出口零的突破，还有第一颗气象卫星风云一号、第一颗地球资源卫星资源一号、第一颗海洋卫星海洋一号……这些"第一"推动航天事业走向壮大，谱写了中国航天更好服务国计民生的时代篇章。这一时期，我国自主研制了东方红三号、CAST968、东方红四号等卫星平台，建成了北斗区域卫星导航系统，在卫星回收、一箭多星等技术和通信卫星、遥感卫星等方面取得了长足进步，成功跻身世界航天大国之列，真正在航天高科技领域占有了一席之地。

面对党和人民对中国航天的更高期待，航天队伍始终坚持党的领导，全力推进科学技术现代化，充分发挥基层党组织的战斗堡垒作用和党员的先锋模范作用，以厚植人才沃土为事业强基固本，以弘扬航天精神鼓舞队伍士气，不断攀登航天科技高峰，推动中国航天事业跨越世纪、走向未来。

第一节　发展应用卫星　服务国家战略

1978 年 12 月召开的党的十一届三中全会，重新确立了党的实事求是的思想路线，以跨越历史的如椽巨笔，勾勒出改革开放和社会主义现代化建设的壮美轮廓，起笔了中国大踏步赶上时代的壮丽史诗。进入改革开放和社会主义现代化建设新时期，中国航天全面贯彻落实党的路线、方针、政策，实事求是、与时俱进，迅速实现工作重心转移，落实邓小平"要把力量集中到急用、实用的应用卫星上来"的指示要求，集中力量推动空间技术从试验转入工程应用。几十年间，颗颗应用卫星飞天，星光璀璨闪耀浩渺苍穹；种种卫星应用落地，航天科技全面服务国计民生。

把力量集中到急用、实用的应用卫星上来

粉碎"四人帮"后，党中央继续采取一系列措施，扭转十年动乱造成的严重局面，使中国社会主义建设事业重新奋起。1977年8月，党的十一大在北京召开。大会重申在20世纪内把我国建设成社会主义现代化强国，宣告历时10年的"文化大革命"结束。[①] 但是这次大会并没有从根本上纠正"文化大革命"的错误，没有完成"文化大革命"结束后制定新的路线方针政策的任务。党和国家工作在徘徊中前进，探寻着新的道路、酝酿着开拓新局面的力量。

1978年，科技领域迎来解放思想的春风。在3月召开的全国科学大会的讲话中，邓小平强调："四个现代化，关键是科学技术的现代化。"[②] 他提出的"科学技术是生产力"等著名论断，在全党引起了解放思想的极大效应，具有划时代的重要意义。[③] 大会审议通过了《1978—1985年全国科学技术发展规划纲要（草案）》。10月，中共中央正式转发这一纲要。

《纲要》提出了"全面安排、突出重点"的方针，确定了"八个影响全局的综合性科学技术领域、重大新兴技术领域和带头学科"。空间科学技术位列其一。《纲要》明确提出要"开展空间科学、遥感技术和卫星应用的研究"，"研制发射天文、通信、气象、导航、广播、资源考察等多种科学卫星

---

① 参见《中国共产党的一百年（改革开放和社会主义现代化建设新时期）》，中共党史出版社2022年版，第632页。

② 《邓小平文选》第二卷，人民出版社1994年版，第86页。

③ 后来，邓小平进一步提出"科学技术是第一生产力"。他强调，科学是了不起的事情，要重视科学，最终可能是科学解决问题。参见《邓小平文选》第三卷，人民出版社1993年版，第313页。

和应用卫星"，"建成现代化空间研究中心和卫星应用体系"。

邓小平指出："能不能把我国的科学技术尽快地搞上去，关键在于我们党是不是善于领导科学技术工作。我们的国家进入了新的发展时期，我们党的工作重点、工作作风都应该有相应的转变。"① 全国科学大会胜利闭幕后，人们张开双臂，热烈地拥抱"科学的春天"。广大科技工作者抖擞精神、奋发有为，决心将聪明才智与创新创造"写在无限的宇宙之间"。②

1978 年 5 月，《实践是检验真理的唯一标准》一文发表，在全国上下引发关于真理标准问题的大讨论，为即将到来的伟大历史转折提供了思想先导。12 月，党的十一届三中全会在北京召开，全面展开了党在思想、政治、组织等领域的拨乱反正，揭开了改革开放的序幕。全会决定，从 1979 年起，把全党的工作重点和全国人民的注意力转移到社会主义现代化建设上来。从这时起，中国共产党人和中国人民踏上了建设中国特色社会主义新的伟大征程。

作为我国社会主义改革开放和现代化建设的总设计师，邓小平一直十分关心航天事业的发展。1978 年 8 月，邓小平在专门听取了主管导弹和航天科研生产的七机部的工作汇报后，作出重要指示，要求尽快把国民经济搞上去，改善人民生活，国家首先要把钱花在农业和煤、电、油、钢及交通领域。他强调，我国是发展中国家，我国不参加太空竞赛，现在不必上月球，要把力量集中到急用、实用的应用卫星上来。③

把发展国家急需的各种应用卫星及其运载火箭作为当时我国航天事业发

---

① 《邓小平思想年编》，中央文献出版社 2011 年版，第 112 页。

② 1978 年 3 月 31 日，郭沫若在全国科学大会闭幕式上作题为《科学的春天》的书面讲话，呼吁"让我们在无穷的宇宙长河中去探索无穷的真理吧！"他表示："我的这个发言，与其说是一个老科学工作者的心声，毋宁说是对一部巨著的期望。这部伟大的历史巨著，正待我们全体科学工作者和全国各族人民来共同努力，继续创造。它不是写在有限的纸上，而是写在无限的宇宙之间。"郭沫若：《科学的春天——在全国科学大会闭幕式上的讲话》，《人民日报》1998 年 4 月 1 日。

③ 参见张钧主编：《当代中国的航天事业》，中国社会科学出版社 1986 年版，第 66 页。

展的重点，在当时的时代背景下是科学的、实事求是的。各类应用卫星具有极高的实用价值，研制和发射应用卫星对发展高技术产业、对我国传统工业技术更新，都会产生很大的经济效益，完全符合科学技术与经济建设相结合的方针。

　　航天队伍快速统一认识，根据邓小平的指示要求和党的十一届三中全会精神，加快国民经济和国防建设急需的应用卫星的研制步伐，暂缓了载人飞船和导航卫星的研制工作，集中主要力量于试验通信卫星等重点任务。其中，通信卫星调整了研制计划，由原计划发射两颗卫星改为只发射一颗卫星。这些战略转变为以后多个卫星系列和领域的形成、应用卫星平台系列化发展奠定了坚实基础。

航天事业发展面向经济建设

　　进入 20 世纪 80 年代，邓小平指出，我们最根本的工作就是要把自己的事情办好，国内的事情最重要的是把经济搞好。[1] 在党中央坚强领导下，航天队伍落实"经济建设必须依靠科学技术、科学技术工作必须面向经济建设"的方针，高度地团结一致，一心一意奔向四个现代化。[2] 我国航天事业发展出现了多年未有的大好形势，卫星型号的研制工作取得了极大进展。

　　1981 年 9 月，我国通过"一箭三星"方式发射了实践二号、实践二号甲、实践二号乙 3 颗卫星，成为世界上少数几个掌握一箭多星技术的国家之一。1982 年 9 月，在党的十二大召开期间，我国第一颗应用卫星——经过改进的应用型返回式遥感卫星发射成功。党的十二大主席团特向参试人员发来贺电，强调："正当党的第十二次全国代表大会召开之际，获悉你们发射卫星

---

① 　参见《邓小平思想年编》，中央文献出版社 2011 年版，第 283 页。

② 　邓小平 1979 年 3 月指出，"国内现在最大的政治是团结一致向前看，一心一意奔向四个现代化"。"社会主义现代化建设是我们当前最大的政治，因为它代表着人民的最大的利益、最根本的利益。"《邓小平思想年编》，中央文献出版社 2011 年版，第 227、229 页。

成功，这是贯彻执行党的独立自主、自力更生方针的又一胜利。"①

　　1982年至1984年的三年间，我国成功研制发射了3颗实用型返回式遥感卫星，对国内特定地区进行了摄影，摄影区域面积超过国土面积十分之一。1984年，国务院批准航天工业部、国防科委和国家计委国土局联合提出的发射两颗国土普查卫星的建议。在1985年和1986年，两颗国土普查卫星相继成功发射，从地质基础与地表特征、土地利用、资源调查、环境要素变化等方面为国土调查规划和整治提供了综合性资料。之后，返回式遥感卫星连续成功发射和回收，获得了大量空间遥感资料，取得了较大社会经济效益。

　　卫星通信工程，即"331"工程，是我国在20世纪70年代末80年代初开展的规模最大、技术最复杂、组织最严密的航天工程。党中央高度关心，加大经费扶持力度，研制队伍凝神聚力、全力以赴。改革开放之初，承担东方红二号试验通信卫星研制任务的中国空间技术研究院，决定集中力量打"歼灭战"，向着完成"331"工程总目标挺进。

　　1978年初，孙家栋被任命为东方红二号卫星总设计师，明确了两个"一步走"原则，为卫星总体设计方案明确了路径。两个"一步走"，即卫星"一步"发射至同步静止轨道，卫星研制指标"一步"达到当时第三代国际通信卫星的技术水平，同时把卫星通信技术试验与实际应用结合起来一次完成。这一路径对当时的航天队伍而言，无疑是巨大的挑战。

　　面对技术封锁，东方红二号卫星只能使用国产元器件。如何做好元器件质量保证工作，满足高可靠性、长寿命的要求，成为卫星研制工作破局的关键。1982年7月，国防科委召集中国空间技术研究院和国内主要的元器件生产单位举行会议。会上，航天工业部副部长宋健发出了"救救331"的呼吁。8月，我国首家宇航元器件质量保证机构——"航天用电子元器件质量

---

① 《党的十二大主席团致电　热烈祝贺参加卫星发射工作全体同志　希望再接再厉，努力奋斗，为实现四个现代化作出新贡献》，《人民日报》1982年9月10日。

东方红二号通信卫星"通天盖地"

可靠性中心"在中国空间技术研究院正式启动筹建。技术专家们刻苦攻关，以东方红二号卫星研制需求为牵引，扎实推进电子元器件质量可靠性方面的研究工作，有力保障了卫星元器件从订货、下厂、监制、验收、到货到复测、复验、老化筛选等各项工作的开展，将星上电子元器件可靠性提高了三至五年。

在东方红二号试验通信卫星研制期间，国家加大投入，支持中国航天自主研制了地面综合电性能测试设备、大型振动台、大容积真空罐、模拟噪声场、卫星动平衡机、高精度转台等地面设备。这些设备确保了各类环境试验和分系统级、整星级联试顺利进行，在全力支撑东方红二号卫星任务圆满成功的同时，也为之后空间技术的发展与突破打下了基础。

1984 年 1 月，中共中央、国务院、中央军委批准东方红二号试验通信卫星飞行试验大纲，但这次发射由于运载火箭三级故障，卫星只进入停泊轨道而未能进入地球同步转移轨道。航天队伍直面失败、横下一条心，决定试验队不撤回，尽快发射第二发。这一做法在我国航天史上仅有这一次。在聂荣臻、张爱萍等中央领导同志的鼓励和支持下，仅仅两个多月后，第二颗东方红二号试验通信卫星于 4 月 8 日成功发射、4 月 16 日准确定点于东经 125 度赤道上空的地球静止轨道。

4 月 18 日，党中央、国务院、中央军委就我国试验通信卫星发射成功发来贺电，指出："试验通信卫星发射成功，是我国社会主义现代化建设取得的一个重大成就，是我国航天事业取得的又一重大胜利，标志着我国航天技术有了新的飞跃。这对于加速我国社会主义现代化建设的进程，具有重大意义，对于全国人民也是极大的鼓舞。"[1] 聂荣臻致信张爱萍，衷心祝贺发射成功，强调"这确是值得大庆大贺的事！"[2] 4 月 30 日晚，党和国家领导人在人民大会堂出席庆祝我国试验通信卫星发射成功大会，向大家致以热烈的祝贺和亲切的慰问。[3]

从试验到实用，需要接续奋斗。1986 年 2 月 1 日，东方红二号实用通信卫星发射成功，党和国家领导人亲临现场观看了发射。2 月 20 日，卫星定点成功。党中央、国务院、中央军委发来贺电，指出"这标志着我国已全面掌握运载火箭研制和发射、测控技术，卫星通信由试验阶段进入实用阶段，航天技术和电子技术取得了新的进展"[4]。陈云为实用通信卫星定点题词："自力更生，集中力量，发展我国航天事业。"

此后，在中央领导同志的关心关怀和大力支持下，我国又连续发射了 4 颗东方红二号甲通信卫星。东方红二号系列卫星共同承担了 20 世纪 80 年代

---

① 《四化建设的重大成就　航天技术的新飞跃标志　我国发射的试验通信卫星成功定点　中共中央国务院中央军委致电祝贺》，《人民日报》1984 年 4 月 19 日。

② 《集智攻关奔向世界新技术高峰　聂荣臻致函张爱萍祝贺试验通信卫星发射成功》，《人民日报》1984 年 4 月 20 日。

③ 参见张钧主编：《当代中国的航天事业》，中国社会科学出版社 1986 年版，第 357 页。

④ 《全面掌握运载火箭技术　卫星通信进入实用阶段　我发射的实用通信广播卫星定点成功　党中央国务院中央军委致电热烈祝贺》，《人民日报》1986 年 2 月 21 日。

末90年代初我国国内卫星通信的主要业务，直接服务于通信事业、新闻事业、教育事业等，改变了祖国边远地区通信、广播、电视传输落后的状态，实现了北京到乌鲁木齐、拉萨、昆明等边远地区的通信，开展了新华社及地震局的数字通信、水利电力部的水文调度等卫星通信业务，满足了国家经济社会发展对卫星通信的迫切需求，创造了巨大的经济效益和社会效益。

20世纪80年代中后期，随着国民经济结构的调整，科研经费投入与经济利润产出的矛盾日渐突出。同时出于保密原因，空间技术在当时还鲜为人知，社会上对研发经费投入较多存在误解，加之改革开放后民品研制利润的增长，空间技术发展方向曾一时成为争论的焦点。是坚持专心研究空间技术还是转型更多发展民品？关键时刻，航天队伍选择了潜心钻研。时任中国空间技术研究院院长的闵桂荣等专家作出了明确的表态，指出："空间技术是带头学科，国民经济发展需要它，国防建设需要它，它关系到我国的国际地位和民族的长远利益。""经费再少，利润再小，困难再大，我们也要花主要精力去搞，这是我们存在的根本。"这些讨论与表态让大家对空间技术发展方向的认识更加明确。

与此同时，国家持续加大对航天事业发展的经费扶持力度，中国航天从军工小天地走向国民经济主战场。1986年3月，国务院批准了航天工业部《关于加速发展航天技术的报告》，确定20世纪80年代后期90年代前期航天技术的目标任务：开展长征三号甲运载火箭和东方红三号通信卫星、风云二号气象卫星、资源一号卫星（合称"新三星"）的研制。

面对国家各经济部门对卫星应用提出的迫切需求，1986年中国空间技术研究院决策成立从事卫星应用的专业研究所，大力开展卫星应用工作。1988年9月，风云一号气象卫星（A星）成功发射。卫星进入预定轨道，星上仪器工作正常。这是我国自行研制和发射的第一颗传输型极轨遥感卫星，使我国跻身世界少数几个有能力自己研制、发射和运行气象卫星国家的行列。风云一号在气象预报、积雪监测、冰情服务、水体和环境监测方面应用良好，并在亚运会期间提供了亚洲区域和北京地区云图，为我国办好举世瞩目的体育盛会增添了光彩。

大力开发空间资源

从 20 世纪 80 年代末至世纪之交，在党中央的科学决策和正确领导下，中国航天以应用卫星与卫星应用为主战场，勇敢面对挫折挑战，勇于攀登技术高峰，在通信、遥感、导航等各领域取得长足进步，全面造福人民、服务国家。

在迈向新世纪的征程上，以江泽民同志为核心的党中央准确分析和把握世界科学技术发展趋势，提出实施科教兴国战略、推动我国科技进步与创新等富有远见的重大决策。作为典型的高科技领域，航天事业的发展得到了党和国家的高度重视与大力支持。江泽民指出："中国政府一直把航天事业作为国家整体发展战略的重要组成部分，予以鼓励和支持。我们在航天事业上取得的每一个成就，都极大地鼓舞全国各族人民。今后，我们将一如既往地致力于航天事业，争取有所创新。"[1]1989 年 10 月，航空航天工业部印发《关于新一代航天型号研制工作中若干问题的决定》和《关于加强型号研制工作建设的若干意见》，指出我国的航天产业正处在一个型号技术更新换代、科技队伍新老交替的历史时期，要求在现已掌握的技术基础上，加以延伸发展，形成系列化，争取十年内搞出成果，实现技术上的新突破，上一个新台阶。[2]

进入 20 世纪 90 年代，航天队伍接续奋斗，1990 年 9 月 3 日成功放飞风云一号 B 星，与风云一号 A 星相比，性能进一步提升、云图质量进一步提高。1991 年夏季，我国遭受了特大洪涝灾害，风云一号 B 星的云图资料对准确核定洪水受害面积发挥了重要作用，取得了很好的社会效益。1990 年，中央军委副主席刘华清就加快新型返回式卫星研制作出指示，要求第一

---

① 转引自《浩瀚苍穹写辉煌——记中国空间技术研究院成立 35 周年》，《人民日报》2003 年 2 月 18 日。

② 参见《中国航天事业的 60 年》，北京大学出版社 2016 年版，第 238 页。

颗星 1992 年待命出厂。航天队伍快速行动起来，投入火热的战斗中。1992
年 8 月，历时 22 个月研制出的新一代返回式遥感卫星——返回式卫星二号
取得了首飞成功，标志着我国返回式卫星技术及对地观测水平向前推进了一
大步，回收控制技术也达到当时国际先进水平。1993 年 2 月 20 日，在中国
空间技术研究院建院 25 周年之际，江泽民题词："发展空间技术，开发空间
资源。"杨尚昆题词："发展卫星，为祖国服务。"李鹏题词："庆祝空间技术
研究院成立二十五周年，加快发展空间技术。"

对返回式卫星进行温控试验

对于遭受西方国家各种提防、限制乃至封锁的中国航天而言，研制东方
红三号通信卫星、风云二号气象卫星、资源一号卫星等新一代应用卫星，必
须实现一系列艰难的技术跨越。在经历严重挫折后，航天队伍继续顽强奋
斗，不负党中央重托，以后来的连续成功实现了"绝地反击"。

1997 年 5 月、6 月，东方红三号通信卫星、风云二号气象卫星相继成功
发射并定点。李鹏在西昌亲切会见参加发射工作的有关人员，代表党中央、

国务院、中央军委表示热烈祝贺和亲切慰问。中国航天以两颗"新"星连续成功发射，庆祝香港回归祖国，迎接党的十五大胜利召开。

除了推进既定的"新三星"任务，中央还作出了建设独立自主的卫星导航系统的重大决策。此前，我国曾于1969年至1980年开展了"灯塔一号"卫星导航工程建设。由于指标陈旧、基础薄弱等原因，该工程被下马封存。1991年，海湾战争爆发，美国GPS全球卫星定位系统在战争中发挥了重要作用。1993年发生的"银河号事件"①震惊世界。这让各方面深刻认识到，拥有自主知识产权的卫星导航系统对国家安全和军队保障至关重要。1994年1月，党中央正式批准研制导航卫星，双星导航定位系统工程立项实施，卫星被命名为"北斗一号"。2000年10月、12月，北斗一号01星、02星相继发射成功并在轨稳定运行，构成了北斗卫星导航试验系统。2003年5月，北斗一号03星发射成功。12月15日，我国第一代卫星导航系统正式开通运行，标志着我国成为继美国、俄罗斯之后世界上第三个拥有导航卫星系统的国家。

自主创新是抢占市场与跨越发展先机的关键。20世纪80年代末90年代初，为解决航天系统昂贵的研制成本问题，美国等主要航天国家提出了"快、好、省"的小卫星发展技术思路。小卫星以现代计算机及网络为核心起步，采用数字化技术，具有可扩展、适用范围广的优势。王希季密切关注小卫星领域发展，力主在完成军用民用任务外，一定要主动开展技术创新，打好"一大一小"两面旗。所谓"一大"是指一定要开发东方红四号卫星平台，"一小"就是发展小卫星。他在多个场合反复讲："小卫星这个领域，你不去占领，人家就去占领。"在王希季的呼吁带动下，中国空间技术研究院

① 1993年7月，我国的"银河号"货轮从天津港起航驶往迪拜，当航行在印度洋上时，突然找不到航向被迫停驶。事后调查发现，美国直接关闭了"银河号"货轮所在区域上的GPS信号，使货轮在海上漂泊了33天。其间，美国无端指控货轮要将制造化学武器的原料运往伊朗，强行要求登船进行检查。面对美方这一无中生有的指控，中方断然否认，但美方仍不依不饶。此后，由第三方参与的联合调查得出结论，美方的指控完全是凭空捏造、颠倒黑白的谎言。

在"八五"期间自主安排了现代小卫星公用平台的技术预先研究课题，推出了 CAST968 小卫星公用平台。1999 年 5 月实践五号成功发射，CAST968 小卫星公用平台得到验证，开创了我国现代小卫星研制的先河。随着小卫星任务的增多，2001 年 8 月，专门从事小卫星研制的航天东方红卫星有限公司成立。次年 5 月，基于 CAST968 小卫星公用平台研制的海洋一号 A 星成功发射，结束了我国没有海洋卫星的历史。据国家海洋局统计，这颗卫星在轨运行 685 天，共实施了 1805 轨探测，获取了大量海洋监测数据，在海洋科学研究和国民经济建设中发挥了十分重要的作用。

2008 年 10 月，按照构建航天科技工业新体系的战略部署，微小卫星的研制、运营、应用迅猛发展，并探索进入商业航天领域，为通信、导航、遥感、气象等卫星应用产业提供多元优质的天基数据服务。

为经济社会发展作出更大贡献

进入 21 世纪，我国发展迎来一个新的历史起点，进入了全面建设小康社会、加快推进社会主义现代化建设新的发展阶段。2002 年召开的党的十六大高举邓小平理论伟大旗帜，全面贯彻"三个代表"重要思想，制定了全面建设小康社会的宏伟纲领。以胡锦涛同志为总书记的党中央正确判断我国发展的阶段性特征，强调要解决中国的发展问题，必须牢固树立和认真落实科学发展观，依靠科技创新实现全面协调可持续发展。

党的十六大报告就"推进产业结构优化升级"作出部署。2007 年 10 月召开的党的十七大明确要求，"提升高新技术产业，发展信息、生物、新材料、航空航天、海洋等产业"。胡锦涛强调："发展航天事业，是党和国家为推动我国科技事业发展，增强我国经济实力、科技实力、国防实力和民族凝聚力而作出的一项强国兴邦的战略决策。"[1]2005 年 12 月，《国家中长期科学和技术发展规划纲要（2006—2020 年）》正式印发，对我国到 2020 年的科

---

① 《胡锦涛文选》第二卷，人民出版社 2016 年版，第 110 页。

学技术发展作出了全面规划和部署。以"瞄准国家目标，实现跨越式发展，填补空白"为标准，高分辨率对地观测系统、载人航天与探月工程被列为16个重大科技专项之二；以"具有前瞻性、先导性和探索性的重大技术"为标准，空天技术被列为8项前沿技术之一；以"深刻认识自然现象、揭示自然规律，获取新知识、新原理、新方法和培养高素质创新人才"为标准，航空航天重大力学问题被列为10项"面向国家重大战略需求的基础研究"之一。[①]

作为中国科技发展的新蓝图，《规划纲要》指引了中国航天自主创新、跨越前行的道路方向，为航天科技发展增添了制度、政策、人财物上的全方位保障，为航天事业攻克核心关键技术、取得重大成就、实现重大突破提供了强劲的推动力。按照中央要求，我国在通信、遥感、导航等各领域不断取得新突破，推动卫星应用迈出重要步伐，并在空间科学与技术试验领域取得重要进展。

通信卫星实现更新换代。为了加快提升我国通信卫星市场竞争力，满足国内需要，打进国际市场，党和国家大力支持我国新一代大容量、长寿命、高可靠的卫星公用平台——东方红四号的研制攻关任务。一支平均年龄不到40岁的研制团队迅速组建起来。面对国外一般需要十几年才能完成的技术发展历程，研制团队抱着"为民族工业生存发展而奋斗"的决心，立志在5年内登上这一领域的高峰。从2003年开始，经过3年多并肩战斗，研制团队攻克了卫星总体优化、大型中心承力筒等12项关键技术，把大型通信卫星平台技术的命脉牢牢握在了手中。2007年5月，基于东方红四号卫星公用平台研制的尼日利亚一号通信卫星成功发射，实现了我国整星出口零的突破。"东四"平台相比"东三"平台，寿命提高了1倍，整体效能提高了20倍，成功实现了我国通信卫星的更新换代。到2012年，中星6A号、中星10号等通信卫星相继发射，显著改善了我国卫星通信发展面貌。我国还大力发展

---

① 参见中华人民共和国科学技术部编著：《中国科技发展70年（1949—2019）》，科学技术文献出版社2019年版，第200—201页。

中继通信卫星，于 2008 年至 2012 年相继成功发射天链一号 01 星、02 星、03 星，实现三星组网，成为第二个拥有全球组网中继卫星系统的国家。

北斗导航覆盖亚太。北斗一号系统建成后，我国于 2004 年正式启动北斗二号区域卫星导航系统研制建设。经过艰苦努力，于 2007 年 4 月至 2012 年 10 月连续发射 16 颗北斗二号卫星，完成组网部署，并于 2012 年 12 月正式向亚太地区提供服务。这也是国际上首个混合星座区域卫星导航系统。党中央、国务院、中央军委发来贺电，指出这标志着我国卫星导航发展"三步走"战略的第二步取得了全面胜利。① 北斗二号在交通运输、海洋渔业、水文监测、气象预报、森林防火、通信时统、电力调度、救灾减灾和国家安全等领域得到广泛应用，产生了显著的社会效益和经济效益。2008 年 5 月 12 日，四川汶川发生特大地震，震惊世界。地震发生的当晚，首批武警官兵到达地震重灾区，并使用北斗卫星导航系统用户终端机连夜陆续发回实时灾情数据，为地震重灾区发出了第一束生命急救电波。这也让"北斗"这个名字家喻户晓。

"卫星在哪里，我就在哪里"是北斗研制团队的普遍共识。2009 年北斗二号 G2 卫星发射场测试期间，75 岁高龄的北斗一号总设计师范本尧与试验队员同吃同住，即使因肠胃炎住进医院也时刻关心卫星测试情况。2007 年，在"抢救"北斗一号 04 星过程中，为判断卫星是否因太空低温环境而"冻伤"，研制团队 3 名党员在没有任何遥测参数的情况下，通过 10 天的连续"作战"，完成上百项计算分析，得出卫星将在 2007 年 2 月 18 日前后"苏醒"的预判。2 月 20 日，卫星信号发回，抵御住太空低温环境的北斗一号 04 星"醒了"。研制团队通过精心操作，最终打赢了这场卫星"抢救战"。发射场就像是北斗人的战场，北斗研制团队与卫星始终紧紧贴在一起，用无微不至的照拂守护着导航事业的发展与壮大。

---

① 《中共中央国务院中央军委对北斗二号卫星导航系统开通服务的贺电》，《人民日报》2012 年 12 月 29 日。

　　小卫星蓬勃发展。利用 CAST968 平台，中欧联合开展了地球空间双星探测计划，共同研制探测一号、探测二号卫星，并于 2003 年 12 月、2004 年 7 月先后发射成功。2002 年 5 月、2007 年 4 月，同样基于这一平台的海洋一号 A 星、B 星成功发射。2008 年 9 月，环境一号 A 卫星、B 卫星成功发射，组成我国首个环境与灾害监测小卫星星座，推动了我国灾害监测、预警、评估、应急救助指挥体系的完善。2011 年 8 月，我国首颗海洋动力环境探测卫星——海洋二号成功发射，大幅提升我国对地观测卫星的调查和监测能力。2012 年 11 月，我国第一颗 S 波段 SAR 卫星——环境一号 C 卫星成功发射……这一时期，研制团队还开发了适用于小卫星的 CAST2000 平台、具有敏捷机动能力的 CAST3000 平台和微纳卫星平台，推动我国小卫星和微小卫星研制技术达到国际水平，并广泛应用于民用通信、遥感气象、地球科学、空间科学、行星探测、技术验证等领域，为我国空间基础设施建设

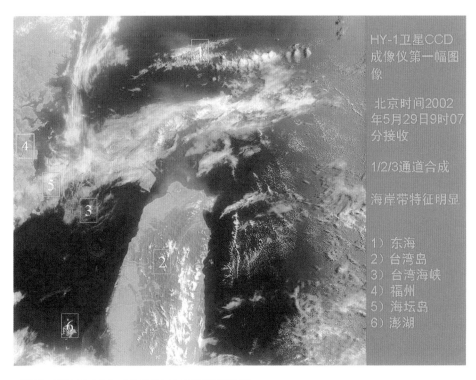

HY-1卫星CCD成像仪第一幅图像

北京时间2002年5月29日9时07分接收

1/2/3通道合成

海岸带特征明显

1）东海
2）台湾岛
3）台湾海峡
4）福州
5）海坛岛
6）澎湖

海洋一号卫星 CCD 成像仪传回的我国近海图像

和国民经济发展作出了突出贡献。

深化国际交流　进军国际市场

中国的发展离不开世界，科技发展更是如此。20 世纪中叶以来，尤其是六七十年代以来，世界科技蓬勃发展、突飞猛进、日新月异。邓小平多次谈到我国同世界的差距越来越大的问题，强调根本的一点，是要承认自己落后；谁也不能安于落后，落后就不能生存；承认落后才能向前迈进。整个国家赶超世界先进水平，科学研究是先行官，"科学技术这么落后怎么行"。①

党的十一届三中全会后，党把对外开放作为一项长期的国策，作为加速社会主义现代化建设的战略措施。改革开放促进了我国与国际社会的交往，也为我国吸收国际先进技术创造了空间。1979 年春节期间，邓小平访问美国，并参观了宇航博物馆、林登·约翰逊航天中心，进入阿波罗十一号指令舱，登上航天飞机模型座舱，会见了美国宇航员并听取讲解。这次经历让他"看到了一些很新颖的东西"。② 两国还就中国从美国购买通信卫星进行了商谈。回国后，邓小平强调，别的事情搞得差一点，发展科学技术这件事情搞好了，我们见马克思还可以交得了账。否则交不了账。③

对科技工作，要想得远一些，看得宽一些。④ 邓小平强调，中国是大国，必须立足于国内，立足于自力更生这个基本原则，主要靠自己。另外，"我们要以世界先进的科学技术成果作为我们发展的起点。我们要有这个雄心壮志"⑤，"现在的方针是，尽量吸收国际先进经验，引进资金和技术，加速我们的发展"⑥。这一时期，中国航天利用长征火箭积极参与国际商业发射竞

① 参见《邓小平思想年编》，中央文献出版社 2011 年版，第 49、50 页。
② 参见《邓小平年谱》第四卷，中央文献出版社 2020 年版，第 480、484、485 页。
③ 参见《邓小平年谱》第五卷，中央文献出版社 2020 年版，第 37 页。
④ 参见《邓小平思想年编》，中央文献出版社 2011 年版，第 66 页。
⑤ 《邓小平思想年编》，中央文献出版社 2011 年版，第 170 页。
⑥ 《邓小平思想年编》，中央文献出版社 2011 年版，第 193 页。

标；航天队伍密切关注国际航天科技前沿，在坚持自力更生的基础上，积极谋求利用国际资源、开展国际合作。

从 20 世纪 70 年代末开始，中国航天积极开展对外交往活动。中国空间技术研究院积极参与其中，开展对外交流合作。1983 年，与意大利"天狼星"项目开展合作，通过"天狼星"进行电波传输、卫星在轨测试等试验项目。1984 年，与联邦德国航空航天研究试验院签署了空间技术合作的会谈纪要，双方进行多项课题研究；与英国阿普雷顿实验室联合进行了太阳电池标定、卫星设计等课题研究。通过开展国际交往，我国与多国宇航企业建立并保持了紧密联系，逐渐跟上了世界航天科技发展的步伐。

1986 年，按照国家部署，资源一号卫星研制计划正式启动。研制地球资源卫星投入巨大，在技术和经济条件有限的情况下，联合研制无疑是一个破局的好办法。当时，恰逢巴西联邦共和国正在寻找资源卫星的合作伙伴，两国一拍即合。1988 年 7 月，中国和巴西签署了联合研制地球资源卫星的协议，经费由双方共同承担，卫星各系统由两国分别研制。双方各有特点，有很强的互补性。8 月，中国空间技术研究院和巴西空间研究院签署了关于联合研制中巴地球资源卫星的协议书。中巴合作的消息在世界上引起强烈反响，一些西方国家舆论发出"痴人妄想"等负面评论。但双方共同努力，携手攻克各种难题。两个国家一个在地球这头，一个在地球那头，合作的障碍一是语言，二是距离。中巴地球资源卫星总指挥马世俊回忆道："尽管存在各种困难和阻碍，但两国技术人员相处很融洽，各取所长。我们学习到了卫星研制的国际规范，开拓了技术人员的视野。"从研发、设计到测试、试验，在 10 余年的共同奋斗中，双方结下了深厚友谊。

1999 年 10 月 14 日，中巴地球资源一号卫星成功发射，这是我国第一颗真正意义上的国际合作卫星，政治和经济意义重大。这种整星级的国际合作为第三世界国家在航天高科技领域之间的合作创立了良好的合作模式。中国国家主席江泽民和巴西总统卡多佐互致贺信。江泽民称赞这是"南南合作的典范"。巴方表示，巴中遥感卫星合作使巴西从卫星遥感技术的进口国变成了出口国，提升了巴西的国际地位，倍感光荣自豪。① 之后，中国与巴西继续联合研制地球资源卫星，于 2003 年 10 月、2007 年 9 月和 2011 年 12 月先后将中巴地球资源一号 02 星、02B 星、02C 星送入太空。这些卫星取得的资料不仅造福中巴两国，而且在中国周边、南美洲地区以及非洲等得到广泛应用，成为名副其实的"世界星"。

进入新世纪，中国航天的国际影响力不断扩大，对外开放合作的脚步更加自信有力。走出国门、走向国际，更加深度地参与国际航天竞争与合作成为必然选择。胡锦涛明确宣告："中国人民愿同世界各国人民一道，为和平利用太空而继续努力，不断为人类和平与发展的崇高事业作出新的更大的贡献。"②

乘着"走出去"的东风，中国航天将目光投向国际市场，立足正在研制开发的东方红四号大容量通信卫星平台，参加了奥普图斯通信卫星等项目投标，虽然没有成功，但迈出了开拓国际市场的第一步，积累了国际投标的经验，坚定了团队可以在国际市场打拼并打赢的信心。

2004 年 5 月，尼日利亚宇航局发布了尼日利亚通信卫星项目招标的消息。凭着敏锐的市场嗅觉，航天队伍重整旗鼓，协同长城工业总公司积极参与此项投标。国际商用通信卫星市场竞争激烈，"尼星"项目也不例外，美国、法国、英国、意大利、以色列等国的 21 家公司都跃跃欲试。我国竞标团队仅用 10 天时间就完成了要求极为严苛的标书，以星箭良好的兼容性、高效率的技术协调以及优质的服务，一举中标。12 月 15 日，"尼星"采购合同正式签署。项目虽然拿下来了，但是要在合同规定的 26 个月内完成这颗大容量、长寿命、高功率的通信卫星研制任务，绝非易事。"尼星"总设计师兼总指挥周志成向队伍发出"悬崖再陡峭也要攀登"的动员令。从此，"尼星"团队把每一天都当成决战来打，采取"三班倒"工作模式，确保卫

---

① 参见《中国航天事业发展的哲学思想》，北京大学出版社 2006 年版，第 197 页。

② 《胡锦涛文选》第二卷，人民出版社 2016 年版，第 390 页。

星主线不停。从三舱对接到卫星出厂，他们用 5 个月时间完成了国内外同类卫星 13 个月的研制工作；从卫星出厂到发射场一般需要一周时间，他们只用了一天半……他们以"尼星"速度，在约定时间里完成了卫星研制任务，兑现了合同中写下的承诺。2007 年 5 月 14 日，"尼星"在西昌卫星发射中心发射升空，5 月 22 日成功定点，7 月 6 日正式交付用户。

"尼星"的成功，实现了我国通信卫星技术的跨越式发展，圆了几代人"实现中国整星出口零突破"的梦想。我国的新一代大型地球静止轨道公用平台——东方红四号卫星平台走向定型和成熟。中尼围绕通信卫星开展的合作，体现了中国和平利用太空、造福人类的一贯宗旨，翻开了中非传统友谊新的一页，也让中国航天事业的国际化发展之路越走越宽。

2008 年，委内瑞拉一号通信卫星成功发射，这是我国首次向拉丁美洲用户提供整星出口和在轨交付服务。2011 年，巴基斯坦通信卫星 1R 顺利升空，进一步加深了两国全天候友谊。至此，我国通信卫星在非洲、南美洲和亚洲都实现了国际化的突破。2012 年，委内瑞拉遥感卫星一号在酒泉卫星发射中心升空。这是我国首次向国际用户提供遥感卫星整星出口和在轨交付服务。

在宇航单机产品出口方面，我国也取得了显著进展。2006 年至 2011 年间，我国向法国出口卫星推进系统过滤器产品，实现了宇航单机产品出口零的突破；推进部组件产品——加排阀受到国际认可，2014 年开始销往日本。后来，星敏感器出口巴基斯坦，实现了我国宇航核心部件产品出口零的突破。2011 年，我国为俄罗斯研制的 GVU-600 空间环模器在交付验收后，得到俄方用户高度赞赏。这是我国首次向世界航天强国出口系统级航天产品，且其系统功能和性能指标均达到或优于合同要求。

在开拓国际市场的基础上，我国在载人航天工程实施过程中，与俄罗斯、德国、法国、比利时、意大利等国家的航天机构在航天器技术、空间科学实验等领域开展众多合作；在嫦娥一号、嫦娥二号月球探测任务实施期间，与欧洲空间局等开展紧密合作……此外，我国还主动承担国际义务，在和平利用外空、空间碎片减缓、空间减灾防灾、空间应用协作等多个领域发挥了积极作用。

改革开放以来，中国航天事业以更加开放的姿态、更加从容的脚步，推动实现技术从试验到实用的华丽转身，放飞群星、造福中国，走向国际、服务世界，创造出一个又一个"当惊世界殊"的辉煌成就。

第二节 在世界高科技领域占有一席之地

科学技术是第一生产力。邓小平在 1988 年 10 月视察北京正负电子对撞机工程时强调："过去也好，今天也好，将来也好，中国必须发展自己的高科技，在世界高科技领域占有一席之地。"① 航天科技是民族智慧、经济实力、综合国力的重要体现，是高科技领域的璀璨明珠。发展航天事业，推动科技进步，对于加快我国改革开放和现代化建设具有重要意义。改革开放以来，党中央领导我国航天事业不断加快发展步伐，努力接近和赶上世界先进水平，让神舟飞船飞天遨游，让嫦娥卫星"绕"月而行，推动航天科技以更高的起点迈入 21 世纪。

批准"863"计划

进入 20 世纪 80 年代，以高技术为核心的"第三次浪潮"席卷全球。1983 年，美国推出了雄心勃勃的"星球大战"计划，苏联立即予以应对；西欧国家为了加强在尖端技术领域的合作，迎接新技术革命的挑战，提出了"尤里卡"计划②；日本、印度等也纷纷行动。在这些计划中，航天是各国共同关注的领域，空间技术成为世界各国综合国力竞争的焦点。

面对这场国际上争夺科技制高点的激烈竞争，邓小平密切关注，深刻思

① 《邓小平文选》第三卷，人民出版社 1993 年版，第 279 页。
② 该计划提出建立一个"欧洲科研协调机构"，该机构英文缩写的读音与古希腊语中"尤里卡"（意为"有办法"）一词相近，故称"尤里卡"计划。

考。① 他说，现在世界上科学技术发展得很快，美国搞"星球大战"计划，欧洲搞"尤里卡"计划。不管成功的可能性多大，它代表了科学知识的飞跃前进。不只是在军事方面的作用，还可以带动整个社会工业和其他各个方面的发展。看到这一点，我们不能不搞。②

1986 年 3 月 3 日，航天技术专家杨嘉墀同王大珩、王淦昌、陈芳允三位科学家一起向党中央提交了《关于跟踪研究外国战略性高技术发展的建议》。③ 两天后，邓小平在来信上作出批示，这个建议十分重要，找些专家和有关负责同志讨论，提出意见，以凭决策。此事宜速作决策，不可拖延。④

此后，国家科委成立"863"计划编制小组，组织论证，广泛征求专家意见。10 月 6 日，邓小平审阅该计划的报告和有关文件，作出批示："我建议，可以这样定下来，并立即组织实施（如有缺点或不足，在实施中可以修改和补充）。"⑤10 月 21 日，中共中央政治局扩大会议批准了这个计划。11 月，中共中央、国务院批准《高技术研究发展计划纲要》。面向 21 世纪的中国战略性高科技发展计划正式公之于世。由于四位科学家上书和邓小平在来信上批示都是在 1986 年 3 月，故该计划被称为"863"计划。

"863"计划从世界高技术发展趋势和中国的需要与实际出发，共选择了 7 个领域的 15 个主题项目。航天领域是七大领域中的第二领域（简称为"863—2"），包含两个主题项目：一是大型运载火箭及天地往返运输系统，

---

① 1985 年 10 月 4 日，邓小平在会见外宾时指出，当"星球大战"计划出现时，中国就表示反对。"我认为，'星球大战'计划实际上是军备竞赛的质的升级，不是一般性升级。空间军备竞赛比地面军备竞赛更厉害，'星球大战'计划将导致军备竞赛达到不可控制的地步。"《邓小平年谱》第五卷，中央文献出版社 2020 年版，第 382 页。

② 参见《邓小平年谱》第五卷，中央文献出版社 2020 年版，第 411 页。

③ 1999 年 9 月 18 日，王大珩、王淦昌、杨嘉墀、陈芳允四位科学家都荣获了"两弹一星功勋奖章"。2019 年新中国成立 70 周年之际，"863"计划倡导者被授予"最美奋斗者"称号。

④ 参见《邓小平年谱》第五卷，中央文献出版社 2020 年版，第 405 页。

⑤ 《邓小平科技思想年谱（1975—1994）》，中央文献出版社、科学技术文献出版社 2004 年版，第 209 页。

二是载人空间站系统及其应用。

党中央果断实施"863"计划，直接推动了我国高新技术的发展。在党的领导下，航天队伍以更大的决心，向着渴望已久的航天科技高峰勇敢发起冲锋。

下决心搞载人航天

载人航天承载着人类亘古以来的共同梦想，也是一个民族、一个国家智慧和能力的制高点。1961 年，苏联完成了人类首次载人航天飞行；1969 年，美国将宇航员送上了月球。当时，我国决定上马"714"工程、搞"曙光一号"飞船，但受客观条件所限，这道"曙光"不得不暂时"熄灭"。邓小平说，在高科技方面，我们要开步走，不然就赶不上，越到后来越赶不上，而且要花更多的钱，所以从现在起就要开始搞。[①]"863"计划实施后，在党中央的亲切关怀下，沉寂多年的中国载人航天计划重新启动。中华民族千年飞天梦想的"曙光"再次闪耀。

1987 年 2 月，国防科学技术工业委员会（国防科工委）[②]组建了以屠善澄为首席科学家的专家委员会和两个主题项目专家组，负责对我国载人航天技术的总体方案和具体路径进行全面论证。1988 年 8 月，航空航天工业部[③]

---

① 参见《邓小平文选》第三卷，人民出版社 1993 年版，第 184 页。

② 中华人民共和国国防科学技术工业委员会，为负责管理国防科技工业的中华人民共和国国务院原组成部门，成立于 1982 年 5 月 10 日，其前身为中国人民解放军国防科学技术委员会、国务院国防工业办公室、中央军委科学技术装备委员会，隶属中央军委建制，受国务院、中央军委双重领导。1998 年国务院机构改革时，按照"军政分开""供需分离"的原则，组建新的国防科工委与总装备部。2008 年国务院机构改革时，撤销国防科工委，职能划入工业与信息化部，新组建国家国防科技工业局。

③ 1982 年 3 月 8 日，五届全国人大常委会第 22 次会议通过关于国务院机构改革问题的决议，第七机械工业部改称为航天工业部。1988 年 4 月 9 日，七届全国人大一次会议通过国务院机构改革方案，决定撤销航空工业部和航天工业部，组建航空航天工业部。1993 年，航空航天工业部撤销，分别成立中国航空工业总公司和中国航天工业总公司（国家航天局）。1999 年，中国航天工业总公司分拆为中国航天科技集团公司和中国航天机电集团公司（2001 年 7 月，中国航天机电集团公司更名为中国航天科工集团公司）。

部长林宗棠等向党中央、国务院和中央军委领导汇报了《关于航空航天工业几个重大问题的汇报提纲》，提出先从载人飞船入手，争取在 2000 年后研制发射试验型载人飞船。这次汇报使载人飞船研制初步得到了中央领导的认同。

但是，在上不上载人航天工程、采用什么途径发展我国载人航天的问题上，有关方面还存在着不同意见，"863" 计划中的航天部分迟迟难以作出最终结论。面对巨大的压力，1991 年初，刘纪原将航空航天工业部编写的《关于开展载人飞船工程研制的请示》和《关于发展我国载人航天技术的建议》两份文件，托人呈送给邓小平。在呈送的文件中，特别写道：上不上载人航天，是政治决策，不是纯科技问题，不是科技工作者能定的。我国航天事业的发展，面临老一辈无产阶级革命家领导创建的、得来不易的航天国际地位得而复失的危险。恳请中央尽快决策。①

邓小平十分重视这件事，之后事情发展得非常迅速。关于载人航天的争论也由"上不上"的问题转到了"上什么"的问题。1991 年 3 月，航空航天工业部收到江泽民总书记的批示。同月，李鹏听取飞船情况汇报，表示资金是有困难，但对我们这样一个大国来说，还是可以解决的。载人航天一定要搞，要想保持大国地位，就必须要有一定的实力。我国要搞飞船，基点还是自力更生，争取新中国成立 50 周年载人飞船上天。李鹏和刘华清均作出批示。李鹏批示："此事由中央专委讨论后报中央。"刘华清批示："最近几年来许多专家都希望中央尽快下决心搞我国的载人航天技术问题，建议中央下决心干起来，似不要再拖延。经济是个大问题，但十年多的时间，每年分担出也是可行的，实在当前财政困难，动用国库存的金子每年出点（一年一亿美元）也得干。"②

中央领导的批示下来后，载人飞船工程论证驶入了快车道。1991 年 6 月，

---

① 参见《中国航天事业的 60 年》，北京大学出版社 2016 年版，第 246—247 页。
② 参见《中国航天事业的 60 年》，北京大学出版社 2016 年版，第 246—247 页。

中央专委专门召开会议，研究如何发展我国载人航天问题。原则上同意了专家委员会提出的目标、设想，并要求进一步进行细化论证。

经过多年深入论证，各方面对我国搞载人航天的重要性和紧迫性形成深刻共识。几乎就在邓小平南方谈话的同时，1992年1月8日，中央专委召开第五次会议，听取"863"计划航天技术领域专家委员会关于发展我国载人航天的意见，决定对载人飞船工程进行技术、经济可行性论证。8月1日，中央专委第七次会议听取论证组①汇报的《载人航天工程技术经济可行性论证报告》，与会同志一致同意我国载人航天工程分"三步走"。8月25日，中央专委向党中央、国务院、中央军委呈报了《关于开展我国载人飞船工程研制的请示》。

1992年9月21日，江泽民在中南海怀仁堂主持召开中共中央政治局常委扩大会议，讨论审议中央专委《关于开展我国载人飞船工程研制的请示》。"发展载人航天，这是件大事。"江泽民在听取了专家汇报后说，要下决心搞载人航天，这对我国的政治、经济、科技等都有重要意义。载人航天是综合国力的标志，要坚持不懈地、锲而不舍地去搞。②

载人航天工程是衡量一个国家综合国力的重要标志，载人航天技术是多种学科、多种技术领域尖端技术的集大成者。在党中央的英明决策下，中国载人航天工程迈出了从无到有的关键一步。沿着党中央指明的方向，航天队伍斗志昂扬，满怀豪情地向着航天科技的高峰攀登，向着中华民族的千年夙愿进发。

圆华夏千年飞天梦

中国载人航天工程被命名为"921"工程，是我国规模最庞大、系统组成最为复杂、技术难度和安全可靠性要求最高的航天系统工程。其中载人飞

---

① 论证组由航空航天工业部和国防科工委联合组成。

② 参见周武等编著：《飞天圆梦——共和国60年航天发展历程》，中国大百科全书出版社2009年版，第195页。

船系统是核心，创新性跨越性最大。工程立项后，59 岁的戚发轫被任命为飞船总设计师。中国空间技术研究院负责抓总推进飞船方案论证与工程研制任务，坚决承担起这一为民族圆梦的宏伟工程。

按照中央要求，第一艘无人飞船要"争八保九"，争取在 1998 年、确保在 1999 年首飞。飞船研制，除了要有优秀的设计、先进的加工工艺外，更为重要的是要具备规模、性能与之匹配的，且相对集中的总装、测试、试验基地，即国际上统称的 AIT 中心①。但是，当时的总装厂房、环境试验基地、各专业试验室，其规模和性能只能满足少量中小型卫星研制的需求。为此，国防科工委和航空航天工业部作出一项重大决策，立项新建"北京空间技术研制试验中心"。

几经选址比较，经国务院、中央军委批准，北京市批复同意，载人航天的 AIT——北京空间技术研制试验中心落户在北京西北郊的唐家岭地区。这片遍布农田和荒地、面积约千亩的土地，将成为未来神舟飞船等各类航天器的"产房"。

1994 年 10 月 28 日，刘华清出席北京空间技术研制试验中心奠基仪式，代表党中央、国务院、中央军委表示祝贺，并铲起了第一锹土。为了赶上"争八保九"的研制周期，中心的建设既要高质量，又要超越常规。年近 60 岁的柯受全临危受命，被任命为工程建设总设计师，在此后的 20 年里，他与团队参与并见证了这片土地沧海桑田的巨变。上任之后，他深感常规的基建申请周期太长，完全赶不上任务进度。他跟上级领导提出的第一个建议，就是请他们向北京市政府申请特批，允许这个工程先开工、后补申请手续，可以边做方案，边出图纸，边施工。从客观角度讲，这不是最科学的建设方法，但在当时的特殊情况下，这种特事特办的方式确实为工程建设争取了大量时间。

---

① AIT 为英文 Assembly，Integration and Test 的缩写，AIT 中心即航天器总装、集成、测试中心。

当时的条件很苦，周围能看见的除了农田就是荒地。工程指挥部最先也是设在当地的一个小村里。几间简陋的平房连基本的水电设施都没有，下雨后屋里的地就成了泥淖。北京春秋季的大风一刮起来，数十米深的地基坑里尘土飞扬，根本看不见对面的人，头发里、嘴里全是沙土，就连戴的安全帽也常常被大风刮掉。

建设期间，周期最长、建造情况最复杂的工程，非 KM6 空间环境模拟器①莫属。为了抢时间，设备加工安装和土建施工必须同时进行。当时建筑刚封顶，场地又脏又乱，而 KM6 的容器焊接、热沉焊接、安装调整都需要清洁的环境，室温必须保持在 16℃以上。正值深冬，建设团队采取打隔断、吹热风、地面铺钢板等措施，勉强保证了土建和设备安装平行作业。有记者来采访，看到现场忙碌劳累的景象很受触动。他询问 KM6 热沉系统主任设计师邹定忠："在这儿工作苦不苦、累不累？"邹定忠说："我是一名共产党员，也是一个快退休的老航天人，最后还能为航天事业作出一份贡献，只有高兴，一点都不觉得累！"

经过 3 年多的建设，一座与中国航天事业跨世纪发展相匹配的、具有国际水平的现代化航天器产业基地拔地而起。飞船整船级的总装与综合电测、质量特性、电磁兼容、力学环境、空间环境模拟等试验场地设施，通过一个长 100 米、宽 12 米的产品通道按工艺流程的顺序联系起来，保证了飞船各项试验始终处在封闭洁净的环境中，飞船总装、测试、试验一体化，人流、物流、产品流相对独立、互不干扰。1997 年底至 1999 年中，神舟号试验飞船在这里完成了整船热平衡试验、振动和噪声试验、电磁兼容性（EMC）试验等。这座世界级的 AIT 中心经受住了考验，对加快飞船研制进度发挥了重要作用，在载人航天工程史上留下了光辉的一页。

在载人航天工程的推进过程中，党中央始终关注着工程的进展。中央领导同志多次听取汇报，到研制和发射现场看望科技人员，鼓励他们瞄准世界

---

① KM 是"空间"和"模拟器"两个词汉语拼音首字母。

科技发展的先进水平，自主创新、奋起直追。1998年11月，江泽民、李鹏、朱镕基等来到中国空间技术研究院考察。江泽民对大家说："首先我要祝贺你们，在短短的6年之内，你们取得了相当好的成绩。1992年，党中央作出这样一个决策，毫无疑问是正确的。它在科技、经济、军事、政治和人才培养方面的作用是显而易见的。"①

我国研制载人飞船起步虽较晚，但始终坚持高起点、高目标。航天队伍集中力量、重点突破，攻克了一批国际宇航界公认的难题，研制出了具有国际先进水平的神舟号飞船。江泽民亲自为飞船题名"神舟"。1999年11月20日，在全国亿万双手的托举下，神舟一号试验飞船成功发射，完成了党中央规定的"争八保九"的时间计划。次日，飞船返回舱平安着陆。党中央、

神舟五号载人飞船返回舱搭载物品交接仪式

① 转引自周武等编著：《飞天圆梦——共和国60年航天发展历程》，中国大百科全书出版社2009年版，第218—219页。

国务院、中央军委发来贺电，称赞"这标志着我国航天事业的发展跨上了一个新的台阶，对推进我国高科技事业的发展，鼓舞全国各族人民，具有重大的意义"。① 11 月 24 日，江泽民、胡锦涛等来到北京航天城，详细了解神舟一号飞船发射试验情况，仔细观看一天前刚刚从内蒙古着陆场运抵这里的飞船返回舱，亲切会见参研参试人员。江泽民激动地对大家说："我所有的千言万语，都代替不了你们所表现出来的爱国主义精神。"② 当时，发射神舟一号飞船，与新中国成立五十周年大庆、澳门回归祖国一并被称为"1999 年三件大事"。③ 航天人不负重托，圆满完成了这次任务。神舟飞船搭载的澳门特别行政区区旗在 12 月 20 日的澳门回归庆祝大会上交予澳门特区；搭载的香港特别行政区区旗在 12 月 31 日夜举办的香港迎千禧盛典上交予香港特区。2000 年 1 月 1 日清晨，在新千年的第一缕曙光中，飞船搭载的五星红旗在天安门广场冉冉升起。

2001 年 1 月 16 日，神舟二号无人飞船发射成功。江泽民得知消息后，当即打电话表示热烈祝贺，向全体参加研制试验的人员致以亲切问候。④

2002 年是"921"工程立项十周年。3 月 25 日，江泽民在酒泉卫星发射中心，现场观看神舟三号无人飞船发射。他强调："这进一步表明，中国人民完全有能力依靠自主创新攻克尖端技术，在世界高科技领域占有一席之地。"⑤

2002 年 12 月 30 日，神舟四号无人飞船发射成功。江泽民向总装备部并载人航天工程指挥部致电祝贺，希望参加研制建设的试验人员再接再厉，

---

① 《我国载人航天工程第一次飞行试验成功　中共中央国务院中央军委致电热烈祝贺》，《人民日报》1999 年 11 月 21 日。

② 参见《中国航天事业的 60 年》，北京大学出版社 2016 年版，第 288 页。

③ 神舟一号飞船在发射场工作期间，时任中央军委副主席迟浩田到酒泉航天城对全体参试人员说："1999 年有三件大事：建国五十周年大庆；澳门回归祖国；还有你们将要完成的中国第一艘飞船上天的任务。"《放飞"神舟"》，《人民日报》2000 年 2 月 9 日。

④ 参见《江主席致电热烈祝贺"神舟二号"准确返回》，《人民日报》2001 年 1 月 17 日。

⑤ 《江泽民文选》第三卷，人民出版社 2006 年版，第 469 页。

开拓前进，为人类和平开发利用太空作出应有贡献。①

从神舟一号到神舟四号飞行任务的连续成功，为把中国人自己的航天员送上太空做了全面准备，中国首次载人飞行任务——神舟五号载人飞行任务按计划在 2003 年秋实施。党中央、国务院、中央军委高度重视，中央政治局常委会把该任务列入 2003 年工作要点。胡锦涛特别强调，这是 2003 年我们国家一项重大的科技实践活动。②2003 年 9 月，江泽民专门听取载人首飞准备情况汇报，指示要按照高标准、高要求、高质量，精心组织指挥。③

作为神舟五号载人飞船的抓总研制单位，中国空间技术研究院上下同欲，全力以赴推动研制任务按期完成。然而，突然袭来的非典型性肺炎疫情，让所有人猝不及防，给本已十分紧张的飞船研制工作带来严峻挑战。为有力应对疫情，在上级党组织领导下，研究院及相关所厂第一时间专门成立了由党、政、工、团组成的工作领导小组，严把防"非"关，一方面千方百计保证职工及其家属的健康，另一方面千方百计保证科研生产不间断。当时，神舟五号正在北京航天城紧张的总装调试中，为保证工程进度，100 多名试验队员吃住全在航天城，实行自我隔离。测试团队忍着气闷和不便，持续 10 多个小时戴着口罩坚守在测试大厅里。GNC④ 研制团队主动实行"封闭生活工作"，细致做好仿真试验，一天都没有耽误神舟飞船两舱 1000 多模块的语句测试和人、地、船的合练工作的进度，充分验证了 GNC 系统的可靠性。

在国家有特殊需要的时候，中国航天人就以一种"特殊"的精神，一往无前，确保成功。2003 年 8 月，克服"非典"影响，神舟五号载人飞船按期出厂。

2003 年 10 月中旬，经过几次演练，发射任务一切准备就绪。"神五"

① 参见《"神舟"四号飞船发射成功　江泽民致电热烈祝贺》，《人民日报》2002 年 12 月 31 日。
② 参见《神舟，从中南海启航》，《人民日报》2005 年 12 月 9 日。
③ 参见李继耐：《难忘的历史时刻》，《军事历史》2003 年第 6 期。
④ GNC 为英文 Guidance，Navigation and Control 的缩写，意为制导、导航与控制。

向天而立，一头向往着苍穹，一头牵动着党中央和全体中华儿女的心。10月14日下午，党的十六届三中全会刚闭幕，胡锦涛就赶赴酒泉卫星发射中心，连夜听取载人航天飞行准备工作情况汇报。次日凌晨，他来到航天员公寓问天阁为中国首位航天员杨利伟送行，上午在中心指挥楼平台现场观看发射。9时整，长征二号F型运载火箭在震天的轰鸣中腾空而起，将神舟五号载人飞船成功送入太空。指挥控制大厅一片欢腾。在热烈的掌声中，胡锦涛发表重要讲话。在酒泉卫星发射中心期间，胡锦涛还向发射中心附近的聂荣臻元帅纪念碑敬献了花篮。温家宝等中央领导同志在北京航天指挥控制中心视察指导，全程观看发射。①

10月16日6时23分，神舟五号在太空中绕地球飞行14圈后，安全着陆于内蒙古草原。我国首次载人航天飞行任务取得圆满成功。党中央、国务院、中央军委致电祝贺。

11月7日上午，党中央、国务院、中央军委在人民大会堂隆重举行庆祝我国首次载人航天飞行圆满成功大会。胡锦涛指出："这一举世瞩目的重大科技活动向世界庄严宣告，中国已成为世界上第三个独立掌握载人航天技术的国家。这是中国人民在攀登世界科技高峰征程上完成的又一个伟大壮举，是我国航天发展史上耸立的又一座里程碑。"他强调："首次载人航天飞行的圆满成功，标志着我国载人航天事业开启了新的征程。航天战线的全体同志要继续团结奋斗，努力在人类探索外层空间的伟大事业中有所创造、有所作为。"②

推动载人航天工程实现新飞跃

神舟五号任务之后，中国载人航天后续任务决策提上日程。当时，世界载人航天发展面临重要转折：在俄罗斯和平号空间站完成使命后，美国也宣

① 参见《中共中央国务院中央军委隆重举行大会 庆祝我国首次载人航天飞行圆满成功》，《人民日报》2003年11月8日。
② 《胡锦涛文选》第二卷，人民出版社2016年版，第109—110、115页。

布了"重返月球"计划。中国载人航天是否还要坚持"三步走"战略？

2005年2月3日，胡锦涛主持中央政治局常委会议，对我国载人航天工程第二步计划进行审议。党中央果断决策，继续发展载人航天，进一步按照载人航天工程"三步走"的步骤，在2016年前后完成空间实验室建设。胡锦涛对神舟六号飞行任务提出了"精心指挥、精心组织、精心实施，确保成功、确保万无一失"的要求。①

面向空间实验室，以及未来的空间站任务，建设一个能够满足之后十年、二十年甚至更长远发展需求的航天器研制生产基地被提上了议事日程。2008年，围绕贯彻落实党中央、国务院关于推进滨海新区开发开放的重大战略部署、发展航天科技产业的要求，中国航天科技集团和天津市一拍即合，决定在天津滨海新区建设一个全新的航天器制造及其应用产业基地（简称"天津基地"）。2010年双方正式签约，又一场战天斗地的"特别"战役在渤海之滨打响。

面积达到上千亩的盐碱地上，唯一的一栋没被拆除的破旧二层小楼就是建设团队的办公室，这支基建团队发扬载人航天精神，在5个月的时间里完成了4个地块共67万平方米土地的征地、修建详细规划、3栋建筑的设计以及开工前各项手续及准备工作，一座世界级的产业基地即将从规划图纸走进现实。2009年，基地建设正式开工，3个厂房同步建设；2010年，道路管网、电站、能源站等项目陆续开工……整个基地几乎以一天一变样的速度建设起来。

2010年9月25日，中央政治局常委会议审议并通过空间站建设立项报告。胡锦涛明确要求，在2020年前后建设具有中国特色、能够充分发挥效益的空间站。②党中央的这一决策，清晰勾画出了中国空间站的发展蓝图和

---

① 参见《谱写航天梦的壮丽篇章——党中央推进载人航天工程纪实》，《人民日报》2013年7月26日。

② 参见《圆梦九天的壮丽航程——党中央关心中国载人航天工程科学发展纪实》，《人民日报》2012年7月31日。

应用前景。2011 年底，经过多次论证，载人空间站建设项目获得批复，中国载人航天工程的战略布局进一步明确，中国空间站将从天津诞生、出发、跨越沧海、抵达文昌，进而发射升空、问鼎苍穹。

载人航天工程一次次被列入中南海的议题，北京航天城、酒泉卫星发射中心一次次迎来党和国家领导人的身影。从神舟五号到神舟九号，每次任务成功后，党中央、国务院和中央军委都致电祝贺，并在人民大会堂隆重举行庆祝大会。

殷殷嘱托，亲切关怀，鼓舞着广大航天人不断攀登高峰，不断书写载人航天事业的新篇章。航天队伍不辱使命，在载人航天任务的磨砺中，使命责任感不断增强，工作热情明显提高，管理与技术更加严细，大力协同追求卓越，实现了我国载人航天任务连战连捷。

载人航天，人命关天，必须确保万无一失。2005 年"十一"黄金周，神舟六号载人飞船发射在即。正当全国人民以各种形式欢度国庆的时候，神舟六号飞船试验队却通宵达旦地对产品进行复查，深入开展"双想"（预想和回想）活动。载人航天任务举世瞩目，发射前必须再次反复确认，确保零疑点。试验队临时党委带领队员们全力以赴开展复查。特别是对发动机、火工品、管路、机构等不可测试的项目和产品，再一次进行严格的质量把关；对产品生产过程中的质量记录，从具体工艺、工序和检测项目原始记录等方面一个不少地进行了彻底清查。技术文件从一本本、几大摞，渐渐地装订成册、堆成小山。在开夜车、连轴转中，试验队员们度过了一个意义非凡的国庆节假期。在大家心中，为了"神舟"圆满成功，废寝忘食是值得的。2005年 10 月 12 日，神舟六号飞船搭载两名航天员成功完成我国第二次载人航天飞行任务，载人航天工程实现第一步战略目标。

神舟七号飞船承担着航天员出舱的重要任务。研制团队严格落实中国空间技术研究院制定的《关于进一步提高质量意识、落实质量管理各项规章制度、确保科研生产任务圆满完成的决定》（简称"22 条"），着力加强型号质量管理，高效推进神舟七号飞船研制。"出舱"这简单的两个字，承载着中国人"真正"进入太空的期盼和浪漫，背后凝聚着研制团队的付出与巧思。神舟七号轨道舱作为航天员的生命之舱，既是生活舱，又是气闸舱，任何微小的质量问题都会直接威胁到航天员的生命安全。载人航天的结构机构团队绞尽脑汁，为了确保进度，发扬严慎细实、精益求精的作风，确保各项工作"一次做对"，3 年内先后攻克 3 舱结构 26 种单机产品，仅舱门可靠性一项就进行了 10 多项试验。一次试验中，检测舱门密闭性的舱门快检仪在低温情况下突然失效。问题出在快检仪密封圈在低温状态下收缩，导致其难以准确检测出舱门是否泄漏。这对航天员来说影响或将是致命的。团队马上重新调整密封圈尺寸，彻底解决了问题。同时，团队充分考虑了"变数"和"后路"，假设了航天员可能遇到的无数"万一"，制定了各种补救方案。2008年 9 月 25 日，神舟七号飞船搭载三名航天员成功飞天，圆满验证了舱外作业能力和出舱活动技术。中国载人航天工程又向前迈出了坚实的一步。

为了试验空间交会对接技术，为建造空间站积累经验，2011 年 9 月 29日，天宫一号目标飞行器发射升空，并准确进入预定轨道，等候完成交会对接任务。2011 年 11 月 1 日，神舟八号飞船发射入轨，实现与天宫一号目标飞行器的交会对接。在完成天宫一号与神舟八号交会对接的任务过程中，研制团队提前组建了参与交会对接任务的四支试验队，实行"封闭式超常管理模式"，现场工作采取"12 小时工作制"，关键阶段采取"24 小时轮班制"，短线和关键试验项目采取"封闭式集同办公方式"，确保科研生产严格按计划实施。交会对接任务涉及 20 多个分系统和 2000 多台单机设备。对研制团队来说，验收工作量大、要求高，而验收组中大部分人员是近几年刚入职的新员工，经验相对欠缺。面对严峻形势，团队提前策划，编制验收规范并对验收人员进行培训；成立"党员验收攻关组"随时待命，设备 24 小时随到随验，尽早发现问题、第一时间解决。通过一年多的努力，他们完成了近2000 台单机的验收，保证了交会对接任务研制进度和产品质量。2012 年 6月 16 日，神舟九号飞船搭载三名航天员成功进行了我国首次载人交会对接飞行。至此，我国突破并掌握了空间交会对接技术，实现了载人航天工程第二步第一阶段任务目标。

从 1992 年到 2012 年，在载人航天工程前 20 年的推进过程中，中国航天交出了战战告捷、发发成功的答卷，创造了世界航天发展史上罕见的飞天奇迹，极大地振奋了中国人民的民族自豪感和自信心，向世界表明了中国人民和平利用太空的态度和决心，为进入新时代实现更大的发展、取得更加伟大的成就奠定了坚实基础。

立项嫦娥工程，敢上九天揽月

到月亮上去，自古以来就是中华民族的美好希冀；到月亮上去，也是中国航天不懈追求的目标。20 世纪中叶以来，人类兴起了探月潮。中国作为一个航天科技迅速发展的大国，应该在月球及深空探测上有所作为。早在 1991 年，时任"863"计划航天领域首席科学家的闵桂荣就提出中国应开展月球探测活动的建议。2000 年 11 月发布的《中国的航天》白皮书明确提出了"开展以月球探测为主的深空探测的预先研究"任务。① 探月，开始进入国家视野。

2002 年 10 月，中央明确要求抓紧月球探测工程的论证工作，尽快开展月球探测活动。2003 年 2 月，国防科工委宣布月球探测工程进入预发展阶段，并随后下达了月球探测工程关键技术攻关重大背景型号预研项目。中国空间技术研究院于 20 世纪 90 年代，就提前着手开展了大量的探测月球的预先研究；2001 年成立月球探测卫星综合论证组，正式开始论证工作；2002 年 4 月，召开月球探测卫星第一次工作会，全面启动相关研制工作，为工程立项提供了坚实支撑。

党中央密切关注月球探测工程进展。胡锦涛多次作出重要批示、指示，反复强调月球探测工程作为我国重大科技工程之一，在建设创新型国家中具有重要地位和作用。2003 年 6 月，温家宝批示，建议将月球探测工程纳入

---

① 参见《中国的航天》，人民出版社 2000 年版。

国家中长期科技发展规划编制工作中充分论证；9 月，温家宝主持召开中央专委会议，讨论决定同意实施月球探测工程，并将二、三期工程纳入国家中长期科技发展规划。①

2004 年 1 月 23 日，农历大年初二，中国首次月球探测工程正式获批立项。经过近一年的艰苦努力，工程转入初样研制阶段。12 月，党中央专门听取月球探测工程进展汇报，充分肯定进展，提出明确要求。2005 年 2 月 4 日，胡锦涛主持召开中央政治局常委会议，听取月球探测工程进展情况汇报。工程原计划安排"一星一箭"，考虑到月球探测工程本身在科学上的风险性和不确定性，会议果断决定再增加一颗"备份星"（嫦娥二号）。② 这不仅是对科学规律的尊重，更表明了党中央下决心探月的坚定意志。作为我国高科技领域的标志性工程之一，探月工程在实施过程中充分发挥举国体制优势，充分调动和整合各方面科研资源，持续加大重大关键技术的自主创新与攻关力度。

在党中央的领导下，航天队伍以国为重、勇敢逐梦，迈出了我国深空探测的第一步。在嫦娥一号卫星研制队伍中，活跃着一大批党员和青年技术骨干。他们所面临的难题之一，是以往型号都不会遇到的新问题——月食。它是由卫星所处的独特空间环境所造成的，嫦娥一号卫星在轨运行过程中将会经历两次长达两个多小时的月食。在此期间，卫星的电源系统、热控系统都将面临极其严酷的考验。如何使卫星安全有效地运行并安全度过月食，是卫星研制中至关重要的环节。

嫦娥团队对月食问题进行了多次讨论，分析月食过程中的光照、热环境对整星的影响，综合考虑整星负载因素，终于通过不同舱段的热耦合设计，制定出了整星的月食工作模式。为确保整星功率平衡，研制团队专门制定了

---

① 参见《科学决策铸辉煌——党中央关心月球探测工程纪实》，《人民日报》2007 年 12 月 13 日。

② 参见《科学决策铸辉煌——党中央关心月球探测工程纪实》，《人民日报》2007 年 12 月 13 日。

针对月食环境的充放电方案，并反复推敲、仔细斟酌每一个细节，确定了整星飞行程序，实现了能源的最优平衡。月食的难题得以解决。在此基础上，研制团队还确定了 84 个故障预案，以备卫星在轨出现问题时能得到及时有效的应对和处置。经过 33 个月的连续奋战，嫦娥一号卫星出厂，奔赴西昌卫星发射中心。

2007 年 1 月 29 日，嫦娥一号发射场试验队临时党委发出决战动员令，要求全体试验队员团结协作、同舟共济，高标准、高质量、高效率地完成卫星发射和飞控任务。嫦娥一号试验队临时党委和全体试验队员把成功作为最高目标，以高度的政治责任感和神圣的历史使命感，严慎细实地做好各个环节的工作，确保卫星不带任何疑点和隐患上天。

2007 年 10 月 24 日，卫星发射升空，准确进入预定轨道。11 月 5 日，卫星成功实施首次近月制动，顺利进入绕月轨道。胡锦涛、温家宝致电祝贺，希望大家再接再厉，夺取月球探测的新胜利。11 月 26 日，嫦娥一号卫星传回的第一幅月面图像正式公布，温家宝出席发布仪式并揭开图像，探月工程因此成为新时期国家十六个重大科技专项中第一个向祖国和人民汇报的工程。[①] 与"嫦娥一号"一起奔月的，还有《义勇军进行曲》《东方红》以及《歌唱祖国》等歌曲音频。"我们万众一心，冒着敌人的炮火，前进……"，"五星红旗迎风飘扬，胜利歌声多么嘹亮……"等动人旋律从 38 万公里以外的月球传来，宛如天籁。中华民族飞天揽月的夙愿终于实现。

嫦娥一号卫星创造了中国航天史上的多个"第一"：第一个进入月球轨道的航天器，第一次在飞行中实现 9 次变轨的航天器，第一次使用紫外敏感器进行姿态确定的航天器，第一次实现远程测控通信的航天器……每一个"第一"的背后，都凝结了研制团队的心血，都彰显了科研人员对创新孜孜不倦的追求。更难能可贵的是，在这宏大的系统工程中，所有的一切都是利用我国自己的技术、自己的产品、自己的设计、自己的条件完成的。我国仅用 3 年

---

① 参见《"嫦娥一号"卫星第一张月面图片发布仪式举行》，《人民日报》2007 年 11 月 27 日。

的时间，就取得了超越其他国家 40 年的探月成果，成就了自己的"嫦娥速度"。

嫦娥一号任务成功后，党中央、国务院、中央军委发来贺电，并于同年 12 月 12 日隆重举行庆祝我国首次月球探测工程圆满成功大会。胡锦涛在大会上强调："我国首次月球探测工程的成功，是继人造地球卫星、载人航天飞行取得成功之后我国航天事业发展的又一座里程碑，实现了中华民族的千年奔月梦想，开启了中国人走向深空探索宇宙奥秘的时代，标志着我国已经进入世界具有深空探测能力的国家行列。"①

2007 年 12 月 17 日，在嫦娥一号卫星任务工程目标圆满成功后，绕月探测工程领导小组对备份星任务确定了如下原则：2009 年或 2010 年发射一颗月球探测卫星，技术有所进步，有限经费。根据该原则，探月与航天工程中心组织各系统开展了备份星任务初步方案论证，并根据顺序命名原则，将备份星命名为嫦娥二号。2008 年 6 月 24 日，嫦娥二号卫星专题研究会召开。根据会议精神，探月与航天工程中心于次日组织各大系统召开嫦娥二号卫星任务方案补充论证会，明确提出"嫦娥二号卫星作为探月工程二期的技术试验星，要以验证二期工程技术为重点，合理确定工程目标和科学目标"。

研制团队于 2008 年 7 月完成第二轮总体方案论证工作并上报探月与航天工程中心。嫦娥二号卫星被确定为以嫦娥一号卫星为基础，根据任务要求进行技术改进后，作为"探月二期工程先导星"，开展先期的飞行试验，于 2008 年 10 月经国务院批准立项。

嫦娥团队在成功面前不骄不躁，继续全身心投入嫦娥二号卫星的艰苦研制工作，先后攻克了月球轨道捕获、机动与快速测定轨等技术。在星地对接试验中，研制团队前往位于青岛的试验站执行任务。初春的青岛雨多天冷，队员们需要上下 80 多米高的标校塔开展试验。一天深夜两点，卫星与地面站的无线信道无法打通，必须赶赴塔顶对设备进行维修。三位党员同志被派上

① 《中共中央国务院中央军委举行大会　隆重庆祝我国首次月球探测工程圆满成功》，《人民日报》2007 年 12 月 13 日。

嫦娥二号进入距月球 15 公里轨道飞行示意图

塔顶勘查情况。由于刚下过雨，一名队员险些滑落。维修工作需要一人守着固定电话，一人举着插线板和应急灯负责照明，另一人爬上面积仅为 2 平方米的露天平台进行操作。平台四周的护栏不到 1 米高，下方是黑黢黢的大海。经过 1 个小时的故障排查，终于得到了地面站回复"星地无线信道正常"。尽管在青岛站险象环生，但试验队员时刻按程序操作，圆满完成了对接试验。

2010 年 10 月，作为中国探月工程二期的技术先导星，嫦娥二号发射任务取得圆满成功，揭开了中国探月工程二期落月目标的序幕。党中央、国务院、中央军委致电祝贺，并隆重举行庆祝大会。"宇宙空间奥秘无限，航天事业征途漫漫，科技创新永无止境。"胡锦涛勉励航天队伍再接再厉，推进后续工程任务不断取得新的进展，努力实现探月工程总目标。①

嫦娥二号获得的国际最高 7 米分辨率全月影像图，为嫦娥三号实现月面软着陆验证了部分关键技术。之后，嫦娥二号还进行了探索更深更远宇宙的

---

① 参见胡锦涛：《在庆祝探月工程嫦娥二号任务圆满成功大会上的讲话》，《人民日报》2010年 12 月 20 日。

"太空长征"：环绕探测日地拉格朗日 L2 点①，与 4179 号小行星"图塔蒂斯"近距离交会并获得小行星影像，在距地球 7000 万公里处的下行信号被捕获，还成为我国第一个行星际探测器……嫦娥二号把潜力发挥到了极致，创造了新的奇迹。

在推进创新型国家的卓绝奋斗中，航天队伍听党号令，推动探月工程按照既定规划稳步前行，让中国人民探索太空的脚步迈得越来越大、越来越远，让毛泽东"可上九天揽月"的畅想变成了现实，在"敢上九天揽月"的征途中标注起推动实现中华民族伟大复兴的航天注脚。

第三节　推动航天科技惠及千家万户

党的十一届三中全会后，邓小平在总结历史经验的基础上，对国防建设与经济建设的关系作了更集中、更深刻的理论概括，强调指出"四个现代化，集中起来讲就是经济建设。国防建设，没有一定的经济基础不行。"② 根据党中央对国防工业提出"军民结合、平战结合、军品优先、以民养军"③ 的方针，国防科技工业开始从单纯为国防建设服务，向既为国防建设服务又为国民经济建设服务的战略转移。为适应改革开放和国家经济建设的需要，航天队伍服从和服务于国家经济建设大局，走上军民结合的道路，积极发展民用产品生产，自主开发一大批军民两用技术产品，为推动经济发展和服务国计民生作出重要贡献。

大力发展民用生产

1979 年，党中央正式确立了对国民经济实行"调整、改革、整顿、提

---

① 日地拉格朗日 L2 点位于日地连线上距离地球外侧 150 万公里处。在 L2 点上，卫星受太阳、地球两大天地引力作用，可保持相对静止。

② 《邓小平文选》第二卷，人民出版社 1994 年版，第 240 页。

③ 张钧主编：《当代中国的航天事业》，中国社会科学出版社 1986 年版，第 67 页。

高"的方针，国民经济发展进入调整时期。1980 年，邓小平在听取国家科委工作汇报时，提出必须把经济、社会发展计划与科技发展计划结合起来，克服它们之间相互脱节的毛病。1984 年，邓小平再次强调，国防工业设备好，技术力量雄厚，要把这个力量充分利用起来，加入到整个国家建设中去，大力发展民用生产。①

20 世纪 80 年代中期，根据国际形势的发展变化，邓小平明确提出了"和平与发展是当代世界的两大问题"的判断。他指出："现在世界上真正大的问题，带全球性的战略问题，一个是和平问题，一个是经济问题或者说发展问题。"② 1985 年 6 月 4 日，邓小平提出"两个重要的转变"③的重大判断，指出在较长时间内不发生大规模的世界战争是有可能的。这个判断对我国国民经济建设具有重大意义，有利于我国把工作重点转移到经济建设上来。按照党中央、中央军委的要求，国防科技工业依托雄厚的技术力量，积极加入国民经济建设队伍，开始走上军民结合的发展道路。

1985 年 12 月，航天工业部召开工作会议，强调要贯彻"军品为本、民品为主"的方针，在民品开发中，要大力发展"支柱""拳头"和出口产品，要搞好和地方的联合。④1988 年 7 月，航空航天工业部正式成立，提出"航空航天为本，军民结合，军工第一，民品为主，走向世界"的指导方针和"军转民，内转外，自力更生为主，积极引进技术"的发展路子。⑤

这一时期，中国航天充分利用军品研制过程中积累的大量技术和生产经

---

① 参见《邓小平文选》第三卷，人民出版社 1993 年版，第 99 页。

② 《邓小平文选》第三卷，人民出版社 1993 年版，第 105 页。

③ 1985 年 6 月 4 日，邓小平在中央军委扩大会议上提出"两个重要的转变"的重大论断。第一个转变是对战争与和平问题的认识，强调在较长时间内不发生大规模的世界战争是有可能的，维护世界和平是有希望的；第二个转变是改变过去一段时间"一条线"的对外政策。参见《中国共产党的一百年（改革开放和社会主义现代化建设新时期)》，中共党史出版社 2022 年版，第 734 页。

④ 参见《中国航天事业的 60 年》，北京大学出版社 2016 年版，第 218 页。

⑤ 参见《中国航天事业的 60 年》，北京大学出版社 2016 年版，第 229 页。

验，明确了"军民结合、军品第一、民品为主、走向世界"的民品经营方向，从"找米下锅"入手，逐步走向"主动上马"，并提出"以提高经济效益为中心，以狠抓拳头产品、加强横向联合、发展外向型经济为重点"的民品发展方针，全面向民用产业拓展，在主动探索中实现了业务经营五个方面的转变。

在服务方向上，由单纯为国防建设服务转向为国民经济建设和四个现代化服务；在产业结构上，由单一军品生产转向军民结合的多品种生产，亦军亦民，学会两套本领；在企业性质上，由单纯的科研生产型转向科研生产经营型；在生产布局上，由"大而全""小而全"转向专业化大协作、军民结合的经济联合体；在经营作风上，由官商、坐商转向放下架子、走出院子，大兴调查研究之风，服务上门。

改革开放之初，随着对民品项目探索的不断深入，航天队伍对民品的认识逐渐从"搞饭吃""弄点零花钱"，上升到航天事业的发展方向乃至军工行业发展方向的高度。各科研院所在完成军品任务的同时，积极引导相关研究室利用专业技术开展军转民产品的研发工作。

早在 1981 年，中国空间技术研究院就已经开始对民品开发工作的初步探索。一些基层科研单位利用各自优势资源投身民品开发，短短几年间，诸如盔式对讲机、磁力传动器、系列微量泵等众多产品"百花齐放"，相继推向市场，逐渐形成了各具特色的拳头产品。1982 年，电子信息技术研究所的军品研究部门结合空间无线电技术优势，大胆尝试将星载电视摄像机和地面显示监视器技术，应用于医疗电视产品的研发。仅用 1 年多时间，医疗电视被国家认定为进口产品的有效替代品。同时，依托卫星电视传输技术开发出的民用微波开路电视传输系统，顺利通过行业相关鉴定。空间机电研究所运用研制卫星钟表机构的技术优势，研制出国家急需的"雄鸡牌"洗衣机定时器，走出一条通过横向技术合作开发民品的研制路径。当时，以医疗电视和电视传输系统为代表的多类民用产品，逐渐占领国内市场，甚至走向国际市场。

在开发民品项目的同时，航天队伍非常关注地方企业的民品需求，积极推进航天科技向民用技术转移，为地方企业提供了有益的技术支撑。1982年初，福州制镜厂因工艺落后、污染环境，急需一种以铝代银的真空镀镜机扭转亏损状态。航天工程技术人员在现有的工艺基础上进行革新，仅用半年就研发出以铝代银的真空镀镜新工艺。新工艺采用自动化手段，投产后使福州制镜厂成本下降50%以上的同时，产量提升10余倍，合格率提升到99%，污染问题也迎刃而解，一举扭亏为盈。此外，热管技术被推广应用到纺织、化工、能源、建筑、机械、仪表等行业11家企业，液浮陀螺等技术产品也被推广应用到21个民品项目。以中国空间技术研究院为例，据统计，1980年至1985年的五年间，为地方民用企业研发新产品、改造技术100余项，民品产值从1981年的388万元提升至3256万元。

20世纪80年代，"军民共线"的发展模式，有效推动了卫星研制经验和技术成果转化为经济效益和社会效益，为90年代航天科技深度服务国民经济作了技术层面和管理层面的有益尝试。

积极融入社会主义市场经济

经济发展是政治和社会稳定的基础，把国内的事情办好，关键是把经济建设搞好。到1990年底，我国"七五"计划所规定的国民经济和社会发展各项指标绝大部分完成或超额完成。"七五"期间，我国国内生产总值年均增长7.9%，工业总产值迎来"一五"和"六五"之后的第三个高速增长期。[1]1991年，邓小平指出："我们抓国防工业的军民结合，抓得比较早，这一条抓对了。"[2]改革开放以来的发展经验表明，国防科技工业必须全面贯彻军民结合方针，在优先保证军品科研生产任务的同时，大力发展民品生产，扩大国防科研成果转民用，为国家增加财富，为企业发展积累资金，为科技人员开辟用武之地。

---

[1] 参见《中国共产党的一百年（改革开放和社会主义现代化建设时期)》，中共党史出版社2022年版，第774页。

[2] 《邓小平文选》第三卷，人民出版社1993年版，第367页。

　　1991 年 1 月，航空航天工业部将"八五"期间主要任务归纳为"三突破一提高"。其中之一就是坚持军民结合方针，继续大力推进军转民的战略转变，并有新的突破。[①] 20 世纪 90 年代，在市场经济的奔涌大潮中，航天科研院所积极推进民品开发工作，着力从管理机制层面为民品开发拓宽路径，逐步与市场经济蓬勃发展的大环境相适应，民品研制队伍不断壮大，发展拳头产品成为队伍的共识，民品开发呈现出稳步发展的大好局面。

　　通信 VSAT[②] 网工程的技术和市场开发工作，是这一时期卫星应用工作的标志性成果之一。1990 年和 1991 年，中国人民银行分别批准成立上海证券交易所和深圳证券交易所，向世界发出了一个中国改革开放将坚定不移地向前推进的强烈信号。1992 年，随着证券交易市场的飞速发展，全国各地大量的证券交易分支机构纷纷建立起来。当时，深交所会员与深交所联系的通信方式为长途电话，由于业务繁忙，长途电话经常出现信号堵塞，严重影响交易效率。1993 年初，深交所提出使用卫星通信传输数据的设想。经沟通协调后，技术负责人叶培建及其团队承担起该项目的研制和建设任务。他们仅用一年时间就设计开发出亚洲最大的 VSAT 系统，使深交所通过卫星实现广播、双向数据传输，交易过程在不到 1 秒的时间内即可完成。[③]

　　1994 年 8 月 29 日，深圳证券卫星通信数据网正式开通。开通当天，双向通信网正式接收到由海南港澳证券发来的第一笔委托，该委托同时传送至深交所电脑撮合系统，并及时向用户传回成交回报结果。自此，深圳证券卫星双向网开始成为市场交易数据实时传送的主要载体。双向网的应用使得遍布全国各地的证券投资者有了一个真正"公平、公正、公开"的投资环境，有力地促进了我国证券市场的规范发展，是航天科技直接作用于国民经济发展的生动案例。

---

① 参见《中国航天事业的 60 年》，北京大学出版社 2016 年版，第 246 页。

② VSAT 为英文 Very Small Aperture Terminal 的缩写，直译为甚小口径卫星终端站。

③ 参见《矢志航天写辉煌》，《人民日报》2003 年 7 月 3 日。

实现"军民分线"发展

1992 年，党的十四大在总结改革开放经验的基础上，作出建立社会主义市场经济体制的重大决策。1993 年 11 月，党的十四届三中全会审议通过《中共中央关于建立社会主义市场经济体制若干问题的决定》，制定了社会主义市场经济体制的总体规划。①《决定》出台后，市场在资源配置中的基础性作用得到明显增强。1995 年 9 月，江泽民在党的十四届五中全会上强调要正确处理社会主义现代化建设的若干重大关系，指出"国防建设和军队建设必须以经济建设为依托，服从国家经济建设的大局。"②

随着民品走向市场的脚步不断深入，社会上逐渐出现"工农兵学商，大家一起来经商"的片面舆论；"军民共线"模式下，一些单位片面强调民品任务的经济效益，内部军民品争设备、争资源、争队伍的问题也越来越突出。在同一研究室或生产线上，既有军品的研发生产，又有民品的研发生产，两者经常处于矛盾状态中。从事军品科研生产的人员不能专心致志投身型号任务，甚至出现"人在试验场，心里却想着怎样完成民品创收指标"的情况，给军品科研生产、航天队伍稳定造成一定影响。

面对复杂形势，航空航天部在认真思考中央"军民结合、平战结合、军品优先、以民养军"十六字战略方针后，审时度势、具体分析，率先在航天系统实施军民品科研生产分线管理改革，将"保军"总人数控制目标定为 10 万人，初步建立起适应军品、民品、三产③ 发展的各自独立运行的体制机制。

按照航空航天部改革部署，航天科研院所结合民品发展实际提出了改革的具体方案，强调要破除单一军工理念，增强军民结合观念，摒弃"等靠要"

---

① 参见《中国共产党的一百年（改革开放和社会主义现代化建设时期）》，中共党史出版社 2022 年版，第 784 页。

② 《江泽民文选》第一卷，人民出版社 2006 年版，第 473 页。

③ "三产"即第三产业。1993 年，中国空间技术研究院提出了"发展航天，搞活民品，发展第三产业"的方针。

思想，树立"闯干挣"思想，进一步扩大独立的民品队伍和制定搞活民品的具体政策，并以多家基层单位为试点全面铺开"军民分线"改革。

在改革推进过程中，一大批科研院所先后成立民品公司，建立起独立承担民品研发工作的技术队伍。控制工程研究所经过深入规划论证，以全所技术力量支撑所属民品公司，全力打造以 STD 工业控制机为代表的民用产品。该产品凭借质量过硬的优势，在与多家国外公司的市场竞争中，占据大量市场份额。电子信息技术研究所在改革中坚持军民分线不分家，成立民品总公司管理民品资产，变民品开发中的行政管理关系为资产经营关系，同时成立职工参股的有限责任公司，有效调动起军民两线职工的工作积极性，促进军品和民品的同步发展。

经过试点、交流、验收等阶段，航空航天工业部军民品分线管理改革在1992年底基本完成，并于1993年初正式运行，至此基本形成军品、民品、三产各自独立运行、相互促进、协调发展的大格局。在民品研发体系及经营体制探索性实践的基础上，军品及民品的发展定位进一步厘清，军民品分线改革工作与建立现代企业制度逐步结合起来，为民品研发队伍全面参与市场竞争、推动卫星应用、服务国计民生提供了重要的实践参考。

随着社会主义市场经济体制逐步建立并不断完善，民用产业市场化程度不断提高，市场竞争不断加剧，民品公司的体制机制和管理方式等都需要进一步改革转型，尽快向市场经济体制靠拢。航天工业总公司成立后，在总结实践经验的基础上，1996年适时提出"军民分线"管理改革，向军民品分离、分立、成建制转民、重组的目标发展。从1997年开始，多家单位先后对民品公司进行股份制改造，迈出民品领域探索现代企业制度的重要一步。这些改革举措，使原来依附于企事业单位的民品公司真正成为参与市场竞争的主体，进一步促进民品开发工作深度融入市场经济的大潮。

民品开发走向规模化、现代化

进入21世纪，党中央统筹国防工业建设和经济社会发展，审时度势地提出"寓军于民"的一系列战略部署，为国防军工技术领域推进民品开发及经营工作标定出新的发展方向。

江泽民 2000 年 7 月在参观国防军工协作配套成果展示会时指出，在发展社会主义市场经济的新形势下，我们不断探索和完善国防建设与经济建设相互促进、协调发展的机制，坚持寓军于民，推动国防科技工业走"军民结合、平战结合、军品优先、以民养军"的发展道路，是正确的。坚持寓军于民，是一个关系国民经济和国防科技建设全局的重大问题。把经济建设搞上去和建立强大的国防，是我国现代化建设的两大战略任务。寓军于民，是把这两项战略性任务有机统一起来的重要举措。①

2000 年 2 月，中国航天科技集团明确提出"发展航天，壮大民品，改革创新，提高效益，走向世界"的发展方针和发展目标，计划到 2010 年，民品形成以主导产品和优势产品为支柱的航天高新技术产业群，具有高水平的科技创新和开发研制能力，经济发展实现良性循环。

随着市场经济体制的深入完善，与"军品"相对应的"民品"概念，逐渐被迭代为"民用产业"。2004 年，中国航天科技集团明确作出加速发展民用产业的决定。这一时期，中国空间技术研究院加紧在卫星应用、工业控制与系统集成、空间生物、新材料与节能环保等重点领域的产业部署，重点发展技术含量高、附加值高、市场前景好、效益好的项目，一大批核心产品走向领域前端。2011 年，我国自主研发的 Anovo 系统，打破 VSAT 设备被国外长期垄断的局面，有效保障了信息的安全可控。在卫星应用的带动下，民用产业进入高速发展阶段。

伴随民用产业格局的不断优化，"航天技术应用产业"也在同时期登上了历史舞台。为建立适应航天技术应用产业发展规律的经营管理模式，航天队伍逐步探索出一条以公司为主体进入资本市场的发展路径。1998 年，上海航天汽车机电有限公司在上海证券交易所挂牌上市，开启了航天技术应用

---

① 参见江泽民：《论科学技术》，中央文献出版社 2001 年版，第 209—210 页。

产业走向资本市场的大门。2002 年中国航天科技集团的子公司北京航天卫星应用总公司通过股权转让，获得中国泛旅实业发展股份有限公司 51% 的股权，并在 2003 年至 2006 年间将所持股权逐步转让给中国空间技术研究院。泛旅公司改名为中国东方红卫星股份有限公司。此后，双方业务逐步走向实质性结合，公司业务逐渐由单一的卫星制造向卫星制造、航天技术应用均衡发展转变。通过资本运作，中国航天推动航天技术应用发展的实力不断增强，面向资本市场的卫星产业旗舰公司冉冉升起。

2007 年，北京康拓红外技术股份有限公司成立。这家公司后来在创业板上市，完成重大资产重组，重点聚焦轨道交通、航天航空、核工业三大国家战略性行业领域，形成了铁路车辆运行安全检测及检修系统、智能测试仿真系统和微系统与控制部组件、核工业自动化装备三大业务板块的产业格局。这家公司的产品应用于载人航天、北斗导航等多个国家重大专项，遍布全国和亚非大陆，成为"源于航天，融合发展，服务社会"的重要产业公司。

从民品到民用产业，再到航天技术应用产业，中国航天见证着、经历着也深度参与着改革开放和社会主义现代化建设的进程。据不完全统计，中国航天用于研制运载火箭和各种卫星的技术有 60%—70% 转移到了其他工业部门和科研单位，带来了可观的经济效益，带动了国家科学技术的全面进步。在党的领导下，中国航天稳步走出了一条科技工作面向经济建设、科技与市场相结合的快速发展之路，以高质量的航天技术应用产品，主动服务国计民生，在浩浩荡荡的市场经济大潮中奋楫扬帆，驶向辉煌。

第四节 党的建设和思想政治工作保障中心

党的事业与党的建设紧密相连。党的十一届三中全会后，党中央深刻认识到，必须认真抓好党的自身建设，加强和改善党的领导，才能使党在社会主义现代化建设中发挥领导核心作用。改革开放和社会主义现代化建设新时期，航天事业的管理体制和运行机制几经变化，但是坚持党的领导、加强党的建设，始终是航天事业发展的根基所在。航天队伍牢牢把握思想政治工作这一生命线，不断推进党的建设和思想政治工作融入航天工程实践，充分发挥基层党组织的战斗堡垒作用和党员的先锋模范作用，为航天事业大踏步赶上时代、攀上高峰筑牢了坚实的政治基础。

有力保障型号任务连战连捷

党的十一届三中全会作出了一系列加强党的建设的部署，决定健全党规党法，严肃党纪，整顿党的作风。1980 年 2 月召开的党的十一届五中全会，以坚持党的领导、改善党的领导、提高党的战斗力为主题，专门作了研究部署。全会通过《关于党内政治生活的若干准则》，并向全社会公布。《准则》总结历史上党内政治生活的经验教训，强调坚持党的政治路线和思想路线，对于维护党的集中统一，增强党的团结和战斗力，具有十分重要的意义。

中国航天事业自创建开始，在组织领导机构变迁中始终坚持党的领导，在艰苦的实践探索中逐步健全党的领导体制机制，保证了航天事业持续发展壮大。党的十一届五中全会后，加强党对航天事业的领导迎来规范化、科学化的新契机，保证党的方针政策正确贯彻、保证科研生产工作顺利进行，成为新时期加强和改进党对航天事业领导的工作重点。

1982 年 9 月，党的十二大在北京召开，提出了"把党建设成为领导社会主义现代化事业的坚强核心"的目标以及当前党的建设的任务，制定了新党章。这标志着党开始用一种新的思路指导自身建设。按照党的十二大关于党的建设的目标任务，航天事业作为党的事业，无论在任何情况下都坚定不移地同党中央在思想上政治上保持高度一致。随着整党工作①的全面推进，党的领导和党的建设不断加强与改进，为新时期航天事业的发展提供了重要的政治保证。

---

① 1982 年 9 月，党的十二大决定从 1983 年下半年开始，用 3 年时间对党的作风和组织进行一次全面整顿。1983 年 10 月，在总结试点经验的基础上，党的十二届二中全会通过《中共中央关于整党的决定》。

中国航天紧紧围绕科研生产中心任务，始终坚持党的领导、加强党的建设，确保党始终是科研生产任务顺利推进、型号工作发展进步的坚强核心。如何充分发挥党的建设在"出成果、出人才、出效益"中的引领作用，成为航天各级党组织必须解决的重要课题。

基层党组织是科研生产一线的重要战斗堡垒，是党团结带领航天队伍贯彻落实党的理论和路线方针政策的组织基础。按照新时期党的组织路线，中国航天对加强和改善党的领导作出全面部署，要求基层党组织适应新的历史时期的特点和需要，提高党组织的战斗力，抓好思想政治教育工作，完善组织生活制度，并恢复优秀党支部、党小组评选。"中心工作开展到哪里，党的领导、党的建设就开展到哪里"，逐渐成为航天科研院所开展党建工作的重要原则。基层临时党组织设置也逐渐走向健全，以制度形式明确在参试人员不少于 30 人、参试时间 1 个月以上的试验队中成立临时党委，将党建和思想政治工作与型号质量教育、队伍保障关怀紧密结合，扎实保障了东方红二号试验通信卫星、返回式遥感卫星等任务的圆满完成。

在东方红二号试验通信卫星研制任务中，党建工作全面开展到发射场。

在前往发射场的列车上，试验队政工人员抓紧时间研究政工工作和后勤保障工作

抓总单位和试验队临时党委先期召开动员会，向研制队伍讲清任务的重大意义，并将"质量第一、安全第一"的思想教育纳入党员日常教育计划；政工干部深入型号任务一线，充分掌握参研参试人员的思想脉搏，同他们经常"思想见面"，扎实做好思想动态分析，及时解决思想问题和实际困难。在研制过程中，领导干部、党员与群众同甘苦、共命运，坚持把预见性工作和解决现实思想问题相结合，及时、准确、有效地排除影响型号任务的各种障碍，为保障科研生产任务的圆满完成起到了重要作用。

1984年1月29日，东方红二号试验通信卫星0A星在长征三号运载火箭的托举下腾空而起。但由于火箭第三级氢氧发动机第二次启动后推力消失，卫星未能进入预定轨道。这一天是农历腊月二十七，试验队原计划在型号发射成功后回北京过年，然而任务失利的消息冲淡了除夕将至的喜庆氛围，回京与家人共度春节的计划被迫取消。

从1983年9月进驻发射场执行任务，到东方红二号试验通信卫星0A星发射失利，试验队员在发射场已连续驻扎5个多月，中秋节、国庆节、元旦都没能与家人共同度过，思乡之情难以言表。当时，试验队只有一台用于工作通讯的电话，临时党委研究后决定允许试验队员通过工作电话与家人通话。同时，定期协调后方政工人员到试验队员家中拍摄录像，将家人生活情况以及想对队员说的话通过录像方式传递到发射场。尽管条件简陋，试验队临时党委仍然在除夕当天为试验队员们准备了丰盛的年夜饭，并向队员播放家人录像。试验队员看到画面、听到家人们的话语后潸然泪下，也更加坚定了打好下一颗星——东方红二号试验通信卫星0B星的斗志。大家擦干泪水、咬紧牙关，随即投入到0B星的测试工作中，又苦战两个多月，终于在1984年4月8日取得了发射任务的成功。

返回式遥感卫星发射场工作时间长、条件艰苦，参试人员的关心关爱工作成为试验队临时党委党建工作的重中之重。临时党委从实际工作进度出发，合理调配发射场试验队伍，认真安排参试人员的作息，并积极组织有益身心健康的文体活动。针对家庭有困难的参试人员，临时党委及时与队员所在单位党委前后联动，通过家访及时了解和掌握参试人员情况，多方努力共同解决试验队员的后顾之忧。在试验任务期间，前后方党组织积极组织开展树立先进和总结评比活动，大力宣讲先进人物典型事迹，认真做好宣传发动工作，营造了兢兢业业、艰苦奋斗的型号试验氛围。

在发射场执行任务期间，研制队伍远离单位、家庭，生活环境条件艰苦，试验任务繁重艰巨。党组织的关心关爱不仅是党建工作的重要内容，更成为稳定队员思想情绪、调动工作积极性的重要方式。

当时，地处偏远的发射场条件简陋、物资匮乏、交通不畅，一个型号试验队执行一次发射任务，需要在发射场驻扎两个月左右。为了保障好试验队的基本需求，米面粮油等各类生活物资，甚至任务用车都是从北京用专列运送到发射场。而像鸡蛋、豆腐这类食物以及新鲜的蔬菜水果不易保存，是试验队的稀缺物资。在酒泉卫星发射中心，返回式卫星试验队临时党委为了保证试验队员两天能吃上一个鸡蛋，安排人员专程开车往返 600 公里，到距离最近的县城采购稀缺食材，最大限度保证了试验队员的饮食营养和身体健康。

当时，酒泉卫星发射中心的宿舍楼每层都有公用的洗漱水房，但无论冬夏，只有凉水，洗热水澡非常困难。队员只能自带暖水壶到水房，用脸盆接凉水兑上热水擦洗。临时党委了解情况后，反复与有关部门协调沟通，最终取得了支持。自此，发射场驻地公共浴池每周一、三、五向试验队敞开，极大提升了队员们执行任务期间的生活水平。同时，党组织坚持前后方一体化联动，定人定户联系参试人员家属，帮助购粮、买菜、换煤气、照看老人、辅导孩子学习、帮助护理病人、接送小孩等，全力为参试人员解除后顾之忧。这些工作充分体现了党组织的关怀和同志们的深厚友谊，使参试人员深受鼓舞，焕发出极大工作热情，有力地促进了试验任务的完成。

党员队伍是推进社会主义现代化建设事业的重要力量。党的十二大制定的新党章，强调共产党员永远是劳动人民的一员，要求党员坚持党和人民的利益高于一切，个人利益服从党和人民的利益。航天党员队伍始终坚持事业第一，关键时刻挺身而出，以孙家栋为代表的一大批共产党员成为全社会的楷模。有党员说道："共产主义不是遥远的、渺茫的。我们已踏上共产主义的征程。我们在航天事业中从事的每一件工作，都是为建设共产主义大厦增砖添瓦。""共产主义是美好的，但不是等来的。我们要'栽树'，应该奋斗。"

20世纪80年代中期，通信卫星成为世界各国在太空领域竞争的焦点。当时只有少数几个国家有自己的通信卫星，绝大多数国家都是通过或买或租来解决卫星通信的需要。1983年，为满足国内卫星电视需求，尽快发展中国卫星电视通信事业，有关方面曾计划向国外卫星制造公司采购Ku频段电视直播卫星。然而，通信卫星是核心技术、核心装备、核心能力，关乎国家的经济命脉和空间安全。关键时刻，时任中国空间技术研究院院长的孙家栋等航天专家挺身而出，从党和国家战略利益的角度出发，恳请国家给中国航天一个平台、一次机会，"以我为主"研制卫星，并强调如果购买国外通信广播卫星，最终贻误的不只是两代科技人员的成长，更重要的是我国将丧失通信广播领域技术发展的重要时机。

在孙家栋等航天专家们的努力下，1986年3月7日，李鹏主持召开国家电子工业振兴领导小组会议，决定依靠中国自己的力量研制新一代通信广播卫星。3月31日，国务院发文明确通信卫星不外购，依靠中国自己的力量造。中国通信卫星事业发展的主动权被牢牢掌握在了中国人自己的手中。

进入新时期，党的领导和党的建设的加强与改善，鼓舞了航天队伍的拼搏斗志，研制队伍以"敢向天穹挂新星"的豪情，有力保证了实践二号卫星、返回式遥感卫星、东方红二号系列通信卫星、风云一号气象卫星等发射成功，缩短了我国与世界先进国家卫星技术水平的差距。

引领航天队伍在曲折中前进

党的十三届四中全会后，党中央全面坚持党的基本路线，继续抓住经济建设这个中心，努力纠正"一手比较硬，一手比较软"的现象，加强思想政

治工作和党的建设工作。1992 年 10 月，党的十四大召开。大会在系统总结
改革开放 14 年基本实践和基本经验的基础上，系统作出新形势下加强党的
建设和改善党的领导的战略部署。大会通过的党章修正案，明确提出把党建
设成为领导全国人民沿着有中国特色社会主义道路不断前进的坚强核心。这
对于统一全党的思想和行动，夺取中国特色社会主义事业的更大胜利，具有
十分重大的意义。

20 世纪 80 年代末 90 年代初，航天事业面临型号技术更新换代、科研
队伍新老交替、国际国内竞争日益激烈等艰巨挑战，风云二号 01 星、东方
红三号通信卫星接连发生的质量事故，给航天事业蒙上一层阴霾。在国际国
内复杂环境交织的背景下，加强党的建设和改善党的领导，对统一航天队伍
的思想和行动，提振研制队伍士气，推动航天事业走出低潮、赶上世界，具
有极其重要的意义。

东方红三号试验通信卫星是这一阶段航天事业的重点型号任务，是"党
组织应抓的头等大事"。研制队伍制定出"争分夺秒抢速度，一丝不苟抓质
量"的具体措施，牢固树立并统一了保"东三"就是保自身发展的思想，大
力宣传"东三"研制任务中的好人好事，切实发挥党员的先锋模范作用，确
保各项科研生产任务按期保质完成。在"东三"试验任务中，研制团队指定
专人专岗抓思想政治工作，将协调关系、解决实际问题以及宣传好人好事作
为主要任务来抓，想方设法解决研制人员的后顾之忧，积极协调多方资源解
决子女入托问题，为加班同志准备可口餐食。一些党支部还为参与"东三"
研制、加班加点的工人和技术人员购买大白菜，并挨家挨户送到家中。

1993 年 6 月，经过近两个月的奋战，"东三"试验队完成第一次合练。
针对任务难度大、参试人员新的特点，研制团队提出"假戏真做"的合练预
演总要求和"立足实战、严字当头、团结奉献、圆满安全"的目标，并把工
作重点放在贴紧合练、做深入细致的思想工作上，定期分析参试人员思想
状况，及时开展有针对性的引导；通过成立青年志愿者服务队、建立服务跟
踪档案、建立服务卡制度，做好针对参试人员家庭的服务工作，并及时通过

书信、录音、录像等方式为参试人员传递关怀。通过抓好党建和思想政治工作，干部职工思想状态稳定、士气高涨，为型号任务的顺利推进注入了强劲动力。

1994 年 11 月，关系中国航天事业发展未来的重点型号——东方红三号通信广播卫星首次发射。然而，由于星上姿控推力器发生泄漏，卫星无法进入预定轨道。江泽民等领导同志圈阅了相关报告。①

同年 4 月，风云二号 01 星在西昌卫星发射中心测试期间意外发生爆炸，导致卫星、设备、厂房均被炸毁。为抢救试验设备，在发射场执行任务的戚发轫等多名研制人员多处烧伤。针对这一爆炸事件，党中央给予了极大的宽容与持续的勉励。江泽民等中央领导同志作出重要指示，要求稳定情绪，不要因为出了事故而丧失信心，再大的问题，一定要想方设法处理好。

1994 年 9 月，党的十四届四中全会作出《中共中央关于加强党的建设几个重大问题的决定》。《决定》指出："在当代世界风云变幻的条件下，在当代中国改革开放和现代化建设的伟大变革中，把党建设成为用中国特色社会主义理论武装起来、全心全意为人民服务、思想上政治上组织上完全巩固、能够经受住各种风险、始终走在时代前列的马克思主义执政党。"②"能够经受住各种风险"，字字千钧，深刻阐释出党的领导的强大生命力和战斗力，给航天队伍以极大的鼓舞。队伍深刻认识到，只有加强党对航天事业的领导、增强党组织"经受风险"的能力，才能确保航天事业始终走在时代前列。

型号发射任务的连续失利，牵动着党和国家领导人的心。1995 年 1 月 30 日农历除夕，受江泽民和李鹏委托，国务委员宋健来到中国空间技术研究院向航天战线广大职工祝贺新春，勉励大家沉住气，不能丧失信心和干劲，不能乱了阵脚，要正确对待，经受住成功和失败的考验，在成功和曲折

---

① 参见《中国航天事业的 60 年》，北京大学出版社 2016 年版，第 269 页。

② 《十四大以来重要文献选编》（中），中央文献出版社 2011 年版，第 4 页。

中学习，汲取新的经验，不断提高科技水平。

两次失利让航天队伍刻骨铭心地认识到，安全是型号研制任务的底线，质量就是生命，必须强化安全和质量意识，严慎细实完成工作。这一时期，各级党组织将党建与思想政治工作的重点，转向提振队伍士气、开展质量教育上来。1994 年 12 月中旬到 1995 年 1 月，航天工业总公司①党组要求各型号队伍动员部署开展型号质量复查工作，研判重点型号失利带来的深刻教训，研究扭转被动局面、提振队伍士气、确保后续任务圆满成功的系列举措，并将 1995 年确立为"航天质量年"。1995 年全年，航天科研院所深入开展型号质量复查工作，在设计质量、元器件、软件、技术状态、生产质量等各个方面查漏洞、查死角，将型号研制故障清单汇编成文件下发给所有研制队伍，杜绝重复故障和低层次质量问题。

东方红三号通信卫星、风云二号 01 星等型号的参研参试单位，扎实开展"质量在我心中、质量在我手中"的质量管理活动，引领党员群众学习践行"三老四严"②作风、"十六字方针"③，大力弘扬航天传统精神，全面提升研制队伍的质量意识和责任意识。通过各级党组织的扎实工作，质量复查取得明显成效，型号研制队伍的质量意识更加牢固，复查整顿中的"双归零"④等管理方法也固化为制度机制，为 20 世纪 90 年代后期重点型号的研制发射及立项等工作，做了思想上的动员和行动上的准备。

质量整顿过程中，第二颗风云二号卫星开启了总装测试工作。研制队伍在安装第二颗风云二号卫星振动试验天线时，发现一个直径 3 毫米的螺钉

---

① 中国航天工业总公司的前身是航空航天工业部，1993 年 6 月 6 日中国航天工业总公司（国家航天局）在京成立。李鹏总理为总公司题词祝贺："发展航天，迎接挑战。"

② "三老四严"是指"对待革命事业，要当老实人，说老实话，办老实事；对待工作，要有严格的要求，严密的组织，严肃的态度，严明的纪律"。

③ "十六字方针"是指严肃认真，周到细致、稳妥可靠、万无一失。

④ "双归零"是指技术归零与管理归零。技术归零的要求是"定位准确、机理清楚、问题复现、措施有效、举一反三"，管理归零的要求是"过程清楚、责任明确、措施落实、严肃处理、完善规章"。

连同平垫和弹簧垫圈滑落，螺钉和平垫很快就被找到了，但弹簧垫圈却怎么也找不着。问题发生后，大家立即停止所有安装测试和调试工作，全力以赴把垫圈找出来。平时找一个直径3毫米的垫圈都不容易，更何况是在几十台单机和成束的电缆中！尽管研制队伍周末两天连续加班，垫圈却始终不见踪影。垫圈虽小，但如果随卫星进了太空，在零重力的情况下，其破坏力不亚于一颗子弹。研制队伍经过"大海捞针"式的不懈努力，终于在第三天的上午，在一束电缆中找到了这个垫圈。

功夫不负有心人，历经近两年的质量整顿，型号质量管理流程更加科学，型号工程研制也更加规范。1996年10月，我国第十七颗返回式遥感卫星发射任务圆满成功。这颗卫星在空间轨道运行15天后，顺利返回地面，中国航天在党的坚强领导下扭转了型号失利的被动局面。

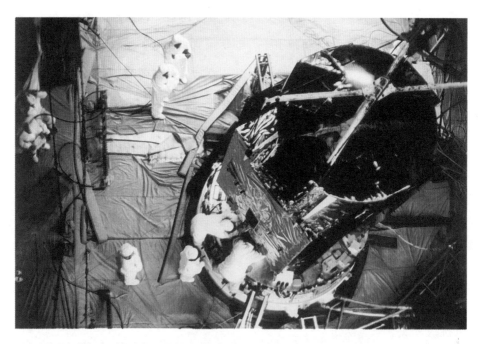

试验队员在塔架上对东方红三号卫星进行操作

1997年5月，第二颗东方红三号通信卫星发射升空、成功定点。国务院、中央军委就东方红三号卫星发射成功发来贺电："研制、发射'东方红三号'通信卫星，表明我国通信卫星技术又上了一个新的台阶，对于进一步振奋全国人民的精神，促进我国卫星通信事业的发展，推动我国改革开放和经济建设，提高我国在国际航天领域的威望，巩固我国在国际航天发射市场的地位，都具有重要意义。"①6月，风云二号A星气象卫星发射成功，12月正式交付用户使用。我国也由此成为能够自行研制和发射极地轨道和静止轨道两个系列气象卫星的国家。

深度融入中心　助力跨越发展

2002年11月，党的十六大在北京举行，大会通过的《中国共产党章程(修正案)》把"三个代表"重要思想作为党必须长期坚持的指导思想写入党章。新党章明确规定，中国共产党是中国工人阶级的先锋队，同时是中国人民和中华民族的先锋队，是中国特色社会主义事业的领导核心，代表中国先进生产力的发展要求，代表中国先进文化的前进方向，代表中国最广大人民的根本利益。这样表述党的性质，有利于最广泛地调动广大党员的积极性、主动性和创造性。同时，大会作出开展保持共产党员先进性教育活动的决定。

党的先进性是党的生命所系、力量所在。贯彻"三个代表"重要思想，核心在于坚持党的先进性。进入新世纪，中国航天迎来型号任务高峰，载人航天工程、探月工程迈出重要步伐，北斗导航系统建设不断加快，通信卫星走出国门，资源卫星、气象卫星持续发展，党和人民赋予航天事业的使命更加艰巨、责任更加重大。党的先进性是航天事业始终走在改革开放和社会主义现代化建设前列的政治根基，是航天队伍经受新考验新挑战的政治保证。

保持共产党员先进性教育活动期间，正值神舟六号飞船研制的关键时期。面对"神六"技术难度高、政治影响大、时间周期紧、领导要求高的艰巨挑战，飞船研制队伍专门召开动员会，强调用保持共产党员先进性教育活动促进神舟六号载人航天飞行圆满成功。"神六"试验队临时党委针对飞船

---

① 《东方红三号卫星定点成功　国务院中央军委致电祝贺》，《人民日报》1997年5月21日。

研制试验任务"载人航天、人命关天"的特殊性，开展了以"学习、凝聚、放心、成功"为主题的系列活动，叫响"我的岗位无差错，我的岗位请放心"的口号。保持共产党员先进性教育活动的扎实开展，使得研制队伍投身型号任务的行动更加自觉，团队的凝聚力、战斗力进一步增强，过程中涌现出一大批"关键时刻能站得出来"的党员队伍，多名青年踊跃递交思想汇报和入党申请书。2005 年 10 月，神舟六号载人飞船任务取得成功，我国在发展载人航天技术方面取得了又一具有里程碑意义的重大胜利。

党中央正确判断我国发展的阶段性特征，强调要解决中国的发展问题，必须牢固树立和认真落实科学发展观。2007 年 10 月，党的十七大对以改革创新精神全面推进党的建设新的伟大工程提出明确要求，强调必须把党的执政能力建设和先进性建设作为主线，同时把科学发展观写入党章，并作出在全党开展深入学习实践科学发展观活动的部署。

2009 年 6 月 9 日，时任中共中央政治局常委、中央书记处书记、国家副主席的习近平，在甘肃检查落实科学发展观活动期间，专程到位于兰州的空间技术物理研究所视察参观，了解了相关情况，称赞航天队伍"潜心钻研技术，不断攻克航天技术难关"，强调"祖国的发展倚重航天、依靠大家"，并勉励科研人员在新的历史时期继续努力，把科学发展观真正落实到科研生产中，出色地完成各项工作目标，为我国的航天事业再立新功、再创佳绩。①

在学习实践活动中，党中央就如何加强和改进新形势下党的建设作出新的决策部署，"创建先进党组织、争做优秀共产党员"活动在全国范围内深入开展。航天各级党组织坚持将学习实践与完成国家重大航天工程任务有机融合，坚决做到"中心任务开展到哪里，党旗就高高飘扬到哪里"，推动党建工作全面融入型号任务一线。

---

① 参见《中共中央政治局常委、中央书记处书记、国家副主席习近平视察航天 510 所充分肯定中国航天科技集团发展成就 勉励航天科技工作者再创佳绩》，《中国航天报》2009 年 6 月 12 日。

2010 年嫦娥二号发射任务期间，试验队临时党委结合型号工作实际，策划开展了"四讲四比四争当"活动，即"讲党性、比觉悟、争当思想先锋；讲学习、比质量、争当技术能手；讲纪律、比作风、争当优秀队员；讲服务、比形象、争当保障标兵"。每名党员都自觉把"共产党员"徽章挂在胸前，在型号总装、电测、转场、加注等关键节点任务中，参试的共产党员自觉地干在前、冲在前，激发并展现了先进性、模范性，做到了关键岗位有党员、困难面前有党员、重点攻关有党员，影响、带动了一片群众，有力地保证了嫦娥二号任务的圆满成功。

党的思想政治工作也持续得到加强。2000 年 6 月，江泽民在中央思想政治工作会议上强调，党的思想政治工作是经济工作和其他一切工作的生命线，是团结全党和全国各族人民实现党和国家各项任务的中心环节，是我们党和社会主义国家的重要政治优势。① 面对新形势新情况，中国航天坚持把思想政治工作与促进科研生产任务圆满完成、稳定研制队伍深入结合，在载人航天工程、探月工程的型号任务中，探索出一套具有航天工程任务特点的思想政治工作体系。

在神舟六号发射场型号任务期间，试验队临时党委以"神舟团队"建设为抓手，以增强参试人员政治责任感和保证产品质量为重点，广泛深入地开展具有"神舟"特色的形势任务教育活动，并编制文化宣传队刊。扎实的思想政治工作，有力助推研制队伍"使命责任感不断增强、工作热情明显提高、管理与技术更加严细、大力协同追求卓越"。

2007 年，嫦娥一号卫星试验队进驻发射场后，试验队临时党委高度重视提振团队士气、鼓舞团队信心，制定"弘扬航天'三大精神'，打造一流嫦娥团队，确保嫦娥一号首飞成功"的工作目标，全面助力"嫦娥飞天"。在总设计师兼总指挥叶培建的带领下，试验队创办《嫦娥之声》队刊，通

---

① 参见《中国共产党的一百年（改革开放和社会主义现代化建设新时期）》，中共党史出版社 2022 年版，第 855 页。

过图片新闻、快报等形式，展现发射场榜样风采。叶培建在发刊词中写道："在革命战争年代，连队有一份小报，就好比多了一挺机关枪，可大大增加战斗力呀！"[①] 同时，嫦娥一号卫星试验队各分队以"计划进度好、工作质量好、作风纪律好、团结协作好"为目标，积极组织开展"四好"劳动竞赛，引领队员树立强烈的政治责任感，培养队员过硬的技艺技能。

在"围绕中心、保障中心"原则的指导下，航天队伍经过探索实践，逐步构建起集劳动竞赛、党员目标管理、青年突击队主题竞赛、学习型团队创建、人文关怀和社会公益"六位一体"的工作体系，为型号任务圆满完成提供了坚强保障。

进入 21 世纪以来，航天队伍始终坚持党的领导，持续加强党的建设，不断在探索中创新党建与思想政治工作的方法路径，在破解科研生产难题、完成急难险重任务中充分发挥党员队伍先锋模范作用，全力确保航天型号任务等各项中心工作圆满完成。中国航天支撑国家重大战略部署、服务国计民生的能力显著增强，有力推动我国逐渐走向世界航天发展的前列。

第五节　造就高素质航天人才队伍

1979 年 11 月，邓小平在谈到人才问题时指出，任何事情都是人干的，没有大批的人才，我们的事业就不能成功。[②] 航天事业是高科技事业，人才队伍建设尤其重要。党的十一届三中全会以来，航天科技领域积极落实知识分子政策，走出了一条特色人才培养路径，为改革开放新时期实现事业的大发展大繁荣，夯实了深厚的力量之基、发展之本。从"科学的春天"到科教兴国战略，到建设创新型国家，再到实施人才强国战略，航天事业坚决落实中央关于人才工作的政策，部署采取一系列措施充分调动知识分子的积极

---

① 叶培建：《永不停步》，北京理工大学出版社 2022 年版，第 34 页。
② 参见《邓小平文选》第二卷，人民出版社 1994 年版，第 221 页。

性，大力推动人才选拔培养工作，为党和人民培养了一支"特别能吃苦、特别能奉献、特别能攻关、特别能战斗"的高科技人才队伍。

落实知识分子政策

邓小平非常关心科技队伍建设，强调"一定要在党内造成一种空气：尊重知识，尊重人才"。[①]1977 年 8 月 8 日，邓小平发表了《关于科学和教育工作的几点意见》的讲话，讲话充分肯定了绝大多数知识分子对社会主义建设的贡献，强调要为科研和教育人员创造必要的工作条件，细心爱护和积极调动知识分子的工作积极性。在 1978 年全国科学大会上，邓小平明确而深刻地论述了科学技术对推动经济社会发展的重要作用，强调科技人员是工人阶级的一部分。这令应邀参加全国科学大会的杨嘉墀等科学家心潮澎湃、激动不已。[②] 全国科学大会后，科技领域立即开始落实知识分子政策。

1978 年 4 月，中共中央决定全部摘掉"右派"分子的帽子。这一落实知识分子政策的重大决策的贯彻实施，解放了大批人才。1978 年 11 月，中央组织部发出《关于落实党的知识分子政策的几点意见》，要求各地区、各单位对知识分子队伍应有一个正确的估计，继续做好复查和平反冤假错案工作，充分信任、放手使用，做到人尽其才。[③]1981 年 3 月，中共中央办公厅、国务院办公厅发出通知，要求对科技人员特别是在第一线做实际工作的中年科技人员，要尽可能改善他们的工作条件和生活条件；政治上受迫害还没有落实政策的，要尽快予以解决。到党的十三大召开前，落实党的知识分子政策的任务基本完成。

七机部按照党中央关于落实知识分子政策的要求，制定一系列具体举

---

① 《邓小平科技思想年谱（1975—1994）》，中央文献出版社、科学技术文献出版社 2004 年版，第 20 页。

② 参见杨照德、熊延岭：《杨嘉墀院士传记》，中国宇航出版社 2014 年版，第 241 页。

③ 参见中华人民共和国科学技术部编著：《中国科技发展 70 年（1949—2019）》，科学技术文献出版社 2019 年版，第 83 页。

措：充分发挥科技人员在科研工作中的骨干作用；在科技人员中逐步恢复技术职称评定工作；恢复型号总设计师制度，任命部分重点型号的各级设计师；恢复和建立起各级科学技术委员会；发扬技术民主，发挥专家在技术决策中的作用。随后，一大批老干部、老专家和中青年科技人员陆续进入各级领导班子。同时，在改善知识分子工作条件和生活条件方面，基本解决了科技工作者多年来夫妻两地分居的问题，知识分子的住房条件和医疗条件得到很大改观。

为激励并充分调动广大知识分子的积极性，推动航天科研人才的选拔培养。中国空间技术研究院党委较早地开启了科技人员技术职称的恢复与晋升工作。1978 年 7 月 26 日，孙家栋等 55 名科技人员的技术职称得到恢复。之后，一些基层单位陆续启动技术职称评定工作。随着专业技术晋升工作的深入开展，航天领域的科技工作者对工作的自信心和责任感不断增强，尊重知识、尊重人才的氛围逐步形成，为培养航天事业发展所需的人才队伍奠定了必要的基础。

航天系统工程的组织体系是型号指挥系统和型号设计师系统，"两总"① 制度是航天系统工程的重要理论和实践经验。这一体系为航天人才队伍的成长规划出两条清晰的发展路径，即成长为型号总设计师、副总设计师或总指挥、副总指挥。钱学森曾说，这是科学的，又是具有中国特色的，符合中国实际的，是中国土生土长的。②

早在航天事业创建初期的 1961 年 9 月，根据聂荣臻的指示，国防部五院着手研究制定了《国防部第五研究院暂行工作条例（草案）》，并在广泛征求意见的基础上于 1962 年 11 月正式颁布实行，这标志着型号两条指挥线的体制已初步形成。后来，因"文化大革命"干扰，型号两条指挥线的体制一度中断。全国科学大会召开后，随着知识分子政策的逐步落实，型号指挥与

---

① "两总"指总设计师、总指挥。

② 参见钱学森：《周总理让我搞导弹》，《中国航天腾飞之路》，中国文史出版社 1999 年版，第 17 页。

型号设计人才管理制度得以恢复，"两总"制度重新成为航天工程实践中项目管理和人才培养的重要方法路径。1978 年 1 月 31 日，七机部党组决定恢复型号总设计师制度，并任命了一批型号总设计师、副总设计师。①1980 年 11 月 10 日，七机部政治部通知，经中共中央书记处批准，任命孙家栋、杨嘉墀、王希季、金建中等 15 人为七机部总工程师。

1979 年春，经中共中央和国务院批准，中国科学院正式恢复了已经停顿多年的学部活动，并立即开展学部委员增补及第四次学部委员大会筹备等一系列工作。经各有关方面推荐，并经学部委员会议多次酝酿、评审，1980 年 11 月 26 日，学部委员会采用差额选举和无记名投票的方式增补选举出 283 名新学部委员。② 七机部杨嘉墀、任新民、金建中、庄逢甘、胡海昌、陆元九、梁守磐、蔡金涛等 8 名航天科学技术专家当选为中国科学院学部委员（后改称为"院士"），1981 年 3 月经国务院批准正式成为中国科学院学部委员。

随着航天科技领域拨乱反正方针政策的贯彻落实，科研人员的积极性和创造性空前焕发，广大知识分子激情澎湃地投入到航天事业中。1981 年 2 月 13 日，七机部任命杨嘉墀为实践卫星系列总设计师。担任总设计师后，杨嘉墀总结多年来参加返回式卫星工程的实践经验，认真分析研究国外卫星发展道路，在此基础上，建议加强研制工作中的薄弱环节风险管控，改进科研和生产管理方法，积极推进技术改造，重视制定长期的预先研究规划。这些措施都是研制高质量、高可靠、长寿命卫星必须重视的问题。他严格地把好卫星正样产品的质量关，组织相关单位技术人员对卫星及其分系统开展多次质量复查，为卫星总装、测试及发射打下良好的基础。9 月 20 日清晨，长征一号甲运载火箭携带"实践二号""实践二号甲""实践二号乙"三颗卫星成功发射。

---

① 参见《中国航天事业的 60 年》，北京大学出版社 2016 年版，第 193 页。
② 参见中华人民共和国科学技术部编著：《中国科技发展 70 年（1949—2019）》，科学技术文献出版社 2019 年版，第 76 页。

发展知识分子入党，是全面落实知识分子政策的一项重要任务。1982年10月，中共中央办公厅转发中央组织部《关于加强在中年知识分子中发展党员工作的报告》。1985年2月26日，中共中央办公厅转发中央组织部《关于大量吸收优秀知识分子入党的报告》，要求各级党组织在保证质量的前提下，把吸收优秀知识分子入党作为一项重要工作，认真检查落实。

这一时期，航天事业的党员队伍力量不断壮大，一大批一线知识分子及班组长等骨干人员加入中国共产党，在科研生产任务中发挥日益重要的模范带头作用。杨嘉墀、屠善澄、叶培建等一批院士专家都是这一时期加入党组织的。杨嘉墀在入党志愿书中写道："无论何时何地都以个人利益服从党和人民的利益，为共产主义事业奋斗终生。"屠善澄在转正申请中写道："要改进工作，研制出后继星，为卫星工作打开新局面。"叶培建在1982年出国留学期间提交了入党申请，经多年考察培养，回国后于1987年被发展入党。

1987年，党中央首次邀请我国科技界专家代表偕爱人到北戴河休养，闵桂荣等14位科学家应邀前往并受到邓小平的亲切接见。当了解到闵桂荣是研制人造卫星的专家时，邓小平非常高兴，并说："人造卫星，好！好！"他对大家说："对于你们在各自领域中作出的卓越贡献，国家感谢你们，党感谢你们，人民感谢你们；今天没有在场的许许多多在科学技术领域里作出重要贡献的人，同样地，国家感谢他们，党感谢他们，人民感谢他们。"①

在落实知识分子政策的同时，航天教育战线的面貌也发生显著变化，"文化大革命"中受到严重破坏的教育事业得到迅速恢复和发展。党的十一届三中全会召开次年，七机部所属科研机构逐步恢复研究生招生教育工作。同时，为提升教学质量，航天科研院所自1984年起开始推进基础课、专业课的教学改革试点工作，中国空间技术研究院成立以我国卫星控制专家屠善澄为组长的教育领导小组，逐步建立起适应航天事业发展需要的研究生学历

---

① 转引自闵桂荣：《小平同志说"人造卫星好"》，《中国航天腾飞之路》，中国文史出版社1999年版，第35页。

教育体系。

世纪之交的航天人才培养

进入 20 世纪 90 年代，世界科技革命出现新的高潮，科学技术对经济社会发展的推动作用日益显著，成为决定国家综合国力和国际地位的重要因素。党中央根据当代世界经济、科技的发展潮流和我国现代化建设的需要，作出了在全国实施科教兴国战略的重大部署。

1992 年 3 月 8 日，国务院颁布《国家中长期科学技术发展纲领》，对面向新世纪的科技发展作出战略规划。5 月，国务院在北京召开全国科技工作会议，提出要进一步动员和组织我国的科技力量和社会各界，抓住机遇，加快改革开放，大力解放和发展生产力。7 月 2 日，八届全国人大常委会第二次会议通过《中华人民共和国科学技术进步法》，自 1993 年 10 月 1 日起施行。这是新中国成立以来第一部关于科学技术的法律，是中国科技史上的一件大事，更是科技体制改革的重要成果。1995 年 5 月 6 日，中共中央、国务院进一步作出《关于加速科学技术进步的决定》，正式提出科教兴国战略。[①] 科教兴国战略的实施，为航天事业人才培养营造出良好的政策环境，对中国航天事业的跨世纪发展起到了强有力的推动作用。

加强新时期航天科技队伍建设的关键是加速培养青年科技人才，使航天队伍的科学技术水平在新老交替的过程中继续稳定提高。在 20 世纪 90 年代的航天领域，60 年代毕业进入航天系统参加工作的大学生逐渐达到退休年龄，陆续离开工作岗位，型号研制队伍老化的情况相当严重，而 80 年代以后补充的青年科技人员虽然数量上已经占到 40%，但由于军品任务减少、科研经费不足等，大多数没有经过型号研制全过程的锻炼。一旦科技骨干大批退休，技术上的接续也将面临许多困难，人才断层问题如不解决将影响航

---

① 参见《中国共产党的一百年（改革开放和社会主义现代化建设新时期）》，中共党史出版社 2022 年版，第 806 页。

天事业发展的未来。

为保证事业充足的发展后劲，借助科教兴国战略的政策东风，航天科研院所一方面鼓励老同志敞开胸怀、积极扶持、大胆放手，另一方面引导青年人虚心学习前人的宝贵经验、尽快成才，以此实现取长补短、互帮共进，在科研生产实践中探索出一系列青年人才队伍的培养方案。

在航天工业总公司"抢救工程"的指导下，一项为年轻人成才铺路架桥，使高层次科技接班人脱颖而出的"接力计划"付诸实施。这一时期，航天科研院所层层制定培养计划和培训制度，指定技术水平高、能力强、作风好的老同志开展"传帮带"工作，对年轻科技人员的培训定岗位、定人员、定专题，对新进大学毕业生规定一年的见习期，到期经考试答辩合格者才能转正上岗，实习中成绩优异者可以提前上岗。同时，大胆从青年中破格评聘人才担任高中级专业技术职务和青年技师，定期检查培养计划的落实情况，主动拓宽青年骨干队伍选拔、培养和使用的常态化路径。

这些措施有效地加速了新员工的成长成才。后来担任嫦娥五号总指挥兼总设计师的杨孟飞研究生毕业工作后，在专人指导下积极开展新课题研究，很快成长为研究所的技术骨干，并于1992年加入中国共产党。由他负责研制的新型返回式遥感卫星姿态控制系统计算机方案和容错设计，较好地解决了学科难题。他后来成长为中国科学院院士，为探月工程作出重要贡献。

青年科技人员成才的最根本途径是实践锻炼。许多单位注意把青年科技人员放在研制工作第一线，让他们承担研制工作重任，规定重要研制课题必须要有青年科技人员参加。其中，载人航天工程的实施，为年轻科技人才的锻炼成长提供了十分难得的机遇。"921"工程启动伊始，就明确提出要通过工程的实施，造就新一代以中青年科研人员为主的科研、生产、试验和管理队伍，并明确规定在型号研制任务中，35岁以下年轻人要占到三分之一以上。①

① 参见《中国航天事业发展的哲学思想》，北京大学出版社2016年版，第304页。

载人飞船立项初期，青年设计师张柏楠就被调到载人飞船方案可行性联合论证组，负责飞船结构与机构的论证工作。研制载人飞船，缺经验、少资料，加上飞船总体组队伍比较年轻，有的连卫星都不熟悉就加入到飞船总体的研究。那时，作为总体组组长的张柏楠，硬是带领总体组这支年轻的队伍从零做起，踏上了艰难的创业征程。这班年轻人主动向老专家拜师、请教，对国外飞船资料进行研究、钻研，终于摸索出一套适合中国国情的飞船方案。

通过多年以老带新、关键岗位锻炼以及 10 余次的型号研制实践培养，一支技术扎实、作风过硬、纪律严明的神舟团队得到锻造。团队中一大批青年后来成长为技术和管理骨干，有的很快就走上了飞船副总指挥、副总师岗位。他们具备卓越的指挥才干与扎实的技术能力，交出了连续成功的答卷，被人赞为"神舟虎将本领高强"。

然而，在培养锻炼高科技人才队伍的同时，随着社会主义市场经济体制改革的不断深入，外资企业进入中国市场，参与高科技人才竞争的市场主体不断增加，众多高薪资岗位吸引一些同志跳槽，"下海"经商也成为一时潮流。航天事业面临着人才流失的窘迫局面，人才引进困难也成为航天事业不得不面对的一项难题。当时，社会上甚至出现了"搞导弹的不如卖茶叶蛋的"之类的说法。沈阳一个卖茶叶蛋的大妈从报纸上读到这个说法后，还专门给孙家栋写了一封信。她说："你们太困难了，我愿意用卖茶叶蛋的钱支援你们。"孙家栋看了信后，十分感动地给大妈回了信。

这一时期，博士毕业生入职航天事业，月工资不足五百元人民币，而选择出国月收入可达到两千美元左右，差出三十多倍。每每忆及此时，曾担任中国空间技术研究院院长、神舟飞船总设计师的戚发轫总是动情地说："1992 年开始搞载人航天的时候，环境是很特殊的，因为我们国家由计划经济向市场经济转变了，很多搞航天的年轻人都'下海'、出国或者是去外企了，人才流失严重。"但更大的困难是人才断层，当时像戚发轫一样有丰富型号经验的人已经五六十岁，而刚加入的年轻人经验尚浅，中国航天面临着

"后继无人"的严峻形势。

为扭转人才断层的局面，航天党组织提出"情感留人、事业留人、政策留人"的工作思路，积极探索多元化的人才留用路径。在专业技术职称评聘方面，创造性开通"小高工、小研究员"特殊通道，破除了年龄、资历对职称评聘的制约。神舟六号飞船副总设计师、高分三号系列卫星总指挥兼总设计师张庆君，当时还是位年轻的技术人员，凭着出色的专业能力，在获得中级工程师职称仅两年后就被破格评为高级工程师，灵活的职称评审政策为他提供了更广阔的成长舞台。

当时，一批年轻人面临诱惑和选择毅然决定"留下来"，为航天人的爱国作出了新的注解。后来成长为航天事业的中国空间站系统总设计师、中国工程院院士杨宏，当时面对猎头公司的高薪诱惑，义无反顾地扎根航天，坚定地回答"我要留下来给国家做点事"。载人航天飞船系统副总设计师胡军20世纪90年代从北京大学博士毕业后，放弃出国的机会，怀揣着对党、对事业的信仰与承诺，一干就是几十年。中国工程院院士周志成在担任亚太一号卫星监造代表被派往美国期间，面对境外公司以优厚待遇抛出的橄榄枝，怀着"祖国利益高于一切"的坚定信念，坚持"守得住清贫、耐得住寂寞"，始终坚守在中国航天事业的热土上，为东方红系列通信卫星的发展作出了卓越贡献。

夯实创新发展的人才基础

进入新世纪，随着知识经济和经济全球化的发展，人才资源成为最重要的战略资源，人才在综合国力竞争中越来越具有决定性意义。2002年5月，中共中央办公厅、国务院办公厅印发《2002—2005年全国人才队伍建设规划纲要》，首次提出"实施人才强国战略"，确立人才工作在党和国家全部工作中的战略位置。① 这是党中央深刻分析我国面临的国际国内形势作出的重

---

① 参见《中国共产党组织建设一百年》，党建读物出版社2021年版，第414页。

大决策，是推动科学发展的核心战略。

2003 年 12 月，中央召开第一次全国人才工作会议。胡锦涛在会上强调，要牢固树立人才资源是第一资源的观念，充分发挥人才资源开发在经济社会发展中的战略性、基础性、决定性作用。[①] 同月，中共中央、国务院作出《关于进一步加强人才工作的决定》，强调人才问题是关系党和国家事业发展的关键问题，新世纪新阶段人才工作的根本任务是实施人才强国战略。

航天工程是跨学科集成、跨部门协作的庞大系统工程，涉及多个专业领域和研究单位。创新型科技人才是航天科技领域最活跃的先进生产力，是实现发展的第一资源。在航天系统工程管理思想指导下，中国航天组建起满足事业发展需求的技术创新体系，形成以产学研相结合的开放式创新平台，为自主创新提供了有力保障，也为高层次科技人才成长提供了沃土和通道。航天高层次科技人才在技术创新体系中不断成长，逐渐形成具有中国航天特色的人才成长模式。

中国航天始终坚持将载人航天、月球探测等重大工程任务作为人才施展才华、提升能力的实践平台，致力于营造良好的机制和环境，为青年人才创造在实践中学习、在工作中锻炼的机会，促其快速成长。针对年轻科技人才专业基础好但缺乏型号研制经验的特点，积极创造机会让其参与工程实践，强化设计、试验规范的学习，参与基础性课题攻关，大力开展科技练兵活动，助其了解研制流程，提升知识广度和专业技能。同时，十分注重把优秀经验和先进规律结合起来，坚持实行"导师制"，发挥院士和专家群体的带动作用，组织专家深入科研一线传授工程实践经验。对于表现突出且有潜质的青年，及时选拔到工程组长、主管师、副主任师等岗位上锻炼，在提升专业能力的同时促进其综合能力的进步。

2002 年，在神舟一号到神舟四号型号研制任务中成长起来的副主任设计师等一批年轻人，正式接过老专家的接力棒，成长为主任设计师。2008 年，

---

① 参见《十六大以来重要文献选编》（上），中央文献出版社 2005 年版，第 574 页。

副主任设计师以上岗位的年轻人，从原来的凤毛麟角增加到三分之二以上，大部分关键技术岗位出现越来越多年轻人的身影。2011 年，神舟飞船"两总"系统年龄平均仅为 40 岁，副主任设计师以上的技术骨干平均年龄在 32 岁左右，飞船研制队伍中三分之一的主任、副主任设计师以及五分之四的关键技术岗位，均由一大批朝气蓬勃的年轻同志担任。这不仅为完成当时型号任务提供了重要保证，也为实现载人航天工程第三步发展战略提供了雄厚的人才储备。同时，一大批年轻人走上型号管理和关键技术岗位，成长为研制任务的中流砥柱，并为其他型号和上级单位提供了大量的技术和管理人才。

在型号研制任务日渐增多、人才培养亟待加速的新世纪，必须加快推动人力资源体系日益健全，必须加大高素质人才储备，培养满足市场竞争需求的航天高科技创新人才。科研院所自培研究生也是培育优秀人才、提高人才质量的一个有效途径，中国空间技术研究院充分挖掘型号技术优势，依托各科研院所积极开展自培研究生教育，并与清华大学、北京航空航天大学、北京理工大学、中国科学院等单位开展研究生选修课程的资源共享与互联互通。同时，宇航系统"两总"等专家人才也是自培研究生教育的优质教师资源，通过组织开展"两总上讲台"系列活动，有效实现型号研制过程中的知识转移和经验固化，有力促进了教学水平的提升。专业化的研究生教育培养体系，为新世纪航天加速发展提供了大量优秀人才，分别于 2017 年、2021 年增选为院士的杨孟飞、周志成、杨宏、李得天等均为航天系统的自培研究生。

同时，面向航天科技领域日益激烈的竞争形势，加速培养一支高素质的型号"两总"队伍，成为这一时期航天领域高层次人才培养的重要环节。20 世纪 90 年代起，中国航天依托自培研究生教学机构，大力开展"懂技术、善经营、会管理"的复合型"两总"人才培养工作，结合政治哲学理论、工商管理知识、卫星技术前沿等课程培养体系，开办多期"两总"队伍培训班。21 世纪初，"两总"培训班逐渐固化为加速航天高端人才队伍培养的重要模式之一，为锻造一支具有年龄梯次的型号研制领军队伍发挥了重要作用。

这一时期技能人才队伍也得到快速成长。在面向技术工人的教育培养中，中国航天大力提倡"名师带徒"的人才培养方法，把一批具有"绝招"的高级技能人才定为名师，并通过提升技术工人培训的科学化、规范化水平，培养出一大批全国技术能手、中华技能大奖获得者。

焊接大师张铁民不仅是同事们心目中的"焊接代言人"，更是徒弟们口中铁血柔情的"师父"。在工作中，张铁民常常对虚心求教的年轻人毫无保留地传授技艺，对徒弟们更是传递出父亲般的关怀。同事们评价张铁民说："他毫无保留地传授焊接经验，不管你是他的徒弟，还是别的班组的年轻人，他都乐于教授。"在徒弟们眼中，张铁民这位"师父"是父亲的"父"，师父既是他们踏实工作的靠山，也是他们永远仰视的高山。在天宫一号模样舱的焊接任务中，张铁民鼓励具备独立操作能力的年轻徒弟亲自上手，这既考验了徒弟的操作技能，又锻炼了徒弟的心理素质，正是这种"一脚踹到水里"的历练，锻造出一大批年轻的高素质技能人才。每一位徒弟说起"师父"时都纷纷竖起大拇指，张铁民传授给他们的不仅是技能和埋论学识，他的努力耕耘、无私奉献的道德品格，也默默地感染着年轻的技能工人们。

2004年9月30日，资源二号02星正在发射场接受测试、等待发射。此时，研制队伍在事故预想时发现一处故障隐患，亟须焊接处理。技能工人郝春雨临危受命，连夜乘坐飞机赶到山西，直奔太原卫星发射中心。由于故障处的舱板只能打开约40度的空隙，所有的操作都要在一个狭小的空间内进行。而且操作人员要在距地面2米多高处上半身悬空进行作业，焊接难度巨大。此时，卫星已经进入整星测试阶段，星上设备均已安装完毕，哪怕是操作过程中稍微的触碰或者焊接时产生的一丁点儿火星，都可能造成无法挽回的后果。郝春雨从容地走上高台，轻轻拉出电缆插头，操作的电烙铁如行云流水般穿梭于电缆和插头之间。几十分钟后，焊接工作圆满完成，卫星发射如期进行。目睹整个过程的总设计师兼总指挥叶培建不禁竖起大拇指，由衷地称赞："看郝春雨干活，真是一种美的享受。"

依靠艰苦的攻关和努力，中国航天在空间技术领域掌握了大量核心技术和关键技术，锻造出了一大批能够站在世界科技前沿的航天人才，在北京、西安、兰州等地建成全国范围内具有影响力的航天人才中心。20世纪90年代以来，王希季、叶培建、吴宏鑫、杨孟飞等专家当选为中国科学院院士，闵桂荣、屠善澄、林华宝、童铠、戚发轫、范本尧、周志成、杨宏、李得天等专家当选为中国工程院院士。以科学大家、领军人才、青年才俊和创新团队为代表的航天人才队伍，矢志创新、专注创造，为中国的空间技术与航天事业实现凌云飞跃提供了坚实的智力支撑。

第六节　大力弘扬践行航天"三大精神"

越是改革开放，越是价值观多元，越需要精神力量的指引。在党的领导下，老一代科技工作者迅速集结，自力更生、艰苦奋斗，取得了"两弹一星"的伟大成就，创造了永铭史册的卓著功勋，汇聚起薪火相传的精神力量。航天队伍在跨越世纪的奋斗征程中，紧跟时代步伐，攀登科技高峰，凝练了航天传统精神和"两弹一星"精神，锻造出载人航天精神，续写了中华民族逐梦太空的辉煌篇章。航天"三大精神"穿越时空、历久弥新，是以爱国主义为核心的民族精神和以改革创新为核心的时代精神在航天事业中的生动体现，是伟大建党精神在中国航天的鲜明表达，是指引一代代航天队伍勇立时代潮头的光辉旗帜，更是全体中华儿女共同的精神丰碑。

航天传统精神引领队伍攀登新高峰

改革开放后，以邓小平同志为核心的党中央统筹谋划、科学决策我国航天事业发展，对航天事业给予了高度重视、极大关注。邓小平多次谈到"两弹一星"，对科技工作者为国家作出的巨大贡献和表现出来的革命精神予以高度评价，赞扬航天人自力更生、艰苦奋斗的品格，强调"如果六十年代以来中国没有原子弹、氢弹，没有发射卫星，中国就不能叫有重要影响的大国，就没有现在这样的国际地位。这些东西反映一个民族的能力，也是一个民族、一个国家兴旺发达的标志"①。

1982 年 5 月，邓小平在会见外宾时讲："从五十年代中期到七十年代，即在建国三十二年多的时间里大体有二十几年，我们完全或基本上处于没有外援的状况，主要靠自力更生。没有外援也有好处，迫使我们奋发努力。在这种精神的激励下，我们在这个期间搞出了原子弹、氢弹、导弹，发射了人造卫星等等。所以，我们向第三世界朋友介绍的首要经验就是自力更生。"②邓小平指出，尽管同发达国家比较，我们落后很远，但不是一切都落后。③对于依靠我们自己的力量搞出来"两弹一星"，"它体现了一个质的变化，显示了我们的科学技术水平"。④

"革命精神是非常宝贵的，没有革命精神就没有革命行动。"⑤ 航天事业的创建与发展，正是老一代航天人传承革命精神、激发精神力量的结果。聂荣臻称赞这支队伍是一支坚强的攻关队伍，身经百战、百炼千锤、基础扎实、善打硬仗，具有攀登新的技术高峰的巨大潜力。⑥

1986 年，中国航天事业迎来"而立之年"，我国已经掌握通信卫星研制技术，并先后将两颗通信卫星送到地球同步静止轨道。中央领导同志非常重视。4 月，邓小平在会见香港知名人士时专门谈到，我们有原子弹、导弹、氢弹，同步卫星上天，通信卫星也可以出口。有和没有不一样，就是有这么几个东西，国家的分量就不同了。⑦ 李先念、陈云、徐向前、宋任穷、张爱

---

① 《邓小平文选》第三卷，人民出版社 1993 年版，第 279 页。

② 《邓小平文选》第二卷，人民出版社 1994 年版，第 406 页。

③ 参见《邓小平科技思想年谱（1975—1994）》，中央文献出版社、科学技术文献出版社 2004 年版，第 211 页。

④ 参见《邓小平科技思想年谱（1975—1994）》，中央文献出版社、科学技术文献出版社 2004 年版，第 137 页。

⑤ 《邓小平文选》第二卷，人民出版社 1994 年版，第 146 页。

⑥ 参见张钧主编：《当代中国的航天事业》，中国社会科学出版社 1986 年版，"序"第 2 页。

⑦ 参见《邓小平科技思想年谱（1975—1994）》，中央文献出版社、科学技术文献出版社 2004 年版，第 211 页。

萍等领导同志在多个场合题词祝贺，勉励航天队伍发扬自力更生、艰苦创业、奋发图强等革命精神，攀登航天事业的新高峰。

1986 年 9 月，党的十二届六中全会通过《中共中央关于社会主义精神文明建设指导方针的决议》。这是党的第一个关于精神文明建设的纲领性文献。12 月，航天工业部党组在《关于贯彻党的十二届六中全会决议，加强思想政治工作的决定》中，对群众集体创造的航天精神① 作了进一步提炼和归纳，提出"自力更生、大力协同、尊重科学、严谨务实、献身事业、勇于攀登"的航天传统精神。强调，要振兴航天事业，实现航天事业发展的奋斗目标，必须大力弘扬航天传统精神。

之后，根据聂荣臻倡导的"自力更生、艰苦奋斗、大力协同、无私奉献"的精神，结合航天工程实践的具体特点，航天传统精神经过新的概括和凝练，表述为"自力更生、艰苦奋斗、大力协同、无私奉献、严谨务实、勇于攀登"。1990 年 5 月，聂荣臻亲笔书写了这一精神。

航天传统精神提出后不久，航天工业部政治部编写了《航天精神讲话》。1990 年，为适应进一步开展航天精神教育的需要，航空航天工业部成立教育领导小组，组织编写了《航天传统精神概论》，并于同年下发航天各级科研院所，把航天系统内的航天精神教育推向了系统化、规范化的新阶段。②在深入学习航天传统精神后，有的党员同志动情地说："航天传统精神教育中，身边的人和事很多，让我们看到了党的领导干部不只是一个焦裕禄，百姓中不只是一个雷锋，国家大有希望。"有的党员同志感慨地说："只有树立自立自强的民族精神，为祖国富强而努力工作才是唯一选择。"为了实现航天事业发展的奋斗目标，大家坚定奋进步伐，勇攀新的高峰。

航天传统精神集中反映出老一辈航天队伍的精神特质，展现了鲜明的时代性格和鲜红的基因底色，刻画出航天队伍攀登科技高峰、奋力在空间高技

---

① 1984 年 10 月，在航天工业部庆功授奖大会上，首次提出航天传统精神："自力更生、艰苦奋斗、大力协同、严肃认真、勇于攀登、献身航天"。

② 参见《中国航天事业的生命线》，中国宇航出版社 1996 年版，第 191 页。

术领域占有一席之地的豪迈气概。

严谨务实是实践二号研制团队重要的精神特质。1979 年第一颗实践二号因火箭故障发射失败后，按照七机部"质量第一"的方针，第二颗实践二号卫星进场前研制队伍先后进行三次质量复查，确保不带质量问题出厂。同时，由于采用"一箭三星"的发射方式，星箭分离是否顺利直接影响卫星的成败，针对星箭之间高频分离插头的松紧度问题，团队开展上百次模拟试验，坚决确保插头一次性分离成功。1981 年 9 月 20 日，实践二号、实践二号甲、实践二号乙 3 颗卫星以"一箭三星"方式成功发射。20 世纪 80 年代的中国首次航天发射任务圆满完成，我国也首次获得了较完整的空间探测数据，成为世界上第三个掌握一箭多星技术的国家。

作为完完全全的国产产品，东方红二号试验通信卫星是中国的研制队伍立足国情和实际能力，通过自力更生、艰苦奋斗完成的。研制队伍怀着"长中国人的志气，扬中华民族的威风"的信念，铆足一股劲儿，蔑视一切困难，顶着巨人的压力，成功攻克消旋组件、二次电源等一个又一个关键技术。为了让卫星早日上天，研制队伍主动承担体力劳动，带着数百个设备包装箱，经过四天五夜的旅途，扎入大凉山山沟熬了 7 个月。他们在西昌卫星发射中心忍着夏天的蚊虫叮咬、冬天的寒风刺骨，加班加点、反复测试，经历刻骨铭心的失败后，终于完成了艰难而光荣的跨越。

1986 年，资源一号卫星红外遥感相机研制任务在一片担心和质疑声中启动。当时，红外相机研制技术是世界上少数几个国家才能掌握的尖端技术，只有美国才有在轨运行的红外相机。为了把"不可能"变成可能，红外相机研制团队反复攻关、反复试验，夜以继日地扑在总体方案修改设计上，付出常人难以想象的努力，累了就在实验室外趴一会儿，起来接着干。历经三次技术反复，每一次都遇到几乎"夭折"的危险，研制队伍咬着牙从头攻关、逐个追击，冲破国内工业、工艺水平的几十项天花板，以"坚忍不拔、创新超越"的精神攀登"光机扫描顶峰"。

航天传统精神是真实反映航天工作者思想境界、精神风貌和优良作风的宝贵精神成果，为航天队伍提供了作风标杆，也为中国航天事业攻坚克难提供了重要动力。在航天传统精神的激励下，航天队伍迎难而上、勇于攀登，用成功向党和人民交出了一份份光荣的答卷。

改革开放初期，航天队伍坚持独立自主、自力更生，加快静止轨道通信卫星等应用卫星研制，集中力量打歼灭战，实现了两个"一步走"的任务目标，于1984年4月成功发射了东方红二号试验通信卫星，1986年2月成功发射了东方红二号实用通信卫星，并陆续发射4颗东方红二号甲通信卫星，推动了卫星通信技术的广泛应用。1988年，第一颗气象卫星风云一号A星发射成功，中国由此成为继美国、苏联之后第三个拥有极地轨道气象卫星的国家。3颗科学实验卫星、8颗返回式卫星继续取得突破，为我国开展科学研究、国土规划和宏观经济决策提供了重要科学依据，航天育种等试验成果显著。与此同时，航天队伍坚持不"买星"，要"造星"，更加坚定了以国为重、勇于攀登的志气和底气。这些奋斗与成就不仅为提升百姓生活水平、增进人民福祉带来了实实在在的成效，还凝聚起中华儿女"敢向苍穹挂新星"的澎湃斗志。

航天传统精神凝聚着航天队伍的智慧与心血，记录着航天队伍的探索与实践，体现着航天队伍的理想与追求。航天事业非自力更生、大力协同不能成，非严谨务实、勇于登攀不能胜。1984年4月，东方红二号试验通信卫星发射并成功定点后，聂荣臻在写给张爱萍的信中，勉励研制队伍"更要艰苦奋斗，继续发扬自力更生和勇于拼搏的精神，同心协力，集智攻关，一步一步走向世界新技术的高峰！"[1]张爱萍讲："在这样一支科技队伍面前，没有攻不下的难关，没有不可攀登的高峰。"[2]

---

① 《集智攻关奔向世界新技术高峰　聂荣臻致函张爱萍祝贺试验通信卫星发射成功》，《人民日报》1984年4月20日。

② 《张爱萍就试验通信卫星发射成功发表谈话　我国运载火箭和卫星通信技术进入世界先进行列》，《人民日报》1984年4月20日。

"两弹一星"精神鼓舞队伍走向新的胜利

在 1992 年初的南方谈话中，邓小平忆往昔、展未来，强调"大家要记住那个年代，钱学森、李四光、钱三强那一批老科学家，在那么困难的条件下，把'两弹一星'和好多高科技搞起来"。他勉励大家："搞科技，越高越好，越新越好。越高越新，我们也就越高兴。不只我们高兴，人民高兴，国家高兴。对我们的国家要爱，要让我们的国家发达起来。"①

江泽民也经常谈到"两弹一星"精神。1991 年 1 月，在关于海湾战争的座谈会上，他回顾当年说：所有参加搞"两弹一星"的同志都有那么一股子劲头，那种艰苦奋斗、坚忍不拔、苦心钻研、万众一心的精神，是值得我们永远学习的。②1997 年 12 月，江泽民在中央军委扩大会议上指出："回顾五六十年代，我们搞原子弹、氢弹和人造卫星，那时物质技术基础何等薄弱，条件何等艰苦，硬是在很短时间内就拿了下来，表现出一种强烈的革命精神。我们要保持战争年代那么一股劲、那么一股革命热情、那么一种拼命精神，像组织指挥打仗一样，组织指挥国防和军队现代化建设。"③

进入 20 世纪 90 年代，社会环境发生重大变化。随着市场经济的发展，外资企业涌入中国市场，下海热、出国潮深刻影响到航天队伍的稳定性。90 年代中后期，在国际形势风云变幻的背景下，党和国家加大对国防和军队建设的投入，加快国防科技和武器装备发展，同时不断加强爱国主义教育。老一辈航天人的精神品质，成为时代之需、事业之需。

1999 年 7 月 1 日，包括航天在内，由 5 个军工总公司改组而来的 10 个集团公司成立。江泽民 6 月 28 日给国防科工委致贺信，强调："希望你们

---

① 《邓小平文选》第三卷，人民出版社 1993 年版，第 378 页。

② 参见《江泽民文选》第一卷，人民出版社 2006 年版，第 145 页。20 世纪 90 年代，江泽民先后在全国科学技术大会(1995 年)、接见中国科协第二届青年学术年会会议代表(1995 年)、中国科学技术协会第五次全国代表大会（1996 年）、会见国防科工委党委扩大会议代表（1997 年）、第三次全国教育工作会议（1999 年）等场合频频提到"两弹一星"，点赞卓著功勋，强调"党和人民永远感谢他们！"

③ 《江泽民文选》第二卷，人民出版社 2006 年版，第 89 页。

坚持弘扬'自力更生、艰苦奋斗、大力协同、无私奉献'的精神，像当年抓'两弹一星'那样，团结拼搏，勇于攻关，力争尽快地在国防科技的一些关键领域赶上国际先进水平，为我国的国防建设和经济建设作出新的更大贡献。"[1]

1999 年 9 月 18 日，党中央召开表彰为研制"两弹一星"作出突出贡献的科技专家大会，并高度概括出"热爱祖国、无私奉献，自力更生、艰苦奋斗，大力协同、勇于登攀"的"两弹一星"精神。[2]"两弹一星"精神的提出与叫响，为航天事业跨入新世纪、登攀新高峰注入了强大精神动力。

大会结束后，航天党组织迅速发出认真学习江泽民在"两弹一星"表彰大会上讲话的号召，呼吁航天队伍向老专家学习，努力弘扬和践行"两弹一星"精神。2000 年，在东方红一号卫星成功发射 30 周年之际，航天科研院所广泛开展纪念活动，举办了庆祝会、座谈会和专题报告会等，推动"两弹一星"精神深入人心。

"两弹一星"精神是对事业初创期航天队伍精神面貌的凝练与总结，也突出反映了新时期航天队伍的崇高信仰和价值信念，具有强大的内生动力和外在效能，引领着航天事业不断从胜利走向新的胜利。

东方红三号通信卫星的研制工作，是在技术基础薄弱、设施条件差的情况下起步的。与东方红二号甲通信卫星相比，东方红三号卫星转发器数量增加 5 倍、寿命增加 1 倍，一颗差不多抵得上 12 颗东方红二号甲卫星的通信能力。但是可以继承的技术只有 20%，其他全部需要创新。顶着巨大压力，研制人员迎难而上、顽强攻关，解决了上百个技术难点，啃下了 11 个"硬骨头"，最终完成了卫星七大系统的研制工作。为了降低电子器件失效率，团队成员甚至到器件厂一个一个挑选电子器件。经过几年的艰苦奋斗，小到电子器件，大到系统方案，一项又一项的新技术一步步走向成熟。在经过挫

---

① 江泽民：《论科学技术》，中央文献出版社 2001 年版，第 137 页。

② 参见江泽民：《论科学技术》，中央文献出版社 2001 年版，第 166 页。

折的磨砺后，终于迎来第二次东方红三号卫星发射的成功。这不仅"标志着中国卫星研制真正进入国际卫星俱乐部"，还为中国航天提供了一个更可靠的卫星平台，这一平台被北斗导航卫星、嫦娥一号卫星等采用，大大推动了我国空间技术的全面进步。

这一时期，风云气象卫星也在波折中走向成熟。1991 年 2 月 14 日，农历除夕，风云一号 B 星卫星姿态失控。大年初一，控制系统主任设计师徐福祥从上海赶赴西安卫星测控中心，工程总设计师任新民、技术顾问杨嘉墀也从北京赶来。经过研讨，抢救组一致同意用 3 根磁棒产生控制力矩的办法试一试。经过 10 天左右的消旋和有效控制，卫星旋转速率从每分钟 10 转下降到每秒几度左右，卫星自旋轴保持在了空间的正确方向上。经过 75 天的废寝忘食，卫星终于在 5 月 2 日全面恢复正常。这是航天队伍自力更生、勇于攻关的生动写照，任新民说："一定要把风云一号卫星抢救过来，在某种意义上讲，成功抢救一颗卫星要比研制一颗卫星的意义大得多。"

"两弹一星"精神最突出的特质是热爱祖国。热爱祖国是航天精神的起点和基石，奠定了中国航天人的初心所在。搞航天必须爱国，没有爱国之情干不了航天，也干不好航天。戚发轫说：有爱才能奉献，有大爱才能有大奉献。最高尚、最伟大的爱，就是爱国家。爱国就是始终把国家利益放在首位，就是把个人理想追求融入党和国家的事业之中。

1989 年 8 月，江泽民、李鹏在中南海紫光阁亲切会见钱学森。江泽民指出，我们学习钱学森同志，不光在学术方面，更重要的是在政治品质方面。要学习老一辈科学家那种高尚的民族自尊心、民族自信心和民族气节。李鹏说，钱学森的经历集中表现了中国知识分子的光辉品质，这就是爱国、爱党、爱人民。[①]

1991 年 10 月，钱学森被授予"国家杰出贡献科学家"荣誉称号和一级

---

① 参见《江泽民李鹏会见钱学森时指出　学习老一辈科学家爱国精神　四化建设中要依靠工人阶级也要充分发挥知识分子作用》，《人民日报》1989 年 8 月 8 日。

英雄模范奖章。江泽民代表党中央、国务院、中央军委表示祝贺，强调："在党中央、国务院和中央军委的领导下，在伟大的社会主义和爱国主义旗帜下，只要我们继续发扬独立自主、自力更生、艰苦奋斗、无私奉献和大力协同的精神，我国的科学技术和国防科技事业一定会有新的发展和光明的前景。"①

20世纪90年代中后期，尽管我国成功研制并发射了东方红三号通信卫星，但我国通信卫星民用、商用市场仍然大部分依赖进口。作为一个较早从事航天器研制开发，并拥有自己研制的通信卫星的国家，国内卫星通信领域却插遍"万国旗"。通信卫星研制团队胸中也憋着一股火：研制大容量、长寿命、高可靠的大型通信卫星公用平台，不仅仅是卫星制造问题，更是国家荣誉和尊严的问题。他们着力推进东方红四号卫星公用平台的论证研制与关键技术攻关，并于2001年10月推动平台转入工程研制。

2002年5月20日，"东四"平台第一颗商用卫星——鑫诺二号通信卫星研制合同正式签订，一块难啃的"硬骨头"落到研制队伍的手中。"骨头再硬，大家联手也要把它啃下来！"总设计师周志成的一番话，给研制团队极大的鼓舞。研制期间，团队经历数次整星技术方案推倒重来的情况，主动探索取消热控星的流程再造路线，有效保证了卫星初样阶段提前一年时间完成。

然而，走向成功的道路从来不是平坦的，卫星定点过程中出现技术故障，无法提供通信广播传输服务。面对一片片质疑声，研制团队沉下心来认真反思总结，专门成立平台健壮性工程组织机构，通过百余项研究还原和验证，明确了平台研制的关键环节和改进措施。经过1年的"浴血重生"，2007年5月，基于东方红四号公用平台的尼日利亚通信卫星成功发射，"东四"团队用短短25个月的研制时间，创造了卫星研制的"尼星速度"，维护

---

① 江泽民：《论科学技术》，中央文献出版社2001年版，第33页。1999年12月8日，江泽民到钱学森家中亲切看望，并就神舟一号飞行成功和我国高科技领域的发展等话题开展交流。2001年12月11日，江泽民看望钱学森，强调要在全社会大力提倡尊重知识、崇尚科学的良好风气。参见汪金权：《从十五大到十六大——江泽民同志抓党建重要活动记略》，人民出版社2003年版，第157—158、437—438页。

了国家尊严，提振了华夏儿女士气。

世纪之交，航天队伍胸怀家国情怀，坚守航天事业，以实际行动弘扬、传承、践行"两弹一星"精神，取得一大批"从无到有"的跨越式科技成就。东方红三号通信卫星有力促进我国卫星通信事业发展；"王牌"卫星公用平台东方红四号研制开发取得突破，并成功走向国际。风云二号气象卫星大幅提高我国气象观测能力，与风云一号协同工作，产生重大国际影响。中国与巴西联合研制的资源一号卫星结束了我国没有陆地资源卫星的历史。"海洋一号""海洋二号"相继升空，推动海洋科学研究跨出重要一步。北斗一号卫星组成导航试验系统，面向中国及周边提供有源服务；北斗二号区域导航系统开建，并于 2012 年覆盖亚太地区。实践系列卫星成功发射，形成中国科学与技术试验卫星系列。中欧合作开展"地球空间双星探测计划"，基于 CAST968 小卫星平台研制并成功发射"探测一号"和"探测二号"，取得重要成果。我国还走向深空，于 2007 年 10 月放飞了嫦娥一号，圆满实现首次月球坏绕探测；2010 年 10 月成功发射的嫦娥二号在飞天揽月后飞得更远，使我国成为世界上第三个造访拉格朗日点、第四个开展小行星探测的国家。

"两弹一星"精神与航天传统精神一脉相承，既深刻反映出航天事业初创阶段的精神气质，又为航天精神的传承与发扬筑牢了坚实的精神基石，成为中国航天事业不断发展壮大的深厚力量根基，是中华民族的宝贵精神财富。在航天传统精神与"两弹一星"精神的感召下，航天队伍打赢了一场又一场的战斗，夺取了一项又一项的胜利，在太空中留下了越来越多中国人、中国星的探索印迹。

在科学求实中叫响载人航天精神

20 世纪 90 年代初，面对世界科技的突飞猛进，党和国家对我国尖端科技事业的发展作出全面部署，正式启动载人航天工程，并确定"三步走"发展战略。

从 1992 年中国载人航天工程正式立项，到 1999 年神舟一号飞船首访太空；从 2003 年神舟五号第一次载人飞行，到 2012 年天宫一号与神舟九号载人交会对接任务圆满完成……航天队伍一次次将凝结着民族精神与复兴梦想的飞船送入太空，在浩瀚宇宙中铭刻下"特别"的载人航天精神。

团结奋斗确保载人航天飞行任务圆满成功

世纪之交，快速发展的载人航天事业受到广泛关注，得到党中央的高度评价。1999 年 11 月 20 日，神舟一号飞船发射成功。21 日，飞船返回舱顺利着陆。24 日，江泽民、胡锦涛来到北京航天城，亲切会见参加载人航天工程研制建设和试验的部分科技人员。

2002 年 3 月，神舟三号发射成功后，江泽民在酒泉卫星发射中心发表讲话，指出航天队伍是一支特别能吃苦、特别能战斗、特别能攻关、特别能奉献的队伍。[1]2003 年 2 月，江泽民在给中国空间技术研究院成立 35 周年

---

① 参见《江泽民在载人航天发射场观看飞船发射 "神舟"三号飞船发射成功并进入预定轨道》，《人民日报》2002 年 3 月 26 日。

的贺信中，明确提出了"特别能吃苦、特别能战斗、特别能攻关、特别能奉献"的航天作风。①

2003 年 10 月 15 日，胡锦涛亲临现场观看我国首次载人航天飞行任务。神舟五号飞船发射成功后，他发表重要讲话，勉励航天战线的全体同志"大力弘扬'两弹一星'精神和载人航天精神，科学求实、开拓创新，团结协作、不懈进取，不断夺取我国航天事业和国防科技发展的新胜利"②。16 日，党中央、国务院、中央军委在贺电中强调"大力弘扬特别能吃苦、特别能战斗、特别能攻关、特别能奉献的载人航天精神"③。11 月 7 日，胡锦涛在庆祝我国首次载人航天飞行圆满成功大会上强调："伟大的事业孕育伟大的精神。在长期的奋斗中，我国航天工作者不仅创造了非凡的业绩，而且铸就了特别能吃苦、特别能战斗、特别能攻关、特别能奉献的载人航天精神。""载人航天精神，是'两弹一星'精神在新时期的发扬光大，是我们伟大民族精神的生动体现，永远值得全党全军全国人民学习。"④

载人航天精神是以爱国主义为核心的民族精神和以改革创新为核心的时代精神的生动体现，集中反映出这一时期航天队伍坚守不渝和科学求实的精神特质。2005 年 11 月 26 日，在庆祝神舟六号载人航天飞行圆满成功大会上，胡锦涛指出，载人航天精神主要表现为热爱祖国、为国争光的坚定信念，勇于登攀、敢于超越的进取意识，科学求实、严肃认真的工作作风，同舟共济、团结协作的大局观念，淡泊名利、默默奉献的崇高品质。他特别强调："在全面建设小康社会、加快推进社会主义现代化的征程上，我们一定要在全社会大力弘扬载人航天精神。"⑤

---

① 参见《江泽民祝贺中国空间技术研究院建院 35 周年》，《人民日报》2003 年 2 月 21 日。
② 《我国进行首次载人航天飞行　"神舟"五号飞船发射成功》，《人民日报》2003 年 10 月 16 日。
③ 《"神舟"五号载人飞船安然着陆　我国首次载人航天飞行获得圆满成功　中共中央国务院中央军委致电祝贺》，《人民日报》2003 年 10 月 17 日。
④ 《胡锦涛文选》第二卷，人民出版社 2016 年版，第 112 页。
⑤ 《胡锦涛文选》第二卷，人民出版社 2016 年版，第 385—387 页。

载人航天精神提出后，持续引发热烈反响，不仅深深融入航天队伍的血脉，而且汇入了发展社会主义先进文化、建设社会主义核心价值体系的实践，在全社会得到广泛传播，成为深刻的共识。这一时期，载人航天总设计师王永志，探月工程、北斗工程总设计师孙家栋被授予国家最高科学技术奖，受到隆重表彰，作为践行载人航天精神的楷模，鼓舞起航天队伍强大的奋进斗志。

没有特别的精神，就不可能有特别的成绩。"用成功报效祖国、用卓越铸就辉煌"是神舟团队对党和人民的庄严承诺，"一切为载人、全力保成功"是神舟团队对航天事业的铮铮誓言。为了保证航天员着陆时的生命安全，神舟五号团队在北京郊区试验场设计出"着陆试验床"，通过多种不同水平速度、不同垂直速度、不同姿态的着陆冲击试验，全盘掌握返回舱着陆数据。在飞船即将进驻发射场时，仍不断改进，坚持改用新型缓冲器代替原来的设计。神舟六号团队为保证航天员在 5.5 立方米的舱内湿度适宜、呼吸顺畅，两名技术人员进入模拟舱七天七夜，充分验证湿度控制技术和通风换热技术的合理性；同时通过上万次试验，用八道"安全锁"保证返回舱和轨道舱舱门密封，确保航天员顺利、安全地关闭舱门。神舟七号团队为避免因航天员人数增多而加大着陆时的冲击风险，加班加点参与到飞船"瘦身"任务中，9 个月日夜奋战、忘我奉献，以 3 天完成 3 个大型试验的速度，全力保证任务完成。

没有特别的战斗，就不可能有特别的胜利。在神舟一号飞船的研制过程中，面对从未干过并且"只许成功不许失败"的艰巨任务，面对操作技能水平要求极高的工序，技能工人王连友说："我是党员，是班组长，我先上。"那段时间，他带着团队 24 小时吃住在机床边，饿了泡碗方便面就是一顿饭，困了往地上铺块海绵垫就是一张床，分析图纸、制定方案、优化流程、编制程序……班组成员李伟的母亲——黄妈妈，作为一名老航天人，熬了一大锅八宝粥去厂房看望这群年轻人，然而忘我工作的队员们根本没空喝粥，黄妈妈便一勺一勺地喂。对于神舟团队而言，为了完成好党和人民交给的使命，必须吃苦奉献、必须攻关战斗、必须确保成功。

没有特别的奉献，就不可能有特别的成功。2003 年"非典"期间，神舟五号研制团队赶时间、抢进度，全然不顾个人安危，用"特别"的精神并肩度过了"特殊"的时期。承担 GPS 信号仿真器校准工作的党员同志们连续多日加班加点调试、安装，确保了用于飞船的 GPS 接收机研制任务圆满完成。京外多家单位一方面严防疫情；另一方面紧抓科研进度，参加研制的党员在科研生产需要的关口，主动请缨、逆行而上，如期从西安等地赶往疫情最严重的北京，只为完成飞船程序修改工作。着陆冲击试验队无惧疫情，在短短十几天内成功完成了 14 次刚体模型冲击试验和两次半刚体模型冲击试验，为后续试验抢出了宝贵时间……

"四个特别"的载人航天精神，是载人航天团队的精神引擎，激发出整个航天队伍无坚不摧的磅礴力量。2005 年 8 月 29 日，返回式卫星研制团队开创了 12 个小时内完成回收一颗、发射一颗卫星的纪录。仅仅 5 年的时间，中星 20 号卫星研制团队在将有效载荷提升 30% 的同时，实现"东三"平台卫星配重最低、加注推进剂最多的研制目标。面对欧方专家对是否能够按时完成研制任务的质疑，探测卫星的技术人员说："当你们在中国休假时，我们的技术人员正在加班加点地工作。"研制队伍最终只用 6 个月的时间就完成各项大型试验，比欧洲试验调试周期缩短了半年。

在载人航天工程实践中，神舟团队在大力弘扬传承载人航天精神的同时，全面提炼、叫响了以"祖国利益至上的政治文化，勇攀科技高峰的创新文化，零缺陷、零疑点、零故障的质量文化，同舟共济的团队文化"为核心内容的神舟文化。政治文化反映了航天队伍对祖国的炽热情感，无私奉献的崇高境界，以航天精神为核心的人生价值观；创新文化体现了航天队伍对航天科技创新的矢志追求，集中反映了队伍面对风险、百折不挠，面对困难、勇于攻关，面对挑战、敢为人先的优秀品质；质量文化体现了航天队伍视质量为生命和"质量第一"的质量观，以及对航天产品负责和对祖国航天事业负责的高度政治责任感；团队文化充分展示了以人为本、精诚团结、荣辱与共、协同共进的思想理念。神舟文化既是在载人航天工程中形成的丰硕精神成果，更是伟大的民族精神在航天队伍精神境界的具体体现，对空间技术的发展产生了重要影响。

2011年农历小年，时任中共中央政治局常委、中央书记处书记、国家副主席的习近平来到孙家栋家中看望。他指出，"两弹一星"精神激励和鼓舞了几代人，是中华民族的宝贵精神财富。广大航天工作者培育和发扬的"特别能吃苦、特别能战斗、特别能攻关、特别能奉献"的载人航天精神，是"两弹一星"精神的延续和发展。①

历史因铭记而永恒，精神因传承而不灭。从"两弹一星"到"神舟"飞天，从艰苦创业到富国强军，从走向国际到走向深空，一代代航天队伍在薪火相传的接续奋斗中，将航天"三大精神"沁入骨髓、融入血液、根植内心，把品格写进担当，用奋斗托举梦想，熔铸了"国家利益高于一切"的光辉旗帜，奏响了"革命理想高于天"的时代华章，不断创造着"敢教日月换新天"的中国奇迹。

小　结

改革开放和社会主义现代化建设新时期，在中国共产党领导下，中国航天高擎旗帜、阔步向前，勇担富国强军使命，努力赶上时代、赶超世界，创造了群星耀太空的重大成就，把航天科技发展水平不断抬升到新高度，使中国的国际地位和核心竞争力跃升到新水平。

在改革开放这幅波澜壮阔、气势恢宏的历史画卷中，中国航天始终坚持党的领导、加强党的建设，把力量集中到急用、实用的应用卫星上来，深入实施航天重大工程，积极融入社会主义市场经济，推动军民深度融合发展，持续深化国际交流与合作，大力弘扬航天"三大精神"，在探索中走出一条

---

① 参见《习近平亲切看望著名科学家》，《人民日报》2011年1月27日。

具有中国特色的航天发展之路。

新时期的航天队伍坚守理想信念、笃定报国志向，解放思想、与时俱进，勇立时代潮头，勇攀科技高峰，以国家需要为最高需要，以人民利益为最高利益，进行了顽强的奋斗，战胜了无数的困难，推动航天事业取得跨世纪的凌云飞跃，构成了改革开放和社会主义现代化建设壮美乐章中最生动的航天音符。

改革开放和社会主义现代化建设新时期的航天实践充分证明，中国共产党是中国特色社会主义事业的坚强领导核心，坚持和加强党的领导是航天事业跨越式发展的根本保证。中国共产党团结带领中国人民奋力推进航天事业发展，把我国建设成了有影响力的世界航天大国，正在向着航天强国梦想大步迈进。

第四章

中国特色社会主义新时代：自信自强 星河璀璨

　　党的十八大以来，中国特色社会主义进入新时代。以习近平同志为核心的党中央以强烈的历史主动、巨大的政治勇气，统筹国内国际两个大局，统揽伟大斗争、伟大工程、伟大事业、伟大梦想，推动党和国家事业取得历史性成就、发生历史性变革。中华民族迎来了从站起来、富起来到强起来的伟大飞跃，实现中华民族伟大复兴进入了不可逆转的历史进程。

　　进入新时代，习近平总书记高度重视航天事业发展，提出建设航天强国宏伟目标，把建设航天强国作为实现中华民族伟大复兴的重要组成部分，作出一系列重要指示批示，为航天事业发展提供了根本遵循，指明了前进方向。中国航天以习近平新时代中国特色社会主义思想为指导，坚持和加强党的全面领导，旗帜鲜明讲政治，深入贯彻新时代党的建设总要求，坚决落实全面从严治党战略方针，打造航天领域世界人才高地，助推航天科技高水平自立自强，丰富发展并弘扬践行深厚博大的航天精神，凝聚起同心共筑航天梦的强大奋进力量。

　　在党的坚强领导下，中国航天取得了一系列标志性成果，重大工程捷报频传，逐梦太空成就非凡。"神舟"往返、"天宫"建成、"天舟"横渡，"嫦娥"落虹湾、登月背、挖"土"回，"天问"突破地月系，"祝融"探索"乌托邦"。北斗组网、覆盖全球，应用无限、行稳致远；"高分"览胜人间，世界清晰可见，守护地球家园。航天强国梦正在中国共产党领导中国人民逐梦太空的征途上逐步变为现实。

第一节　坚持和加强党对航天事业的全面领导

　　习近平强调，党政军民学，东西南北中，党是领导一切的，是最高的政治领导力量。① 中国特色社会主义最本质的特征是中国共产党领导，中国特色社会主义制度的最大优势是中国共产党领导。党的十九届六中全会在总结

_____

① 参见习近平：《毫不动摇坚持和加强党的全面领导》，《求是》2021 年第 18 期。

我们党百年奋斗的历史经验时，首条经验就是"坚持党的领导"。① 历史和实践充分证明，坚持和加强党的全面领导，关系党和国家前途命运。坚持和加强党对航天事业的全面领导，是历史的必然选择，是被实践充分证明的科学结论，必须长期坚持、永不动摇。

党的领导是航天事业发展的根本保证

习近平强调，坚持党对国有企业的领导是重大政治原则，必须一以贯之。他指出："坚持党的领导、加强党的建设，是我国国有企业的光荣传统，是国有企业的'根'和'魂'，是我国国有企业的独特优势。"② 一部中国航天事业发展史，就是一部坚持党的领导、加强党的建设的历史。没有党对航天事业的坚强领导，没有航天事业各级党组织的不懈努力，没有航天事业广大党员、干部、职工一代代的接续奋斗，就没有中国航天事业的今天。

党的十八大召开后，在新的历史起点上，我们比历史上任何时期都更接近实现中华民族伟大复兴的目标，我们比历史上任何时期都更需要建设航天强国和世界科技强国。置身中华民族伟大复兴战略全局和世界百年未有之大变局，航天事业发展面临着难得的机遇和严峻的挑战。奋进新时代，我们要建设什么样的航天强国、怎样建设航天强国？我们应如何用航天梦托举强国梦？面对时代之需、强国之问、人民之盼，习近平观大势、谋全局、抓根本，怀着深厚的航天情怀，以非凡韬略与宽广视野，作出一系列重要论述，深刻阐明探索浩瀚宇宙、发展航天事业、建设航天强国在党和国家事业中的重要地位、重大意义及其重大战略部署，为新时代逐梦太空的奋斗指明了前进方向。

"航天科技是科技进步和创新的重要领域，航天科技成就是国家科技水

---

① 参见《中共中央关于党的百年奋斗重大成就和历史经验的决议》，人民出版社 2021 年版，第 65 页。

② 《习近平在全国国有企业党的建设工作会议上强调　坚持党对国有企业的领导不动摇开创国有企业党的建设新局面》，《人民日报》2016 年 10 月 12 日。

中国空间站、北斗三号全球卫星导航系统、嫦娥五号月球探测器、祝融号火星车

平和科技能力的重要标志。航天科技取得的创新成果极大鼓舞了中国人民的创新信念和信心，为全社会创新创造提供了强大激励。"①

"空间技术领域是高技术集中的领域，空间技术水平是一个国家科技实力的重要标志，也是一个国家经济实力、综合国力、国防实力的重要标志。"②

"经过几代航天人的接续奋斗，我国航天事业创造了以'两弹一星'、载人航天、月球探测为代表的辉煌成就，走出了一条自力更生、自主创新的发展道路，积淀了深厚博大的航天精神。"③

"希望广大航天人在航天事业发展的征程上勇攀高峰、不断前行，为建

① 《习近平在会见天宫二号和神舟十一号载人飞行任务航天员及参研参试人员代表时强调　在航天事业发展征程上勇攀高峰　努力建设航天强国和世界科技强国》，《人民日报》2016 年 12 月 21 日。

② 《中国有梦　青春无悔——习近平五四青年节参加主题团日活动侧记》，《人民日报》2013 年 5 月 6 日。

③ 《习近平在首个"中国航天日"之际作出重要指示强调　坚持创新驱动发展勇攀科技高峰　谱写中国航天事业新篇章》，《人民日报》2016 年 4 月 25 日。

设航天强国和世界科技强国建功立业，为实现'两个一百年'奋斗目标、实现中华民族伟大复兴的中国梦不断作出新的更大的贡献。"①

......

作为习近平新时代中国特色社会主义思想的"航天篇章"，这一系列重要论述为加快建设航天强国提供了总依据，为中国航天全力做好各项工作提供了原动力。

中军帐运筹帷幄，一盘棋车马分明。中国航天坚决维护习近平总书记党中央的核心、全党的核心地位，坚决维护党中央权威和集中统一领导。中国航天科技集团党组及所属单位党委建立"第一议题"学习制度深入学习习近平总书记系列重要讲话，通过自学和召开党组会议（党委会）、党组（党委）理论学习中心组学习会等加强学习、吃透精神、开展部署；在各项工作中坚决做到"两个维护"，将其体现到谋划重大战略、制定重大政策、推进重点工作、完成重大任务的实践中来，经常对表对标，及时校准偏差。各级组织和广大党员干部，尤其是领导干部，努力提高政治判断力、政治领悟力、政治执行力，牢记"国之大者"，坚守对党忠诚，与广大职工群众一道砥砺奋进，推动事业实现跨越发展，受到党中央高度肯定。

党的十八大以来，每次国家航天重大工程任务取得成功后，中国航天都会收到中央贺电，多达14次。② 这种致贺电的形式、密度，以及贺电给予的高度评价，具有极重的分量，体现了以习近平同志为核心的党中央对航天事业的高度重视、对航天成就的高度认可、对航天精神的高度褒扬和对航天强国前景的高度期待，极大鼓舞了航天队伍接续奋斗、再创辉煌。

航天队伍心向党、勇拼搏，将爱党爱国熔铸于实际行动中，在新时代不断创新突破，圆满完成了党和人民交给中国航天的各项任务。2021年在建

---

① 《习近平在会见天宫二号和神舟十一号载人飞行任务航天员及参研参试人员代表时强调　在航天事业发展征程上勇攀高峰　努力建设航天强国和世界科技强国》，《人民日报》2016年12月21日。

② 统计时间截至2022年10月。

一针一线绣党旗

党一百周年之际，中国航天百名党员代表接力绣制一面宽 9 米、长 6 米的党旗，表达了航天队伍牢记初心使命，勇于担当作为，争做航天强国伟业先锋的坚定决心。①

提出中国梦，擘画航天梦

在新的历史条件下续写坚持和发展中国特色社会主义这篇大文章，需要凝心聚力，需要精神支撑，需要目标引领。2012 年 11 月 29 日，习近平在参观《复兴之路》展览时首次提出并阐述实现中华民族伟大复兴的中国梦，指出"实现中华民族伟大复兴，就是中华民族近代以来最伟大的梦想"。②中国梦一经提出，迅速成为激励中华儿女团结奋进、开辟未来的一面精神旗帜，在航天队伍中更是引起强烈反响，凝成深刻共识。经过深入调研与思

---

① 此面党旗被中国共产党历史展览馆收藏，成为馆藏最大的一面党旗。

② 《习近平谈治国理政》第一卷，外文出版社 2018 年版，第 36 页。

考，习近平在中国梦的基础上，进一步提出了航天梦，奏响了引领航天人团结奋进建设航天强国的响亮号角。

从七年知青岁月到多地从政历练，从到中央工作到当选总书记，习近平不仅对国家前途和民族复兴进行了深刻的思索，也对中国航天保持着密切的关注。1970年4月24日，东方红一号卫星发射成功，遨游太空。消息传出，举国轰动，当时还不到17周岁的习近平也受到极大振奋。他后来回忆说："我当时在延川县梁家河村当知青，听到了发射成功的消息，非常激动！"①2007年党的十七大召开后，习近平作为中共中央政治局常委、中央书记处书记、国家副主席，多次观看神舟、嫦娥等航天重大工程任务发射实况，并多次提到"两弹一星"、谈到航天。

2013年2月2日，在党的十八大召开后的第一个春节前夕，习近平来到我国航天事业的发祥地——酒泉卫星发射中心，向安葬在东风革命烈士陵园的聂荣臻元帅和为我国航天科技事业献身的英烈敬献花篮。他表示，踏上这片承载着中华民族光荣和梦想的土地感到很高兴，祖国和人民为航天人取得的成就感到骄傲。②之后，他在给酒泉卫星发射中心科技干部的回信中指出："正是有了你们的英勇奋斗和无私奉献，我们中国人民和中华民族底气才更足，腰杆才更硬，说话才更有分量。"③习近平对航天队伍贡献的高度评价，让大家长志气、硬骨气、蓄底气，决心以更加昂扬的姿态逐梦太空。

2013年五四青年节，习近平来到中国空间技术研究院参加共青团"实现中国梦，青春勇担当"主题团日活动，发表重要讲话，强调"只有每个人都为美好梦想而奋斗，才能汇聚起实现中国梦的磅礴力量"。他说："今天是五四青年节，我们怎么纪念？我们一起来参观航天科技成就展，感受载人航

---

① 《中国有梦　青春无悔——习近平五四青年节参加主题团日活动侧记》，《人民日报》2013年5月6日。

② 参见《习近平看望空军某基地酒泉卫星发射中心和兰州军区机关官兵　向全军广大指战员武警官兵致以新春祝福》，《人民日报》2013年2月7日。

③ 宋泽滨：《深入学习习近平总书记关于航天强国的重要论述》，《毛泽东研究》2022年第3期。

天精神，激励包括广大青年在内的全国各族人民为实现中华民族伟大复兴的中国梦而奋斗，这样的纪念是很有意义的。"① 当时，多位航天青年参加活动，聆听谆谆教诲，受到极大鼓舞，并迅速地将重要精神与澎湃感受分享开来。广大航天青年和干部职工第一时间掀起学习热潮，备受鼓舞、倍增信心，决心肩负历史使命，为续航天梦、筑强军梦、圆中国梦而奋斗，要让青春和人生的回忆无怨无悔。

火热年代，东方红一号卫星上天，习近平"听到这一消息十分激动"②；进入新时代，神舟十号发射成功，再次让习近平"感到十分高兴和激动"。2013 年 6 月 11 日，习近平在发射现场观看神舟十号载人飞船发射，并在发射成功后提出"发展航天事业，建设航天强国，是我们不懈追求的航天梦"，期待同志们"在实现航天梦的征程中谱写新的壮丽篇章"。③6 月 24 日，他与航天员"天地通话"，致以诚挚慰问。得知各项工作进展顺利，习近平赞许地说："很好。航天梦是强国梦的重要组成部分。随着中国航天事业快速发展，中国人探索太空的脚步会迈得更大、更远。"④

2016 年是中国航天事业创建 60 周年。自这一年起，经中央批准、国务院批复，每年 4 月 24 日被设立为"中国航天日"。习近平作出重要指示，进一步指出："探索浩瀚宇宙，发展航天事业，建设航天强国，是我们不懈追求的航天梦"。⑤ 航天梦的内涵更加丰富、要求更加明确。

① 《中国有梦　青春无悔——习近平五四青年节参加主题团日活动侧记》，《人民日报》2013年 5 月 6 日。

② 《习近平给参与"东方红一号"任务的老科学家回信强调　敢于战胜一切艰难险阻　勇于攀登航天科技高峰》，《人民日报》2020 年 4 月 25 日。

③ 《习近平在接见天宫一号与神舟十号载人飞行任务参研参试单位代表时勉励大家　发展航天事业　建设航天强国　为实现航天梦谱写新的壮丽篇章》，《人民日报》2013 年 6 月12 日。

④ 《电波飞架天地　梦想远航高飞　习近平同神舟十号航天员亲切通话》，《人民日报》2013年 6 月 25 日。

⑤ 《习近平在首个"中国航天日"之际作出重要指示强调　坚持创新驱动发展勇攀科技高峰　谱写中国航天事业新篇章》，《人民日报》2016 年 4 月 25 日。

2017 年 10 月召开的党的十九大，对全面建成社会主义现代化强国作出了战略部署，总的战略安排是分两步走：从 2020 年到 2035 年基本实现社会主义现代化；从 2035 年到本世纪中叶把我国建成富强民主文明和谐美丽的社会主义现代化强国。习近平在党的十九大报告中明确提出航天强国战略。① 建设航天强国的嘹亮号角正式吹响。

党旗所指，行动所向。2018 年 8 月，在中国航天科技集团第七次工作会议召开前夕，习近平对中国航天科技集团发展建设作出重要批示，提出了殷切期望和要求。此次会议深入贯彻落实习近平总书记重要批示精神，提出了推动航天强国建设的战略安排：从 2017 年到 2020 年，全面完成"十三五"规划目标，为推动航天强国建设夯实基础；到 2030 年，建设成为世界一流航天企业集团，支撑国防和军队现代化建设，推动我国跻身世界航天强国前列；到 2045 年，在全面建成高质量发展的世界一流航天企业集团基础上，有效支撑世界一流军队建设，推动我国全面建成世界航天强国。

2021 年 8 月，中国航天科技集团召开第八次工作会议，发布集团《"十四五"综合发展规划》，指出航天强国建设已经进入新的发展阶段，要贯彻"立足新发展阶段、贯彻新发展理念、构建新发展格局"的要求，实现高质量发展；要把握好"惟有成功才能专注发展，惟有奋斗才能实现发展，惟有创新才能持续发展"的辩证关系，以坚韧不拔的意志、只争朝夕的劲头、锐意进取的精神，团结奋斗、顽强拼搏，矢志追求工作一流、过程一流、结果一流，不断提升高质量、高效率、高效益发展的能力，加快建设世界一流航天企业集团，有效支撑世界一流军队建设，全面开启航天强国建设新征程。

奋进新征程，建功新时代。航天各级党组织深入学习领会习近平总书记关于航天强国建设重要论述，坚定信心、抢抓机遇，大胆创新、勇于实践，认真研究制定方案举措，深入动员强化责任担当，营造了团结一心推动航天

---

① 参见《习近平谈治国理政》第三卷，外文出版社 2020 年版，第 22—23、25 页。

强国建设的生动局面。在空间技术领域，中国空间技术研究院进一步提出，力扛使命，实干争先，坚持一张蓝图实干到底，到 2030 年，进入世界一流宇航公司行列，有效支撑航天强国建设；到 2040 年，全面建成世界领先的一流宇航公司，全面支撑航天强国建设。

千里之行，始于足下。进入新时代，航天事业迎来了广阔的发展前景。航天各级组织和航天队伍坚决听党话、跟党走，始终保持清醒头脑，坚定创新自信，把握历史主动，真抓实干、攻坚克难，敢于走前人没有走过的路，让建设航天强国、实现中华民族伟大复兴成为中国航天最激越的奋斗旋律。

坚持创新驱动发展，发挥新型举国体制优势

创新是引领发展的第一动力。抓创新就是抓发展，谋创新就是谋未来。党的十八大以来，以习近平同志为核心的党中央全面分析国际科技创新竞争态势，深入研判国内外发展形势，坚持创新在我国现代化建设全局中的核心地位，坚持走中国特色自主创新道路，提出创新是第一动力、全面实施创新驱动发展战略、建设世界科技强国。坚持创新驱动发展，最根本的是要增强自主创新能力，实现高水平科技自立自强。

走中国特色自主创新道路的最大优势，是我国社会主义制度能够集中力量办大事。进入新时代，习近平围绕新型举国体制作出一系列重要论述，实现重要理论创新。新型举国体制有力支撑新时代航天事业的成功实践。2022年 9 月，中央全面深化改革委员会第二十七次会议审议通过《关于健全社会主义市场经济条件下关键核心技术攻关新型举国体制的意见》，为进一步健全关键核心技术攻关新型举国体制指明方向。

新型举国体制，既是中国适应新发展阶段、加快构建新发展格局的科学抉择，也是有效发挥中国特色社会主义制度优势和政治优势的战略主动。中国航天健全完善全国大协作、大攻关的系统工程体系，以载人航天、深空探测、北斗导航等重大工程为重点，兼顾目标实现与经济效益，集中优势资源、广泛调动力量，敢下先手棋、善打主动仗，不断在攻坚克难中追求卓

越，推动航天科技自立自强取得重大进展，树立了发挥新型举国体制优势的成功典范。

载人航天，"千人一枚箭""万人一杆枪"。在空间站建造过程中，航天队伍谨记"载人航天，人命关天"，始终按照严慎细实的工作要求，坚持系统推进、各方协作，有效保证工程各阶段目标高质量完成。据统计，直接参与研制的研究机构及相关单位有110多个，配合单位多达上千家，涉及数十万科研工作者。载人航天工程总设计师周建平这样评价："实施这样宏大的工程，没有党中央集中统揽，没有全国大协作，是不可想象的。"

嫦娥月球探测任务是各方面和无数人智慧和心血的结晶，是依靠中国人民共同智慧，集中力量抢占深空探测制高点的生动写照。2019年2月、2021年2月，习近平在会见探月工程嫦娥四号、嫦娥五号任务参研参试人员代表的两次重要讲话中，对航天领域在探索新型举国体制优势中取得的成就给予充分肯定。在火星探测领域，我国首次任务以一步完成"绕、着、巡"为目标，争取一次做到成功，这在世界航天史上尚无先例。天问团队联合全国数千家单位、数万名科技工作者的力量，大力协同、聚力攻坚、科学管理，确保了火星自动捕获、远距离测控通信、火星表面巡视等各项关键技术彻底攻关，为完成首次火星探测任务倾尽全力。在北斗卫星导航系统建设中，依靠党中央的坚强领导，四面八方的企业和研究人员加入了北斗研制大军，形成了航天重大工程"举国上下一盘棋、千军万马大会战"的大格局，以万众一心的坚强脊梁与磅礴力量成就了北斗闪耀、泽沐八方的荣光。

在统筹推进"五位一体"总体布局和协调推进"四个全面"战略布局中，党领导中国航天在创新驱动中主动作为，将航天强国建设深度融入党和国家事业全局，持续深化航天领域改革，推动航天事业体制机制及制度体系日益完善，不断释放发展活力、提高发展效益。一大批航天重大工程相继成功，空间基础设施体系持续完善，航天技术得到广泛应用，为如期实现第一个百年奋斗目标、推动区域协调发展等发挥了重要作用。航天国际化发展程度不断提高，向全社会全世界展示了伟大的中国道路、中国精神、中国力量。

把握新发展阶段，坚持新发展理念，构建新发展格局，实现高质量发展

党的十八大召开后，习近平提出了稳中求进工作总基调，作出我国经济发展进入新常态这一重大论断。在党的领导下，中国航天准确把握形势任务，采取一系列行之有效的举措，积极有效地认识新常态、适应新常态、引领新常态。在"三期叠加"① 的时代背景下，我国航天事业保持了快速发展势头，星、船、箭、弹、器的研制发射数量以前所未有的速度增长，经济规模和效益同步提升。2015 年、2016 年，中国航天科技集团、中国航天科工集团相继首次跻身《财富》世界 500 强年度排行榜，并连续多年上榜、排名稳中有升。

2015 年 10 月，党的十八届五中全会审议通过了"十三五"规划建议，强调必须坚持以人民为中心的发展思想，提出了创新、协调、绿色、开放、共享的发展理念。新发展理念是管全局、管根本、管长远的导向，给航天事业发展带来深远影响。2016 年，我国在"十三五"规划纲要中提出，加快突破航天等领域核心技术，加强深空领域的战略高技术部署，将深空探测及空间飞行器在轨服务与维护系统列入"科技创新 2030—重大项目"，大力推进以航天等为重点的高端装备创新发展工程，大力支持以空间信息智能感知为代表的战略性新兴产业发展行动。同年，中共中央、国务院印发《国家创新驱动发展战略纲要》，强调"实施重大科技项目和工程，实现重点跨越"的安排，并就发展空间先进适用技术等作出明确部署。②

---

① "三期"指增长速度换挡期、结构调整阵痛期、前期刺激政策消化期。

② 参见《中共中央国务院印发〈国家创新驱动发展战略纲要〉》，《人民日报》2016 年 5 月 20 日。《战略纲要》指出，在关系国家安全和长远发展的重点领域，部署一批重大科技项目和工程。就"推动产业技术体系创新，创造发展新优势"，明确要"发展海洋和空间先进适用技术，培育海洋经济和空间经济。开发海洋资源高效可持续利用适用技术，加快发展海洋工程装备，构建立体同步的海洋观测体系，推进我国海洋战略实施和蓝色经济发展。大力提升空间进入、利用的技术能力，完善空间基础设施，推进卫星遥感、卫星通信、导航和位置服务等技术开发应用，完善卫星应用创新链和产业链"。就"加强面向国家战略需求的基础前沿和高技术研究"，明确要"加大对空间、海洋、网络、核、材料、能源、信息、生命等领域重大基础研究和战略高技术攻关力度，实现关键核心技术安全、自主、可控"。

2017 年 10 月，党的十九大胜利召开，大会强调贯彻新发展理念，建设现代化经济体系，明确提出建设航天强国。按照中央要求和上级部署，航天各级党组织和广大党员干部掀起了学习宣传贯彻十九大精神的热潮，在学懂弄通做实上下大力气、花苦功夫，切实提高政治素养和工作能力。2020 年 4 月，习近平在十九届中央财经委员会第七次会议上提出要构建以国内大循环为主体、国内国际双循环相互促进的新发展格局。① 进入"十四五"时期，我国进入新发展阶段，这是中华民族伟大复兴历史进程的重大跨越，在我国发展进程中具有里程碑意义。2020 年 10 月召开的党的十九届五中全会对此作出深度展望。

习近平强调，要立足新发展阶段、贯彻新发展理念、构建新发展格局，推动高质量发展。② 高质量发展就是体现新发展理念的发展。推动中国航天实现高质量发展，必须以新发展理念为指挥棒、红绿灯。2018 年，中国航天科技集团党组深刻把握新发展理念，立足航天事业发展实际，提出了"高质量保证成功、高效率完成任务、高效益推动航天强国和国防建设"的"三高"发展目标，开启了推动航天强国建设的新征程。通过加强党的创新理论武装，不断深入创新探索实践，集团及所属各级党组织和广大党员干部准确把握新发展阶段，完整、准确、全面贯彻新发展理念，加快构建新发展格局，持续深化"三高"发展实践，着力推进质量变革、效率变革、动力变革，开创了高质量、高效率、高效益全面发展的新局面。

2021 年 3 月，十三届全国人大四次会议通过了国家"十四五"规划和 2035 年远景目标纲要，明确提出要推进"火星环绕、小行星巡视等星际探测""新一代重型运载火箭和重复使用航天运输系统""探月工程四期"等科技前沿领域攻关，建设"空间环境地面模拟装置"等国家重大科技基础设施；推动航空航天产业创新发展，深化北斗系统推广应用，推动北斗产业高质量

① 参见《中国共产党简史》，人民出版社、中共党史出版社 2021 年版，第 524 页。

② 参见《习近平在参加青海代表团审议时强调 坚定不移走高质量发展之路 坚定不移增进民生福祉》，《人民日报》2021 年 3 月 8 日。

发展，在深海空天开发等前沿科技和产业变革领域组织实施未来产业孵化与
加速计划，打造全球覆盖、高效运行的通信、导航、遥感空间基础设施体
系，建设商业航天发射场；面向服务国家重大战略，实施星际探测、北斗产
业化等重大工程；推进"一带一路"空间信息走廊建设，建设"空中丝绸之
路"，加强空天等领域军民统筹发展等。①

　　这些重要论述与国家部署，为中国航天的前进道路指明了具体方向、标
定了详细日程。中国航天站在"十四五"的新起点上，锚定前进方向，找准
发展之路，航天队伍勠力同心、锐意进取，誓要为实现航天梦、强军梦、中
国梦，建设社会主义现代化国家作出新的更大贡献。

有力应对世纪疫情，不断创造新的历史

　　2020 年是决胜全面建成小康社会之年，也是脱贫攻坚决战决胜之年，
在党和国家历史上具有里程碑意义。然而新年伊始，一场突如其来的新冠肺
炎疫情肆虐中国大地，它是新中国成立以来在我国发生的传播速度最快、感
染范围最广、防控难度最大的一次重大突发公共卫生事件。

　　面对世纪疫情，习近平亲自指挥、亲自部署，提出坚定信心、同舟共
济、科学防治、精准施策的总要求，强调："始终把人民群众生命安全和身
体健康放在第一位。"②"疫情防控是一场保卫人民群众生命安全和身体健康
的严峻斗争。"③"必须牢记人民利益高于一切。"④党中央第一时间成立应对疫

---

① 参见《中华人民共和国国民经济和社会发展第十四个五年规划和 2035 年远景目标纲要》，
　《人民日报》2021 年 3 月 13 日。
② 《中共中央政治局常务委员会召开会议　研究加强新型冠状病毒感染的肺炎疫情防控工
　作　中共中央总书记习近平主持会议》，《人民日报》2020 年 2 月 4 日。
③ 《习近平在北京市调研指导新型冠状病毒肺炎疫情防控工作时强调　以更坚定的信心更
　顽强的意志更果断的措施　坚决打赢疫情防控的人民战争总体战阻击战》，《人民日报》
　2020 年 2 月 11 日。
④ 《习近平作出重要指示要求各级党组织和广大党员干部　团结带领广大人民群众坚决
　贯彻落实党中央决策部署　紧紧依靠人民群众坚决打赢疫情防控阻击战》，《人民日报》
　2020 年 1 月 28 日。

情工作领导小组。中央政治局常委会、中央政治局召开会议研究决策，领导组织党政军民学、东西南北中开展大会战，明确坚决遏制疫情蔓延势头、坚决打赢疫情防控阻击战的总目标，因时因势制定重大战略策略，以巨大的魄力、惊人的壮举、勇毅的付出，将疫情传播风险降到最低。

百年变局叠加世纪疫情，让我国面临着极为严峻的形势和挑战。党中央加大宏观政策应对力度，坚持稳中求进工作总基调，落实疫情要防住、经济要稳住、发展要安全的要求，统筹新冠肺炎疫情防控和经济社会发展，统筹发展和安全，毫不放松抓好常态化疫情防控，推动高质量发展。

2020年对中国航天而言是"超级2020"，要开展一系列重大工程任务和数十次宇航发射任务，然而开年就遭遇了新冠肺炎疫情的暴发。越是艰难越要向前。航天各级党组织坚决贯彻习近平总书记重要指示要求、党中央国务院决策部署和上级有关要求，迅速作出有效应对，采取多种方式，全面动员、全面部署，严格型号科研一线和发射场试验队疫情管控，有序推进研制生产，确保国家重大航天任务按期实施。

航天各级领导干部，尤其是主要领导干部坚守岗位、靠前指挥，深入疫情防控第一线指导工作、抓好落实。广大党员在工程任务和事业发展最需要的时候挺身而出、英勇奋斗，把投身疫情防控第一线和力保科研生产中心任务圆满完成，作为践行初心使命、体现责任担当的试金石和磨刀石，让党旗在防控疫情斗争第一线和科研生产任务第一线高高飘扬。一大批航天骨干选择了坚守、选择了逆行，展现了新时代航天人的责任担当。

支撑大家的是这样一种信念：党领导全国人民在实现中华民族伟大复兴的道路上，一定会遇到各种艰难险阻，航天人的使命和责任就是坚定不移地做好自己的事，为党和国家的事业提供坚强有力的支撑。特别是在疫情之中，更要以航天科技发展重大成果与航天发射任务成功，给全党全国人民带去鼓舞和激励，为中国加油。中国航天还通过天上的卫星、地面的设备和各级组织的捐赠，通过返鄂、在鄂的干部职工和赴鄂医护人员的辛勤工作，为我国打赢武汉保卫战、湖北保卫战发挥了重要作用。

在新冠肺炎疫情世界蔓延的背景下，中国航天2020年全年发射次数达34次，连续两年独占世界第一；一束束冲天的烈焰，一次次成功的发射，驱散疫情的"阴霾"，照亮中华大地，振奋民族信心。2020年，新一代运载火箭表现优异、助力重大工程实施，北斗三号全球导航系统提前半年完成星座部署，嫦娥五号落月采样返回任务圆满成功，天问一号正式开启我国首次火星探测任务，高分辨率对地观测工程重大专项天基系统基本建成。中国航天用一幅又一幅胜利"大红屏"，为21世纪第二个十年的飞跃发展画上了圆满的句号，以实际行动向世人证明：再大的艰难险阻也无法阻挡中国人的向天之路。

2021年，中国共产党迎来百年华诞。我国完成脱贫攻坚，全面建成小康社会，开启全面建设社会主义现代化国家、向着第二个百年奋斗目标进军的新征程。这一年，在疫情防控进入常态化的背景下，长征系列运载火箭发射突破400次，中国空间站建造任务五战五捷，首次火星探测任务圆满完成，我国首颗太阳探测卫星"羲和"号成功发射，一大批关键核心技术取得重要突破，航天科技自立自强取得重要成果。

2022年是我国踏上全面建设社会主义现代化国家、向第二个百年奋斗目标进军新征程的重要一年，也是我国加快建设航天强国的重要一年。航天各级党组织和广大党员干部深刻领悟"两个确立"的决定性意义，切实强化政治引领，筑牢思想根基，坚定历史自信与责任担当，增强本领能力、勇于担当作为，团结成"一块坚硬的钢铁"，全力确保型号任务等各项工作不受疫情影响，以咬定青山不放松的执着奋力实现既定目标。中国空间站任务实施6次发射，天和核心舱迎来问天、梦天两个实验舱、两艘神舟载人飞船和两艘天舟货运飞船，"T"字基本构型组合体完成建造，空间站将进入全面的应用阶段。中国人从此有了自主建造的、真正的"天上宫阙"。我国首颗陆地生态系统碳监测卫星"句芒号"俯瞰绿水青山，为实现"碳达峰、碳中和"目标提供重要遥感支撑。"祝融号"火星车取得丰硕科学成果。北斗规模应用市场化、产业化、国际化发展进程不断加快，服务世界、赋能未来。中国航天用一系列重大成就迎接和庆祝党的二十大胜利召开，继往开来奋力谱写全面建设社会主义现代化国家崭新篇章。

从 2012 年到 2022 年，行进在中华民族伟大复兴的历史征程上，以习近平同志为核心的党中央团结带领全党全军全国各族人民自信自强、守正创新，以奋发有为的精神把新时代中国特色社会主义不断推向前进。在 2020 年以来的三年间，伴随着抗击新冠肺炎疫情斗争取得重大战略成果，中国航天在奋斗路上，敢为人先、奋勇争先，有力应对严峻挑战与复杂局面，以国家重大工程创新突破和型号发射任务连战连捷，极大增强了全党全国各族人民的自信心和自豪感、凝聚力和向心力。航天队伍在逐梦太空的征途上行稳致远，刷新了我国航天科技自立自强的新高度。其中，中国空间技术研究院自建院以来近 55 年间共发射了 400 余颗航天器，有三分之二是在非凡十年中发射的；2020 年至 2022 年这三年的发射总量更是破百，占总数的近三成。

峥嵘历史见证人民创造，星辰大海见证掌舵领航。2022 年 5 月，习近平给中国航天科技集团空间站建造青年团队回信，高度赞扬"从天宫、北斗、嫦娥到天和、天问、羲和，中国航天不断创造新的历史"[①]，激励着中国航天在新时代新征程上披荆斩棘、奋勇前进。

新时代航天事业的每一步发展，都离不开习近平总书记和党中央的高度重视、亲切关怀和战略指引。奋进在中国式现代化道路上，我们坚信，有以习近平同志为核心的党中央的坚强领导，有习近平新时代中国特色社会主义思想的科学指引，有全国人民的大力支持，中国航天一定能够继续创造更加伟大的成就，不断书写"新的历史"，把我国早日建设成为航天强国，为实现中华民族伟大复兴和开创中国共产党千秋伟业作出应有的贡献。

---

① 《习近平回信勉励广大航天青年　弘扬"两弹一星"精神载人航天精神　为航天科技实现高水平自立自强再立新功》，《人民日报》2022 年 5 月 4 日。

第二节 不断开创载人航天事业发展新局面

党的十八大以来，以习近平同志为核心的党中央高度重视、坚强领导、全力支持载人航天工程。习近平多次亲切会见、讲话、通话、致信、致电，作出一系列重要论述，表达殷切关怀，指明前进方向，推动中国载人航天实现跨越发展。十年间，"神舟"往返天地、"天宫"遨游太空、"天舟"横渡星河，"天和""问天""梦天"相继升空、"深情相拥"，中国空间站完成在轨建造、启幕无限未来。在党的二十大胜利召开之际，在中国载人航天工程立项实施 30 周年之际，中国人建成了自己的空间站，圆满实现了"三步走"的战略目标。

"神十"飞天，十全十美

在中国载人航天波澜壮阔的发展历程中，神舟十号是神舟飞船的第 10 次发射任务，发挥着承上启下的作用，是"三步走"中第二步第一阶段的收官之作，又为中国人自主建造载人空间站拉开序幕、敲开大门。这次飞行也是由神舟飞船与长征二号 F 运载火箭构成的天地往返运输系统的首次应用性飞行。之后，这一系统成为航天员往返中国空间站的重要太空交通工具。

党的十八大召开时，天宫一号已在太空等待神舟十号的交会对接。神舟团队正紧锣密鼓地推进飞船各项工作。望舟行九天，盼中国梦圆。团队最想做到的，就是务求"十打十稳"、实现"十战十捷"。神舟团队大力发扬严慎细实的作风，努力把每一项工作做到极致。

2013 年 3 月 31 日，飞船运抵酒泉卫星发射中心。一进发射场，试验队就制定了作息表，有序推进工作。无论是在任务现场，还是在宿舍楼里、餐厅里，都张贴着"一切为了载人、为了载人的一切""载人航天，人命关天""全力确保零缺陷、零故障、零疑点"等标语，时刻提醒队员牢记责任、严谨工作、不负众望。

4 月 28 日，受邀参加全国劳动模范座谈会的神舟飞船总设计师张柏楠，向习近平汇报了近年来我国的航天成就，得到高度肯定。会后，张柏楠向试验队员们还原了当时场景，传达了会议精神，让全体队员深受鼓舞。5月4日，习近平到中国空间技术研究院参加主题团日活动的消息传到酒泉卫星发射中心，大家无不感到振奋，激动的心情难以言表，决心一定要用成功报效祖国，用卓越铸就辉煌，用零缺陷的工作托举成功，为实现中国梦不懈奋斗。

在发射场，电测阶段的工作异常繁忙。飞船发射试验队每天早晨都要召开班前会，明确当日的操作重点和注意事项；电测结束后，要对数据进行细致比对判读，还要对次日工作进行认真推演，并在每晚10点组织开展技术讨论。大家预想和推演出上百种风险，并针对每一种风险制定预案。电测中要频繁交接电缆，有试验队员提出，当操作人员要把一根电缆递给装配人员时，如何避免电缆滑落或碰到其他物品？通过集思广益，"用双手递电缆"在第二天就成了工作规矩并固化下来。为了完成电测任务，在20天的时间里，试验队员们每天从清晨到深夜，仅在五一劳动节当天作了短暂休整，就继续投身"战斗"。

2013年6月11日，神舟十号将聂海胜、张晓光、王亚平3位航天员送入太空。习近平在发射现场观看载人航天飞行任务，并为航天员壮行，指出：这次任务"承载着中华民族的航天梦，展现了中国人'敢上九天揽月'的豪情壮志，这是光荣而又神圣的"。① 当晚，他在接见任务参研参试代表时说："同志们为祖国航天事业建立的卓越功勋，党和人民永远不会忘记。"② 试验队员们不仅因为飞船发射成功而感到十分高兴和激动，更因为习近平总书记和党中央的高度肯定而感到十分幸福与骄傲。其中，部分队员连夜赶回北京，立即投入到紧张有序的飞控工作中。他们同时也将学习习近平总书记

① 《神舟十号载人飞船发射成功　习近平在酒泉卫星发射中心观看发射并发表重要讲话》，《人民日报》2013年6月12日。

② 《习近平在接见天宫一号与神舟十号载人飞行任务参研参试单位代表时勉励大家　发展航天事业　建设航天强国　为实现航天梦谱写新的壮丽篇章》，《人民日报》2013年6月12日。

重要讲话的感受和体会迅速传达给了其他飞控人员。大家牢记嘱托，认真做好飞控等各项工作，全力保障航天员在太空中顺利进行飞船与天宫一号自动、手控交会对接，开展太空授课以及大量科学实验和技术试验。

6月20日，中国航天员进行了首次太空授课。8万所学校6000多万名学生参加授课，失重环境下的物理现象在青少年心中播下了希望的种子，点燃了崇尚科学、热爱航天的火苗。6月24日，习近平与航天员通话，专门提到太空授课，展望"中国人探索太空的脚步会迈得更大、更远"。[1]6月25日，神舟十号从天宫一号上方绕飞至其后方，并完成近距离交会，实现我国首次航天器绕飞交会试验的圆满成功。次日，飞船返回舱将航天员安全送回

神舟十号载人飞船返回舱着陆瞬间

---

① 《电波飞架天地　梦想远航高飞　习近平同神舟十号航天员亲切通话》，《人民日报》2013年6月25日。

地面，此次飞行任务取得圆满成功，党中央、国务院、中央军委致贺电。神舟十号整个飞行任务过程实施得非常顺利，堪称完美；从神舟一号到神舟十号，称得上"舟去舟回、十全十美"。

7月26日，习近平等中央领导同志在人民大会堂会见神舟十号载人飞行任务航天员和参研参试人员代表。习近平赞扬道："广大航天人展现出了坚定的理想信念、高昂的爱国热情、强烈的责任担当、良好的精神风貌，你们不愧是思想过硬、技术过硬、作风过硬的英雄团队。"[①]

圆满完成空间实验室飞行任务

神舟十号任务后，载人航天工程进入第二步第二阶段，即空间实验室阶段。航天队伍不忘初心、继续前进，奋力完成好长征七号火箭、天宫二号空间实验室、神舟十一号载人飞船、天舟一号货运飞船等研制发射任务。2016年6月，我国在新建成的文昌航天发射场，成功实施长征七号运载火箭首次飞行任务。这标志着空间实验室飞行任务首战告捷。

天宫二号最早是天宫一号的备份产品，在天宫一号发射时就已经设计研制出来。天宫一号发射成功后，天宫二号被赋予了新使命，要成为我国第一个真正意义上的太空实验室。天宫二号总设计师朱枞鹏说："天宫二号要开展航天员中期驻留、推进剂补加、在轨维修等任务，以及一系列空间应用科学实验、航天医学实验、空间站技术验证试验。"这些任务在中国航天发展史上都是首次开展。天宫二号的轨道距地面高度也要从343公里升至393公里，达到未来空间站的轨道高度。

为了打造这个更高的"科学殿堂"，研制人员一方面对近300台设备进行了"寿命影响因素"分析，通过分门别类做试验、做调研，制定具有针对性的延寿方案，为每一台设备进行延寿，并对部分产品果断进行再投产；另

---

① 《习近平会见神舟十号载人飞行任务航天员和参研参试人员代表　代表党中央、国务院、中央军委向航天员和广大参研参试人员表示热烈祝贺和诚挚慰问》，《人民日报》2013年7月27日。

一方面，极尽所能、集智攻关对产品进行全面改装升级，实现模块化系统设计，显著提升天宫二号的性能与智能化程度。

2016 年 7 月上旬，天宫二号运抵发射场。试验队员们战高温、斗酷暑，严格按照流程推进各项工作。9 月 15 日中秋节，天宫二号成功发射，静候神舟十一号和天舟一号的相继到来。

神舟十一号载人飞船任务是我国进入空间站阶段之前，最后一次飞船应用性飞行。神舟十一号继承了神舟十号的技术状态，但要在轨飞行长达 33 天，是神舟十号飞行时间的两倍多。为了满足本次任务的要求，进一步提高飞船的安全性、可靠性，神舟团队精益求精，采取一系列精细改进，让航天员更加舒适。飞船上首次配置宽波束中继子系统，能够始终与地面保持通信。

为了确保神舟十一号载人飞船返回任务"万无一失，圆满成功"，神舟团队制作了展开面积达 1200 平方米的主伞，完全铺开后有三个标准篮球场那么大，并能够魔术般地将其"蜷缩"进大号行李箱大小的伞包里。这也是当时国内最大的降落伞，全部缝线长达 10 公里，仅主降落伞的制作工序就有 30 多道。对降落伞加工组的十几个姑娘而言，"手里缝的是降落伞，更是航天员的生命"。她们密切合作，对每一个针脚、每一行线迹都严格控制、确保完美，足足加工了半年，才将 1920 片伞衣、96 条经向带、25 条纬向带缝合起来，并顺利通过了极其苛刻的验收。在 2021 年妇女节之际，她们被授予"全国三八红旗集体"。百岁元勋王希季得知消息后，还专门发语音点赞。

2016 年 10 月 17 日，神舟十一号载人飞船顺利将景海鹏、陈冬 2 名航天员送上太空。习近平第一时间发来贺电，提出"希望同志们大力弘扬载人航天精神，精心做好后续各项工作，确保实现任务目标，不断开创载人航天事业发展新局面"。[①]19 日凌晨，神舟十一号与天宫二号完成对接，航天员

---

① 《神舟十一号载人飞船发射成功　习近平致电表示热烈祝贺》，《人民日报》2016 年 10 月 18 日。

入驻天宫二号。景海鹏在当天的太空日记中写道，天宫一号比较舒服，天宫二号更舒服，布局、装修、颜色搭配都非常好。23 日，天宫二号释放伴星，对组合体进行拍照，向地面传回了首张太空合影。11 月 9 日，习近平观看了 2 位航天员开展的世界首次人机协同在轨维修技术试验，并与他们"天地通话"，进行勉励。①

航天队伍继续精心操作，保障航天员完成中期在轨驻留，实施和支撑了一批体现国际科学前沿水平和高新技术发展方向的空间科学与应用任务。在轨期间，航天员在天宫二号内种下了 9 棵生菜，还进行了南芥和水稻种植。中国人首次在太空"种菜得菜"，不过航天员一口也没舍得吃。11 月 18 日，飞船返回舱成功着陆，航天员带着"太空蔬菜"等科学成果平安归来。

12 月 20 日，习近平等中央领导同志在人民大会堂会见天宫二号和神舟十一号载人飞行任务航天员及参研参试人员代表，希望广大航天人在航天事业发展的征程上勇攀高峰、不断前行，为建设航天强国和世界科技强国建功立业。②2019 年新中国 70 周年华诞之际，神舟团队被授予"最美奋斗者"称号。

有了货运飞船，人类太空长期驻留才成为可能。我国从 2011 年启动天舟货运飞船研制工作，主要为空间站运输和存贮货物，运输和补加推进剂，并将废弃物收集、存放，带回大气层销毁。

天舟一号是我国首艘货运飞船，由货物舱和推进舱两舱结构组成，最大装载状态下重量达 13.5 吨，一次能送 6 吨多货物上天，相当于一辆载货满满、驶向太空的"太空货运专列"。飞船的体积、重量也均创下当时我国航天器之最。为了造好天舟飞船，研制团队在确保型号任务万无一失的前提下，采用一系列新技术、新手段，成功掌握推进剂在轨补加、高效被动热控、100 伏高压全分散配电体系、以太网通信技术等一大批具有自主知识产

---

① 参见《习近平同神舟十一号航天员亲切通话》，《人民日报》2016 年 11 月 10 日。
② 参见《习近平在会见天宫二号和神舟十一号载人飞行任务航天员及参研参试人员代表时强调　在航天事业发展征程上勇攀高峰　努力建设航天强国和世界科技强国》，《人民日报》2016 年 12 月 21 日。

权的核心关键技术。载货比是考核货运飞船的一个主要指标，数值越高说明飞船运载货物的效率越高。通过采用轻质高强度材料、实施高效承载货架设计等，天舟一号的载货比高达 0.48。天舟飞船总设计师白明生说，这个指标在世界上的在役飞船中居于领先地位。

2017 年 2 月 5 日，天舟一号从天津港起航，历经 8 天海上漂泊，抵达海南文昌航天发射场，发射场区总装和测试工作随即全面展开。4 月 20 日，长征七号遥二运载火箭将天舟一号送入太空。飞船入轨后先自主飞行 2 天，与天宫二号进行了自动交会对接形成组合体，之后按计划开展过程复杂的推进剂在轨补加试验，至 4 月 27 日顺利完成。中国航天实现首次"太空加油"，天舟一号飞行任务取得圆满成功。在轨推进剂补加技术也是继天地往返、交会对接、航天员中长期驻留技术后，我国在载人航天领域突破并掌握的又一重大关键技术。党中央、国务院、中央军委发来贺电，指出此次任务的圆满成功，标志着我国载人航天工程第二步胜利完成。

之后，天舟一号继续开展多项任务。6 月 15 日，完成第二次推进剂在轨补加试验。9 月 12 日，与天宫二号实现 6.5 小时快速交会对接在轨试验，较之前至少 2 天的对接时长大大缩短。我国也由此成为世界上第三个掌握近地快速交会对接技术的国家。

探索发展新一代载人飞船

未来，人类必然走向更深更远的太空。2013 年前后，美国的龙飞船已经实现了近地货物运输，用于载人登月的美国猎户座飞船、俄罗斯雄鹰号飞船也已开展研制。我国必须抓紧论证新一代载人飞船，积极抢占制高点。中国航天在扎实完成好神舟、天宫、天舟等既定任务的同时，不忘仰望星空，面向我国近地空间站运营、载人月球探测等任务需求，适时启动了新一代载人飞船的关键技术攻关。

当时，一个核心成员只有 10 人左右的项目组迅速成立，30 岁出头的黄震担任项目组负责人。如何研制出中国人自己的"深空方舟"？项目组没有标准答案，有的只是明确的任务：用 3 年时间研制完成。在没有任何参考资料和经验借鉴的情况下，大家迎难而上、日夜攻关，在空气动力学、流体力学等学科知识中，一点点寻找答案。靠着这股劲头，他们成功完成了多用途飞船缩比返回舱的方案设计验证、正样设计和 AIT 试验，并利用 2016 年 6 月长征七号运载火箭首飞搭载的机会，在建党 95 周年之际完成了返回舱的飞行任务。

多用途飞船返回舱是我国未来载人深空探测任务关键产品，高度约 2.3 米，最大外径 2.6 米，采用返回舱和过渡段的两舱构型。出于节省科研经费的考虑，此次执行任务的返回舱是正式返回舱的等比缩小版。返回舱采用"金属结构 + 防热结构"设计方案，防热结构在大气层被灼蚀，返回地面后可以拆卸、更换。这不仅能节省大量的运营成本，还将大幅缩短飞船研制时间。与神舟飞船"钟罩式"外形不同，多用途飞船缩比返回舱呈倒锥形，与神舟飞船精确落地的控制方式不同，改用"无控飞行"方式返回地面。返回舱通过配置气动测量传感器，能够测量再入大气层过程中的舱体表面压力、温度和热流等数据，获取返回

热烈欢迎新一代载人飞船试验船返回舱凯旋

舱气动特性参数等弥足珍贵的试验数据。2018 年 4 月，新飞船回收着陆系统减速伞强度空投试验取得成功。

一系列技术的验证成功，推动我国新一代多用途飞船整体性能实现跃升。研制团队继续攻关，誓要研制出具备高安全、高可靠、模块化、多任务、可重复使用等特点，具有国际先进水平的新一代载人飞船。与神舟飞船相比，新一代载人飞船体型更大，一次可搭载 6—7 名航天员，既能载人也可载货，不仅可以重复使用，还能够兼顾近地轨道任务及更远的深空探测任务需要。

2020 年 5 月，利用长征五号 B 运载火箭首飞机会，新一代载人飞船试验船进入太空，并在轨飞行 2 天 19 小时。之后，试验船从高度 8000 公里以上的轨道以超过每秒 9 公里的再入速度直接返回，落点精度非常好。此次试验任务取得圆满成功，为我国更高效、安全、经济地开展有人参与的深空探测奠定了坚实基础。载人飞船系统总设计师、新一代载人飞船试验船项目负责人张柏楠表示，中国已经独立自主建成了完整的载人航天体系，为下一步空间站的建造运营奠定了坚实的基础。

随着新一代载人飞船技术实现突破，以及中国空间站的成功建造，我国已具备开展载人登月的条件。2022 年荣获"中国五四青年奖章"的黄震说："未来，我特别希望能在地球和月球之间，建立一个可以自由往返的通途，像我们平时坐飞机一样，可以出差去月球。更远的将来，我希望可以走出地月系，飞向火星。"

拉开载人航天工程第三步的序幕

习近平强调："建造空间站、建成国家太空实验室，是实现我国载人航天工程'三步走'战略的重要目标，是建设科技强国、航天强国的重要引领性工程。"[①] 空间实验室阶段收官后，中国载人航天工程进入第三步——空间

---

① 《中国空间站天和核心舱发射任务成功 习近平代表党中央、国务院和中央军委致电祝贺》，《人民日报》2021 年 4 月 30 日。

站阶段。

空间站是人类载人航天的最高技术体现，能够为科技进步和航天技术发展提供巨大推动力，但中国长期被排除在国际空间站任务之外。"必须独立自主，靠中国人自己的力量建成空间站！"空间站系统总设计师杨宏坚定地认为，"要依靠自立自强打破封锁，通过增强顶层设计，瞄准前沿系统谋划，提出适合我国国情的组装建造方案"。2010年空间站任务立项以来，航天队伍弘扬载人航天精神、坚定创新自信，十年如一日潜心钻研、顽强拼搏，付出了无数心血、汗水与智慧，推动产品、部组件、原材料全部实现国产化，关键核心元器件100%自主可控。

中国空间站以天和核心舱、问天实验舱、梦天实验舱三舱为基本构型，具备15年设计寿命，能同时支持3—6人长期驻留，可长期在轨稳定运行。与国际空间站相比，中国空间站有所为、有所不为，实现了科学实验设备重量占比、对科学实验的供电支持等都相对更优，大大缩短了建造周期，并最大限度降低空间站组装、建造和运营的成本，最大限度上为太空科学实验提供有效支撑。空间站系统总指挥王翔说，中国空间站突出强调多舱段航天器的系统统一，能够在适度规模条件下取得更高的研制效益，实现高效率资源利用和更强的系统冗余。

中国空间站各舱段的设计发射重量均超过20吨，再创多个"之最"。为了解决运输难题，中国航天自2012年起在天津滨海新区建设AIT项目——超大型航天器总装测试试验中心，为空间站打造"造梦工厂"。在这个中国新一代超大型航天器总装、集成、测试的"主阵地"，KM8空间环境模拟设备以17米直径、35米高度成为亚洲最大、世界第三的空间环境模拟器，电动振动试验系统推力达世界第一，噪声试验设备占地4000立方米，声压级达156分贝，位列世界第二。天和、问天、梦天各个舱段均在这里进行装配、测试和试验，出厂后从天津港通过海路运输至海南发射场。在载人飞船、货运飞船研制方面，航天队伍继续奋斗，始终以"首飞标准"研制好下一艘、每一艘飞船。

按照空间站建造任务规划，我国要在 2021 年、2022 年两年内接续实施 11 次飞行任务，包括 3 次空间站舱段发射、4 次货运飞船发射、4 次载人飞船发射，并依次围绕核心舱完成组装建造工作，这样的高密度任务是史无前例的。11 次任务环环相扣，一系列关键技术需要在太空验证并进行分段评估，才能进行后续建造工作，进而决定下一步走向，必须做到"步步为赢"。从理想走向现实，需要以科学、统一的技术体制来实现有力的组织保障。空间站队伍对天和、问天、梦天三个舱段进行整体统一的设计与管理，让通用化率达到 80%，有力促进了系统方案的优化升级。

天和核心舱作为首个发射型号，是空间站最基础、最核心的部分，主要用于空间站统一控制和管理，相当于中枢系统，具备长期自主飞行能力，支持航天员长期驻留，可开展航天医学、空间科学实验和技术试验。为了实现统一管控，研制人员在设计上匠心独运，为核心舱配置了灵活的大脑和神经——数管分系统，能将整船状态、指令和请求，地面站的遥控命令，以及关键事件等其他内容信息收入囊中，经过有序的分类、识别、处理和重组，一边向对应单机发布命令、返回结果，另一边继续源源不断地将一包包丰富的数据送回地面站。

为了满足航天员生活需求，研制人员设计了相当于冷暖空调的热控分系统，随时调节体温；构建了完整的可再生生命保障系统，通过冷凝水方式回收空气中的水蒸气，重新作为饮用水和生活用水使用；配置了工作区、睡眠区、卫生区、就餐区、医监医保区和锻炼区 6 个区域，保证每名航天员都有独立的睡眠环境和专用卫生间，并在就餐区配置了微波炉、冰箱、饮水机、折叠桌等家具家居，在锻炼区配置了太空跑台、太空自行车、抗阻拉力器等健身器材，真正让航天员在"太空家园"生活舒心、工作顺心。

运载火箭能力有多大，太空探索舞台就有多大。建造空间站，必须有具备强大发射能力的运载火箭。历经 30 年论证研制和无数挫折考验，我国于 2016 年 11 月 3 日、2020 年 5 月 5 日先后成功实施长征五号运载火箭首飞、长征五号 B 运载火箭首飞，实现近地轨道运载能力由原来的 8.6 吨提升至

天和核心舱测试现场

25 吨、地球同步转移轨道运载能力由原来的 5.5 吨提升至 14 吨的跨越，我国进入空间的能力达到世界先进水平。长征五号 B 运载火箭主要承担我国载人空间站舱段等重大航天发射任务，其首飞成功标志着空间站阶段飞行任务首战告捷。

火箭、航天器都是新的，它们之间及与发射场之间的配合必须万无一失。为了高质量保证成功，中国航天在 2020 年初将天和核心舱和长征五号 B 运载火箭运到文昌航天发射场开展发射合练。火箭和空间站任务的试验队员完全按照正式任务要求，进行了全流程、全要素、全过程的模拟演练，达到了排除问题、实现验证的目的。

建造空间站，建成国家太空实验室

进入 2021 年，空间站建造任务的大幕全面拉开。1 月 17 日，中国空间技术研究院隆重举行空间站任务试验队出征仪式，向天和核心舱、天舟货运飞船、神舟载人飞船试验队授出征旗，并组织集体宣誓。接过了旗帜，就是立下了战书；挥动着旗帜，表达着必胜的决心！空间站建造团队的上一个春节是在发射场合练中度过的，为了确保任务有序进行，这一次又在春节前出征、在发射场过年。队员们说："国家需要，义无反顾是中国航天人的精神底色。"戚发轫勉励大家："我们的任务不仅艰巨，而且影响巨大。不仅要做好，而且要做得更好。"

2021 年 4 月 29 日，海南文昌正午阳光普照，长征五号 B 运载火箭烈焰喷薄，天和核心舱发射任务取得圆满成功。习近平在天和核心舱发射成功后第一时间发来贺电，指出这标志着我国空间站建造进入全面实施阶段，强调要"大力弘扬'两弹一星'精神和载人航天精神，自立自强、创新超越、夺取空间站建造任务全面胜利"。① 空间站各舱段，神舟、天舟飞船和其他各系统的研制团队既倍感振奋，又保持冷静，决心更加扎实地开展工作。尤其是飞控人员，正式开始全年"7×24"小时的轮班值守，对空间站天和核心舱进行全天候"守望"。

中国空间站建造分为关键技术验证和全面建造两个阶段。天和发射后，任务一环扣着一环、紧张有序地推进。5 月 29 日，天舟二号发射成功，这也是天舟货运飞船和长征七号运载火箭组成的空间站货物运输系统的第一次应用性飞行，为即将入驻的航天员带来生活补给，送来维修备件和科学实验设备，与空间站对接后自动补加燃料。核心舱迎来首位"访客"，整个交会对接过程完全自主完成。6 月 17 日上午，神舟十二号载人飞船将聂海胜、刘伯明、汤洪波 3 位航天员送入太空，发射约 6.5 小时后采用自主快速交会对接模式与天和核心舱成功对接。中国人首次进入自己的空间站。9 月 17 日，航天员在空间站停留 90 天后，搭乘神舟十二号载人飞船返回舱成功"回家"。9 月 20 日，天舟三号货运飞船成功发射。10 月 16 日，神舟十三号载人飞船

---

① 《中国空间站天和核心舱发射任务成功 习近平代表党中央、国务院和中央军委致电祝贺》，《人民日报》2021 年 4 月 30 日。

将翟志刚、王亚平、叶光富3名航天员送入太空。他们在轨驻留时间长达半年，中国人首次"太空跨年"，首次在太空中迎新春、过大年。

习近平密切关注空间站任务进展，在同神舟十二号航天员"天地通话"时强调"建造空间站，是中国航天事业的重要里程碑，将为人类和平利用太空作出开拓性贡献"①，在2022年新年贺词中专门提到"天和遨游星辰"和"我们的三位航天员正在浩瀚太空'出差'"。② 这些也让大家更加坚定了奋斗的信念与必胜的决心。

为了让天舟二号及后续货运飞船更好满足空间站任务需要，天舟团队认真总结天舟一号研制经验，开拓创新、勇攀高峰，全面加强平台方案和货运方案的系统优化设计和可靠性设计，推动元器件自主可控，实现了高效多能、高度自主、高可靠性和高安全性设计目标，实现飞船总体性能达到国际先进水平。为了让神舟飞船更舒适，并满足3个月乃至半年的"超长待机"要求，神舟团队对返回舱、推进发动机和贮箱等热控方案以及船站并网供电方案进行了专项设计，使飞船具备了供电、热环境保障的适应性配套条件。

2022年3月31日，天舟飞船圆满完成光荣使命，在脱离空间站后携带着空间活动固体废弃物进入大气层烧毁。第二天，天舟团队给飞船写了一封信。信中写道："你就像我们亲手带大的孩子，所有的参研人员倾注了心血甚至亲情，你以凤凰涅槃的方式结束了自己的太空之旅，那一抹绚丽的光辉虽然短暂，但必将成为我们心中的永恒。"

4月16日，神舟十三号将"'感觉良好'三人组"平安送回地面，并首次实现快速返回。次日，飞船返回舱身披战甲、胸挂红花，荣耀回家，在中国空间技术研究院受到了"娘家人"的热烈欢迎。人们纷纷与飞船合影留念，庆祝这场春天里的凯旋。"神舟十三，圆圆满满！"至此，空间站关键技术验

① 《习近平同神舟十二号航天员亲切通话 代表党中央、国务院和中央军委，代表全国各族人民，向航天员聂海胜、刘伯明、汤洪波表示诚挚问候》，《人民日报》2021年6月24日。
② 《国家主席习近平发表二〇二二年新年贺词》，《人民日报》2022年1月1日。

证阶段完美收官。

任务过半，决胜在望。2022年4月14日，习近平到文昌航天发射场视察，就完成空间站后续发射任务强调："要精心准备、精心组织、精心实施，确保发射任务圆满成功，以实际行动迎接党的二十大胜利召开。"①5月2日，习近平给空间站建造青年团队回信。谆谆的叮嘱、深情的关怀、殷切的期望，带来巨大的鼓舞，化作无穷的力量！航天队伍深刻学习领会，坚定"必须成功、必定成功"的信念与执着，奋发进取担当、勇于创新突破，一丝不苟地做好每一项操作，高质高效地完成每一天的任务，将满腔的热忱与激情转化为一次又一次发射入轨的捷报，转化为在大红屏前合影留念时的胜利手势与真诚微笑。

5月10日，天舟四号货运飞船发射成功，空间站全面建造阶段首战告捷。6月5日，神舟十四号载人飞船将陈冬、刘洋、蔡旭哲3位航天员送入太空。7月24日，问天实验舱发射成功。党的二十大胜利闭幕后不久，10月31日，梦天实验舱发射成功。问天、梦天两个实验舱是国家太空实验室的主力舱段，大幅度提升了我国空间站在轨进行科学实验的能力，"拉近"了遥远未来。

其中，问天实验舱由工作舱、气闸舱及资源舱三部分组成。工作舱是迄今我国最大、世界第二大单密封舱体，舱内设3个睡眠区、1个卫生区，同时面向空间生命科学研究配置了生命生态、生物技术和变重力科学等8个实验柜，支持空间站内共6人"满客"运行。梦天实验舱由工作舱、货物气闸舱、载荷舱、资源舱等4个舱段组成，配置流体物理、材料科学、燃烧科学、基础物理及航天技术试验等多学科方向共13个实验柜，能够为航天员提供近32立方米的工作空间。

在空间站任务中，航天员不仅多次讲授"天宫课堂"，而且多次进行出

---

① 《习近平在视察文昌航天发射场时强调　强化使命担当　勇于创新突破　努力建设世界一流航天发射场》，《人民日报》2022年4月15日。

舱活动。天和核心舱上安装的大型空间机械臂和问天实验舱搭载的机械臂，作为空间站组装建造、运营管理、维护服务和空间应用的核心装备，为航天员舱外工作提供了"最佳助理"。它们能够在轨灵活操作，完成大量任务，不仅是完全的国产货，而且负载自重比、操控精度等指标均达到世界领先水平，备受瞩目、吸睛无数。

11月3日，随着梦天实验舱转位成功，中国空间站"T"字基本构型在轨组装完成。11月9日，完成既定任务的天舟四号货运飞船，顺利撤离空间站组合体，转入独立飞行阶段；11月15日，飞船按计划受控再入大气层。11月12日，天舟五号货运飞船成功发射，并仅用2个小时与空间站完成超快速交会对接，创造了新的世界纪录，堪称"太空货运高铁"。

11月29日23时08分，神舟十五号载人飞船由长征二号F运载火箭稳稳托举，在酒泉卫星发射中心一飞冲天，将费俊龙、邓清明、张陆3名航天员送入太空。30日5时42分，入轨约6.5小时后，神舟十五号与神舟十四号顺利完成自主快速交会对接，两个飞行乘组完成"太空会师"，中国空间站组合体首次形成由6个航天器组成的"三舱三船"最大构型，总质量近100吨。神舟十五号"到站"天宫后，和神舟十四号载人飞船共同对接空间站，中国空间站首次实现两艘载人飞船的同时停靠。两组航天员共同在空间站工作生活约5天，并进行"面对面"在轨交接。这也将是今后中国空间站运营期间主要的任务交接模式，与地面交接相比更加高效可靠。这也意味着，中国空间站将长期有人驻留。中国人在天外终于有了属于自己的"定居"之所，并将在这里书写新的更大奇迹。

进入11月下旬，酒泉卫星发射中心最低温度逼近零下20℃，神舟十五号任务是首次在这样的低温严寒环境下实施载人任务。针对待发段可能出现的送风温度偏低的故障情况，试验队制定风险控制预案，根据情况开启推进贮箱地面电调温等，保证返回舱和推进舱的推进剂温度满足发射要求。发射任务的圆满成功，为后续在极寒天气下开展任务积累了宝贵经验。12月4日晚，神舟十四号飞行乘组成功返回地面，此次返回是中国空间站"T"字基本构型建成后的首次返回，同样也是在东风着陆场的首次冬季夜间返回。

在空间站建造任务中，每年要发射 2 艘载人飞船上天，密度很高。为此，神舟团队采取组批研制模式，神舟十二号至神舟十五号这 4 艘是我国首批批产的神舟飞船。为了具备天地结合多重保证的应急救援能力，神舟团队采取"滚动待命"策略，在前一发载人飞船发射时，后一发载人飞船在发射场待命，并具备 8.5 天应急发射能力以实现太空救援。在神舟十五号任务中，神舟团队要把神舟十六号造出来，并运送到发射场待命；同时要先把神舟十五号"送上去"，再很快地把神舟十四号"迎回来"。研制、发射、飞控及回收实施四线任务高度交叠，进度安排、质量控制、资源保障等诸多方面压力巨大。因此，神舟团队坚持创新驱动，将技术创新和管理创新贯穿于整个空间站任务中，不断推动载人航天器研制模式转型。

从 1992 年立项到 2022 年，中国载人航天工程已经实施 30 年。从神舟五号到神舟十五号，我国进行的载人飞行也已达 10 次、突破两位数。30 年间，"神舟"冲霄汉、"天宫"矗云端、"天舟"济星海，"天和"定苍穹、"问天"探寰宇、"梦天"启新程，空间站建造阶段发

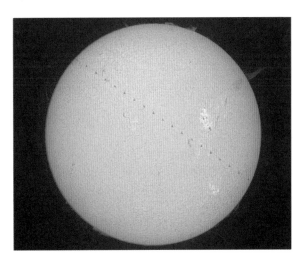

中国空间站凌日

射任务获得全胜。在全面实现中华民族伟大复兴的新征程上，中国空间站的全面建成将启幕无限未来。

后续，我国还将发射空间站"巡天"光学舱平台，与空间站共轨飞行，并在需要时可与空间站主体对接。它将搭载 2 米口径的巡天望远镜，其分辨率与美国哈勃空间望远镜相当，但视场角是后者的 200 多倍，将在大范围巡

天科学研究方面显身手。届时，中国人对于"巡天遥看一千河"的憧憬将变为现实。面向未来，空间站团队还将积极探索构建空间站"太空母港"共轨飞行应用模式，推动建立空间站长期在轨运营期间持续开展空间应用支持和在轨服务支持的飞行模式，以最大限度发挥空间站应用效益，更好满足国家战略和国民经济社会发展需要。我国还利用空间站积极开展国际合作。中国空间站是人类历史上此类项目首次向所有联合国会员国开放。

正如习近平所说，展望未来，我们坚信：有党中央、国务院、中央军委的坚强领导，有全国各族人民的大力支持，有全体航天人的团结拼搏，我国载人航天事业的明天必将会越来越辉煌。[1]

第三节　开启星际探测新征程

深空探测是人类探索宇宙奥秘和寻求永续发展的重要途径，是拓展人类生存空间、丰富人类认知的重大新兴领域，已成为各国科技创新的竞技场。党中央高度重视深空探测领域的科技创新工作，习近平多次强调开展深空探测的重要意义，并通过会见、贺电等多种方式，向深空探测队伍致以亲切慰问，提出明确要求，指明前进方向。十年间，"嫦娥"落虹湾、登月背、挖"土"回，中国探月工程连续成功，创造了世界月球探测史的中国纪录；"天问"突破地月系、"祝融"探秘"乌托邦"，我国在世界上首次通过一次任务完成火星环绕、着陆和巡视探测，成为第二个成功着陆火星的国家。

成功落月，嫦娥三号落月行进

习近平指出："党中央决策实施探月工程，圆的就是中华民族自强不息的飞天揽月之梦。月球探测的每一个大胆设想、每一次成功实施，都是人类

---

[1]　参见《习近平会见神舟十号载人飞行任务航天员和参研参试人员代表　代表党中央、国务院、中央军委向航天员和广大参研参试人员表示热烈祝贺和诚挚慰问》，《人民日报》2013 年 7 月 27 日。

认识和利用星球能力的充分展示。"① 从 2004 年起，中国航天在"向月球进军"的艰苦跋涉中先后开展嫦娥一号、嫦娥二号探测任务，"绕"月飞行取得圆满成功。月球对中国人而言，开始变得不再遥远。2012 年党的十八大召开时，嫦娥团队正在聚精会神推进探月工程二期及后续任务，要实现从"绕"到"落"再到"回"的新跨越。其中，嫦娥三号任务是探月工程二期主任务，肩负我国首次软着陆月球和月面巡视勘察的重担。

2013 年 5 月 4 日，习近平在中国空间技术研究院同各界优秀青年代表座谈时，听取了嫦娥三号探测器总设计师孙泽洲的发言，与其亲切交流并提出勉励和希望。嫦娥团队从中深受鼓舞，树立起强烈的创新自信，立誓要敢于走前人没有走过的路，不断在攻坚克难中追求卓越。

与嫦娥一号、嫦娥二号不同的是，嫦娥三号要实现月面软着陆和自动巡视，必须新研制带"腿"的着陆器和带轮的巡视器（玉兔号月球车）。一般卫星的新研产品和新技术只有 20%—30%，而嫦娥三号的这一比例高达 80%，且大多需要从零开始设计研制。总体优化设计，推进系统研制，着陆器的制导、导航与控制，着陆缓冲分系统研制，热控分系统研制，巡视器移动，巡视器自主导航控制与遥操作……新研的东西多，攻关十分困难，但把新东西集中起来更困难。研制团队不怕苦、不畏难，集智攻关突破一个又一个问题关口。

更大的难题还在后面。首任探月工程总设计师孙家栋说："嫦娥三号成功没成功，就是看'嫦娥'能不能'落下去'，'玉兔'能不能在月面'走起来'进行巡视勘察。"要克服的困难就是胜利的契机。月球上没有空气，需要用变推力发动机逐步减速；月球上的重力只相当于地球的六分之一，表面覆盖着一层松软且崎岖不平的月壤，给安全着陆带来很大困难；着陆器撞击月面将形成巨大冲击力，不仅可能造成探测器翻倒，而且会激扬起月尘，对

---

① 《习近平在会见探月工程嫦娥四号任务参研参试人员代表时强调　为实现我国探月工程目标乘胜前进　为推动世界航天事业发展继续努力》，《人民日报》2019 年 2 月 21 日。

着陆器带来一定危害并影响任务成败。为求万无一失，嫦娥团队建立了月表地形地貌、月尘等多个模拟试验环境，特别设计了模拟地球六分之一重力状态下的各种试验，模拟软着陆冲击、光照环境、月尘环境、舱外设备月夜储存环境等，通过对薄弱环节的不断改进，逐步提高嫦娥三号的性能。研制期间，团队奔赴全国各地的测控点模拟实战演练，每次任务都是手抬肩扛，带着 20 多个沉重的设备箱，战酷暑、斗严寒、御沙暴，历时两个月，转战四万里，八地对接忙。

嫦娥三号探测器上安装了多台发动机，其中最重要的是 7500 牛变推力发动机。一般卫星的发动机最大推力只有 490 牛，神舟系列载人飞船发动机的推力也只有 2500 牛。为嫦娥三号造 7500 牛发动机，是世界公认的研制难题，不仅要实现推力的大幅增加，还要突破大范围变推力、高精度控制、高性能长寿命等关键技术，唯有如此才能为探测器中途修正、近月制动、落月软着陆等提供安全保障。这个发动机没有备份，必须成功。为了确保这个发动机在轨工作的 1200 秒不出问题，研制人员进行了 100 多次相关试验，点火试验累计达到 6 万多秒。

嫦娥三号的首选月球着陆点为虹湾地区。该地区地势相对平缓，最适合飞行器着陆。此前，嫦娥二号在探月过程中对虹湾地区的图像进行了重点拍摄。与其他国家探测器或"盲降"或靠宇航员肉眼识别障碍不同，嫦娥三号的软着陆过程设有悬停和避障阶段，探测器可对着陆区地形地貌进行精确勘察以及对月测速、测距，在悬停时清晰识别并判断出月面斜坡、石块、坑凹等危险地形，并视情况进行再修正，实现自主避障，确保着陆的安全性和可靠性。

嫦娥三号的巡视器被命名为"玉兔"，这也是世界上第三辆无人月球探测车，完全中国制造。它重约 140 千克，呈长方形盒状，周身金光闪闪，具有小型化、低耗能、高集成等特点。到了没有风的月球表面，面对带静电的月尘和几百摄氏度的昼夜温差，这辆"小而精"的玉兔号不光要"走起来"，能爬坡、能越障，而且要克服月球表面的极端环境。玉兔号上背负的测月雷达，以人类首次观测月球构成为科学目标，与着陆器上的月基光学望远镜一起，成为中国人探月梦想中的"巡天使者"。

在发射前，有记者问嫦娥三号探测器系统首席科学家叶培建对此次任务是否有信心？他坚定地回答："我们靠党心、良心、责任心干出来的探测器，请祖国和人民放心！"

2013年12月2日，嫦娥三号探测器发射升空；4天后，实施近月制动，顺利进入环月轨道。12月14日，嫦娥三号在月球虹湾预选着陆区域成功着陆，登上了传说中的"广寒宫"。次日，嫦娥三号进行着陆器、巡视器两器分离、互拍成像。玉兔号月球车在月球虹湾地区轧下了"中国探月"的第一道车辙。23时许，带有五星红旗图案的巡视器和着陆器照片从寂寥荒凉的月球传回地球。习近平在北京航天飞行控制中心观看互拍成像。党中央、国务院、中央军委就嫦娥三号任务圆满成功致贺电。

2014年1月6日，习近平在人民大会堂会见嫦娥三号任务参研参试人员代表时指出，嫦娥三号任务圆满成功为我国航天事业发展树立了新的里程碑，在人类攀登科技高峰征程中刷新了中国高度。他鼓励航天队伍要再接再厉，向着探月工程总目标继续前进。①

在嫦娥三号任务中，我们把玉兔号月球车的足迹刻在了月球上，也把中华民族非凡的创造力刻在了人类文明发展的光辉史册上。从1958年到2013年嫦娥三号任务实施前的55年间，人类共进行了129次月球探测活动，成功或基本成功的有66次，成功率仅为51%；之前最近一次人类探测器软着陆月球已是近40年前。美、苏经过20多次试验才实现月面软着陆，中国只用3次就实现了这一目标。这一成就在国际社会引起广泛关注，世界为之瞩目。

嫦娥三号任务是落实创新驱动发展战略，坚持自力更生、自主创新的重要成就，是货真价实、名副其实的中国创造，让五星红旗闪耀月球。以嫦

---

① 参见《习近平在会见嫦娥三号任务参研参试人员代表时强调　坚持走中国特色自主创新道路　不断在攻坚克难中追求卓越》，《人民日报》2014年1月7日。

娥三号任务圆满成功为标志，我国全面实现探月工程第二步战略目标，成为世界上第三个成功实现航天器地外天体软着陆的国家。同时，玉兔号月球车在月工作时长达 972 天，远远超过 3 个月的设计寿命，在月工作期间取得了一大批重要科学发现与原创科学成果。月球车携带的近紫外月基天文望远镜、极紫外相机和测月雷达等，也都是世界探月史上的新突破。中国航天在探月之路上用成功兑现了庄严的承诺，推动中华民族跻身世界深空探测先进行列。

人类首次，嫦娥四号登陆月背

在嫦娥四号任务以前，实现探测器在月球背面软着陆，一直被全世界视作"不可能完成的任务"。"越是难走的路，越想走一走。"这是嫦娥团队常说的一句话。嫦娥三号任务成功后，作为备份，嫦娥四号探测器要到哪里去？中国空间技术研究院深空探测和空间科学首席专家、嫦娥四号总设计师兼总指挥顾问叶培建主张"去月球背面，迈出人类尚未迈出的那一步"。这一建议最终得到采纳，成为嫦娥四号任务的主要目标。

2016 年 1 月，嫦娥四号任务立项，作为探月工程四期的首次任务，包括鹊桥号中继星和嫦娥四号探测器两次发射。航天队伍踏上了奔向月球背面、开创人类首次的征途。

登陆月背，难点在于月球始终是正面朝向地球，背面无法与地球建立通信联系。面对这一难题，嫦娥团队决定先在绕地月间拉格朗日 L2 点的 Halo 轨道上，设置一颗中继通信卫星，取名"鹊桥"。拉格朗日 L2 点是对月球背面探测器进行中继通信的理想位置。在这里，地球、月球对卫星的引力与卫星沿轨道运动产生的离心力刚好达到平衡，中继星只需消耗很少的推进剂就能实现长期稳定运行，相当于把一个地面站搬到了遥远的宇宙之中。

让航天器运行在 Halo 轨道上对技术的要求非常苛刻。为了实现高稳定、高精度的轨道姿态与角度控制，研制人员把提升航天器自主控制的智能化水平、精准化程度放在首位，在星上装备大量原始创新、系统集成创新的新技术，使其具备在 1000 米／秒高速在轨飞行中，速度控制精度误差不大于 0.02 米／秒的超强本领。其中，伞状抛物面天线是人类深空探测任务史上最大口径的通信天线，采用整星零动量控制方式，能够实现着陆器、巡视器与地球的测控与数据传输。

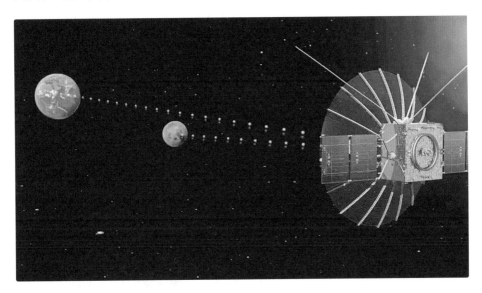

鹊桥号中继星在月背与地球之间架起"鹊桥"

2018 年 5 月 21 日，鹊桥号中继星成功发射。6 月 4 日，卫星进入 Halo 轨道。7 月 19 日，卫星已完全具备了中继通信能力，搭建起了地球与月背通信的第一座桥梁。中国人用自己的智慧解决了月背通信这个世界性难题。中继星上安装有我国科学家研制的激光角反射镜，开展了当时最远距离的激光测距试验。

与嫦娥三号相比，嫦娥四号探测器同样由着陆器和巡视器组成，但因科学目标不同，装载的科学载荷有明显变化，这使研制难度随之增加。那段时间，嫦娥团队总在加班加点。嫦娥四号探测器系统项目执行总监张熇说："那种压力下，大家睡不着觉，基本不会想别的事情。这一段时间就想这一件事。"嫦娥四号探测器总设计师孙泽洲说："我们可能付出了 100% 的努力，获得了 99% 的成功。但我们为了剩下的 1%，可能还要付出 200% 的努力。"

月球背面布满沟壑、峡谷和火山口，很难找到一块软着陆的理想地点。这也要求嫦娥四号具备很高的自主导航和避障功能，以及更加准确的着陆精度，能够自主寻找地势相对平坦的地区进行着陆。嫦娥团队综合分析月球背面的地形、光照、测控等情况，选择出主、备两个着陆区，并突破多项关键技术，自主研制出更先进的着陆缓冲机构，编制 20 多万行的着陆软件，开展上万次仿真验证，为软着陆奠定了坚实基础。围绕嫦娥四号巡视器（玉兔二号月球车），对有效载荷配置、运动安全、能源供给、科学探测和测控通信等均做了特殊设计，能够更好适应月背环境下的工作要求。

2018 年 9 月 10 日凌晨，嫦娥四号试验队踏上前往发射场的征途。在发射场连续奋战的 92 天里，试验队员每天下班前都要周密策划第二天的工作，并且认真总结当天的工作，一丝不苟、全力以赴推进任务，确保了嫦娥四号在发射场零质量问题，不留一丝隐患上天。

2018 年 12 月 8 日，嫦娥四号探测器发射升空，人类航天器首次开启月背"登陆"之旅。在飞控大厅里，写有"精确变轨、畅通中继、安全着陆、可靠分离、稳健巡视、有效探测、长期生存"的横幅张贴在显眼的位置。全体队员鼓足劲头、精心操作，进行了一个多月的飞控鏖战。

2019 年 1 月 3 日，嫦娥四号在月球背面南极—艾特肯盆地内的冯·卡门撞击坑内成功着陆，并通过鹊桥号中继星传回了世界上第一张近距离拍摄的月背影像图，古老月背的神秘面纱就此揭开。随后，着陆器与巡视器顺利分离，玉兔二号月球车驶上月球背面，留下第一道痕迹。着陆器上的监视相机拍下这一画面，再次通过鹊桥号中继星顺利传回地球。得知喜讯，孙家栋高兴地说："这一刻，我们都是幸福的追梦人！"

嫦娥四号任务实现了人类探测器首次月背软着陆、首次月背与地球的中继通信，开启了人类月球探测新篇章。这不仅是中国人的成功，也是全人类的成功。美国有线电视新闻网评价这是"人类太空探索史上的里程碑"。法国《费加罗报》发文称："新的一年，以中国史无前例的壮举开始。"

2019 年 1 月 11 日，嫦娥四号着陆器与巡视器顺利完成互拍。五星红旗在月球正面和背面同时闪耀。党中央、国务院、中央军委就嫦娥四号任务圆满成功发来贺电，指出这是我国由航天大国向航天强国迈进的重要标志之一，是新时代中国人民攀登世界科技高峰的新标杆新高度，是中华民族为人类探索宇宙奥秘作出的又一卓越贡献。[①]

2 月 20 日，习近平在人民大会堂会见探月工程嫦娥四号任务参研参试人员代表，指出这次任务坚持自主创新、协同创新、开放创新，实现了多项创新，填补系列国际国内空白，充分体现了自主创新要敢下先手棋、善打主动仗的精神。嫦娥四号任务广泛调动了各方面数以万计的科研工作者的集体智慧，被习近平评价为"探索建立新型举国体制的又一生动实践"。[②] 嫦娥四号探测器总设计师孙泽洲感慨地说："对于嫦娥四号这么一个复杂的系统工程，全国的大协作为任务成功及自主创新的突破，提供了最强有力的保证和最重要的支撑。"

嫦娥四号任务获得大量科学探测数据，取得一系列原创性成果。其中，人类首次测得月背最低温度为零下 190℃，改写了此前国际普遍采用的零下 180℃的遥感推测数据。

2019 年新中国成立 70 周年之际，嫦娥团队被授予"最美奋斗者"称号。2021 年 11 月，嫦娥四号工程荣获 2020 年度国家科技进步特等奖。

习近平强调，伟大事业都始于梦想、基于创新、成于实干。[③] 嫦娥团队和整个航天队伍以此为奋斗要诀，勇于创新、拼搏实干，为推动航天事业发展继续奋斗。中国人在探月征途上越走越远，向着更高的目标奋力前进。

[①] 参见《中共中央国务院中央军委对探月工程嫦娥四号任务圆满成功的贺电》，《人民日报》2019 年 1 月 12 日。

[②] 参见《习近平在会见探月工程嫦娥四号任务参研参试人员代表时强调　为实现我国探月工程目标乘胜前进　为推动世界航天事业发展继续努力》，《人民日报》2019 年 2 月 21 日。

[③] 参见《习近平在会见探月工程嫦娥四号任务参研参试人员代表时强调　为实现我国探月工程目标乘胜前进　为推动世界航天事业发展继续努力》，《人民日报》2019 年 2 月 21 日。

荣耀归来，嫦娥五号带回月壤

探月工程第三步"回"极其复杂、风险极大。为此，工程总体经过谨慎、缜密的分析和判断，决定将"绕、落、回"的第三步分两个阶段实施。2014年11月，探月工程三期再入返回飞行试验器飞抵月球附近后自动返回，我国取得再入返回飞行试验的圆满成功，突破和掌握了航天器高速再入返回地球关键技术，为嫦娥五号的发射与返回奠定了基础。

嫦娥五号任务是我国探月工程"三步走"的收官之作，工程极其庞大复杂，技术跨度难度非常大，将首次实现我国地外天体采样返回、月面起飞、月球轨道交会对接与样品转移、携带样品高速再入返回地球等一系列壮举。为此，嫦娥团队经过科学论证，设计研制了技术跨度更大、结构更为复杂的嫦娥五号探测器。它由轨道器、着陆器、上升器、返回器4个器15个分系统组成，着陆器和上升器"抱"在一起组合成"着上组合体"，轨道器和返回器组合成"轨返组合体"，它们全部"串"在一起则组成完整的探测器。嫦娥五号发射重量达8.2吨，超过嫦娥三号和嫦娥四号之和，堪称人类研制的最重的无人探测器之一，也是我国研制的最为复杂的航天器系统之一。

叶培建说："嫦娥五号的主要目标是拿到东西。"但如果只是为了完成无人采样任务，可以把探测器设计得比较简单；考虑到后续载人登月和深空探测需要，嫦娥团队选择了一条属于勇敢者的探索之路。嫦娥五号探测器总设计师兼总指挥杨孟飞说："我们要对得起国家的重托，要站在人类航天文明的基础上来开展工作，要体现技术在未来一段时间的先进性。"没有前例可循，他就带着大家一点一点预想攻关，不断提出完善方案，解决任何可能存在的瑕疵。"技术要吃透、产品要见底、过程要受控"是杨孟飞常挂在嘴边的一句话，并且说到做到。参与嫦娥五号任务的同志们都知道，杨总最喜欢问"为什么"；如果谁能够经得住"七个为什么"的"灵魂"盘问，那就过关了。实际上，即便是一些探月"老将"，最多也只能接住四到五个。靠着那么一股韧劲和"见底"精神，嫦娥五号研制团队联合全国上千家合作单位，集合上万名科技人员的力量，终于突破了11大项几千个关键技术环节，完成了

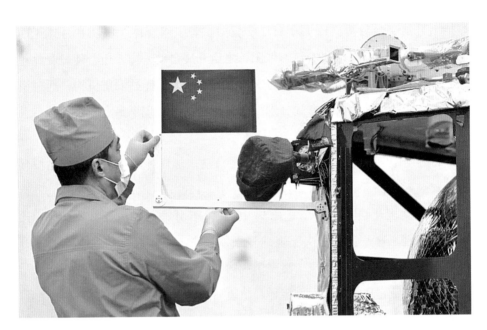

对嫦娥五号探测器上的国旗展示系统进行调试

探测器研制。

　　嫦娥五号探测器原计划在 2017 年下半年由长征五号遥三火箭发射升空，但因 2017 年 7 月 2 日长征五号遥二火箭发射失利，嫦娥五号发射任务相应推迟，直至 2020 年 11 月才由长征五号遥五火箭发射升空。3 年的推迟期间里，大家围绕探测器如何保存、如何测试做了大量工作，以确保产品质量不下降、可靠性有保证。战线从 7 年拉长为 10 年，整支队伍虽经受了巨大的考验，但心头始终绷着一根质量弦不曾松懈过。型号出厂前一般要经历 1000 小时的集成测试，嫦娥五号探测器的集成测试则长达 4000 小时左右，测试强度和力度可见一斑；模拟飞行测试也进行了十几次，力求对探测器的性能和任务剖面有全方位的把握。

　　2020 年 11 月 24 日，嫦娥五号探测器发射升空，开启了为期 23 天的月球往返之旅。经过两次轨道修正后，探测器于 11 月 28 日成功进入环月轨道，29 日进入近圆形环月轨道飞行。两天后，"着上组合体"与"轨返组合体"分离，"轨返组合体"继续在平均高度约 200 公里的环月轨道上飞行，等待上升器交会对接。12 月 1 日 23 时许，"着上组合体"成功在月球正面预选着陆区着陆，并传回着陆影像图，之后开展自动采样。组合体经受住超过 100℃的月面高温考验，依托全新研制的地外天体样品采集机构，通过机械臂表取和钻具钻取两种方式分别采集月球样品，实现了多点、多样化自动采样。

经过约 19 小时月面工作，月球表面自动采样任务顺利完成，样品按预定形式被封装保存在上升器的贮存装置中。12 月 3 日 23 时 10 分，上升器 3000 牛发动机开始工作，点亮了"广寒宫"，6 分钟后成功将上升器送入预定环月轨道。这是我国首次实现地外天体起飞。点火起飞前，着陆器上升器组合体实现月面国旗展开，实现了我国在月球表面首次国旗"独立展示"。点火起飞后，上升器在进入预定环月轨道后成功与"轨返组合体"交会对接，将样品容器安全转移至返回器中。12 月 13 日，"轨返组合体"成功进入月地转移轨道。

嫦娥五号的一举一动，牵动着全国人民的心。一位北京市东城区前门小学的小朋友在给嫦娥五号的信中写道：我和我的小伙伴们一直关注着你。12 月 1 日你成功在月球正面预选区着陆，我们还在班级里集体为你鼓掌呢！你是亿万中华儿女共同的骄傲！全国人民都在等你安全回家！加油！加油！

十年精心巧梳妆，蟾宫往返五姑娘。12 月 17 日凌晨，嫦娥五号返回器携带月球样品成功着陆地面，完成我国首次月球采样返回，时隔 44 年再次为人类带回月球样品。样品重 1731 克，创造了单次无人采样量最多的世界纪录。习近平代表党中央、国务院、中央军委第一时间发来贺电，指出这是发挥新型举国体制优势攻坚克难取得的又一重大成就，标志着中国航天向前迈出的一大步，将为深化人类对月球成因和太阳系演化历史的科学认知作出贡献。[1]谈到这次成功，叶培建说，我们中国人是第三个从月球带回月壤的，

---

① 参见《嫦娥五号返回器携带月球样品安全着陆 中国探月工程"绕、落、回"三步走规划如期完成 习近平致电代表党中央、国务院和中央军委祝贺探月工程嫦娥五号任务取得圆满成功》，《人民日报》2020 年 12 月 17 日。

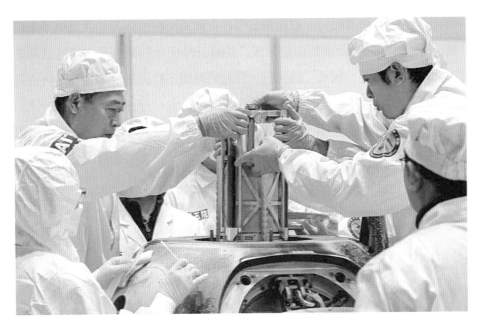

嫦娥五号任务月球样品取出现场

虽然是别人走过的路，但我们有创新、有赶超。虽然是从零起步，但也走出了我们自己的创新实践。

之后，月壤研究全面展开，并在北京、香港等多地向公众展示，引发参观热潮。科学家获得了月球样品 20 亿年的定年结果，比此前国际预示的最年轻月球样品又年轻了约 10 亿年，深化了对月球成因和演化历史等的科学认知。

2021 年 2 月 22 日，习近平在北京人民大会堂会见探月工程嫦娥五号任务参研参试人员代表并参观月球样品和探月工程成果展览，充分肯定探月工程特别是嫦娥五号任务取得的成就。他强调，探索浩瀚宇宙是人类的共同梦想，要推动实施好探月工程四期，一步一个脚印开启星际探测新征程。①

---

① 参见《习近平在会见探月工程嫦娥五号任务参研参试人员代表并参观月球样品和探月工程成果展览时强调　勇攀科技高峰　服务国家发展大局　为人类和平利用太空作出新的更大贡献》，《人民日报》2021 年 2 月 23 日。

揽月而归，踏梦而行。以嫦娥五号任务圆满成功为标志，我国探月工程"绕、落、回"三步走规划如期完成。嫦娥五号任务既是收官之作，更是奠基之作。在返回器"凯旋"的同时，经过精确的飞控操作，嫦娥五号轨道器成功被日地 L1 点①捕获，成为我国首颗进入日地 L1 点探测轨道的航天器。约半年后，轨道器先后变轨，在椭圆高地球轨道、绕太阳运行的公转轨道和环月大幅值逆行轨道等运行，为后续深空探测任务尤其是载人登月等"探路"。展望未来，中国人独立自主完成载人登月、建立月球科研站，乃至走向更为深远的太空，都将从梦想变成现实。

探索火星，天问一号一次成功

火星是离太阳第四近的行星，与地球邻近且环境最为相似，是人类走出地月系、开展深空探测的首选目标，吸引着许多国家的参与。但火星探测十分不易，从 20 世纪 60 年代到 2019 年的 44 次探火任务中，成功率只有 50% 左右，成功着陆的也只有 8 次。

太空探索永无止境，中国人一定要走得更远。以习近平同志为核心的党中央决策实施我国首个行星探测工程。以火星为目的地，天问一号任务于 2014 年启动研制、2016 年获批立项。"天问"系列也是我国行星探测任务的名字，从此次任务起依次编号。

天问一号任务虽然起步晚，但起点高、跨越大。从立项伊始，天问团队就瞄准世界先进水平确定任务目标，明确提出在国际上首次通过一次发射，实现对火星"环绕、着陆、巡视"三大目标，开展火星全球性和综合性探测，并对火星表面重点地区精细巡视勘察。谈到这个"国际首次"，天问一号总设计师、总指挥顾问叶培建说："这在工程实现上是很大的创新，中国现在

---

① 日地 L1 点位于太阳与地球的连线之间，距离地球约 150 万公里。这是地球与太阳之间的引力"动平衡点"，意味着在这个位置上受到来自各方的引力大小基本相同。航天器位于该位置时，更容易保持相对稳定的运行状态，在节省燃料的同时，既不会被地球或者月球遮挡，还可以不间断地观测太阳或地球向阳面，是放置太阳观测站的最佳位置。

就是要做别人没有做的事情。"

更高的目标意味着更大的挑战。天问一号探测器总设计师孙泽洲说："这在世界上从来没有哪个国家一次同时实现，任务难度非常大。"大约每隔 26 个月，地球与火星会运行至最近的位置，此时发射探测器将节省大量燃料，2020 年即是火星探测活动的"窗口期"。中国要抓住这个窗口，就必须在 4 年多时间里完成探测器的研制和发射。

面对遥远而未知的星球和最远达 4 亿公里的深空旅程，我国的火星探测器在"赴火"途中不可避免地要经受新环境的考验。探测器必须具备非常高的自主能力，必须在轨道、气动、防热、大帆面降落伞、测控通信、火星车能源、热控、火星表面移动等各方面进行一系列设计，提高电子产品的工艺、环境适应性等，实现新的技术突破和技术跨越。

立项即冲刺。2016 年初探火任务正式获批后，多重困难叠加并没有吓退天问团队，反而促使他们一路马不停蹄、争分夺秒地推进各项任务，向着各种技术难关发起冲锋：方案与初样、初样与正样工作全面交叉、并行，主线任务一刻不停、提前衔接，进度和技术风险高度耦合，全线全程超长工作……研制团队仅用半年时间，就推动探测器转入初样研制；到 2016 年底，全部关键技术攻关和详细设计已经完成。

天问一号包括环绕器和着陆巡视器两大部分。为了确保成功，研制团队开展了大量的试验验证，除了常规的力、热等试验外，还有气动外形，防热烧蚀，悬停避障，缓速下降及着陆，火星车内场、外场等系统，其他分系统及单机级等专项试验。他们曾远赴新疆戈壁、内蒙古草原进行大量外场试验，建造火星环境模拟试验设施，进行多项关键技术攻关。他们甚至还新研制了一枚火箭弹，把伞装到模型上去，通过火箭弹把它打到要求的高度，再用程控来控制这个伞和模型进行开伞，模拟在火星上开伞的过程……

2020 年 7 月 23 日，天问一号探测器在海南文昌发射场由长征五号火箭发射升空，满载着对科学真理的不懈求索，开始进行近 300 天的飞行、4 亿公里的奔赴。这一年踏上火星探测之旅的，还有美国的"毅力号"火星车和阿联酋的"希望号"火星探测器。三方同台竞技，给天问团队带来了不一样的压力；面对国家需要，面对艰巨使命，他们化压力为动力，精益求精、沉着冷静地做好每一项操作。

2021年2月24日，天问一号探测器成功实施第三次近火制动，进入近火点280千米、远火点5.9万千米、周期2个火星日的火星停泊轨道。探测器在停泊轨道上运行近3个月，环绕器7台载荷全部开机，开始科学探测，并为择机着陆火星做好准备。

3月，中美高层阿拉斯加会谈吸引了全球的目光。当时，美方摆出居高临下的姿态，要"以实力的地位同中国说话"，证据之一是他们去过火星。中方代表对此作了严正应对。看了新闻后，叶培建非常激动地说："同志们，你们听了这段话什么感想？我们这次能不能够落火，已经不是个科学问题了，变成我们的国家荣誉问题。如果我们也能去火星，也能落下去、走起来，美国人没有资格居高临下跟我们说话。"这让执行飞控任务的试验队员

天问一号着陆器悬停避障试验

们很受触动。

5月15日，天问一号在火星停泊轨道上进入着陆窗口，随后开始降轨进入火星大气。由于地球与火星相距遥远，信号传输需要十几甚至几十分钟，时延很长。但着陆过程只有9分钟，不够信号传输一个来回，人工无法干预，只能依靠探测器自主完成。"大考"来临，机会只有一次！在飞控大厅里，人们屏息等待，气氛高度凝重。经过减速、悬停避障和缓冲，天问一号着陆巡视器在火星乌托邦平原南部预选着陆区软着陆了！落火成功！叶培建等在场的老专家眼眶湿润了，在场的同志们一边热烈地鼓掌，一边难以自抑地流泪，天问一号探测器总设计师孙泽洲和总指挥赫荣伟激动地紧紧拥抱在一起……

习近平代表党中央、国务院、中央军委第一时间发来贺电，高度肯定这一成就"迈出了我国星际探测征程的重要一步，实现了从地月系到行星际的跨越，在火星上首次留下中国人的印记"，称赞航天队伍"勇于挑战、追求卓越，使我国在行星探测领域进入世界先进行列"。[①] 一时间，天问落火的消息迅速受到舆论广泛关注，登上热搜，吸引数以亿计的浏览和互动，得到了来自全国人民的高度肯定。国外媒体和国际社会也对此反响强烈。《自然》杂志在报道中称，中国人一次就完成了美国国家航空航天局花了几十年才完成的任务。俄罗斯航天局通过其官网对此进行祝贺，表示这是中国空间探索计划的一个巨大成功。

按照习近平要求，航天队伍再接再厉，精心组织实施火星巡视科学探测，不断实现新的突破。5月22日，在地面人员的精心操作下，祝融号火星车驶下着陆平台。火星车采用仿生"蝴蝶"式独特外观设计，外观显著位置安装国旗，踏足火星后在车辙中留下"中"字印记。6月11日，天问一号探测器着陆火星首批科学影像图公布。中国首次火星探测任务高起点、高

---

① 参见《我国首次火星探测任务天问一号探测器成功着陆火星 习近平代表党中央、国务院和中央军委致电祝贺》，《人民日报》2021年5月16日。

质量地取得圆满成功，使我国成为世界上第一个首次通过一次任务实现火星环绕和着陆巡视探测的国家，第二个实现火星车安全着陆和巡视探测的国家。

之后，祝融号火星车按照"七日一周期、一日一规划、每日有探测"的高效探测模式运行，向着陆点南侧不断前进，并不断回传探测数据。到2021年8月15日，祝融号火星车在火星表面运行90个火星日（约92个地球日），圆满完成既定巡视探测任务，各项状态良好，开始超期服役。11月8日，天问一号环绕器成功进入遥感使命轨道，对火星开展全球遥感探测。天问一号火星探测任务取得相当可观的探测数据，对深化人类探索宇宙奥秘、走向遥远深空具有重大意义。

从"嫦娥"到"天问"，我国在深空探测领域连续成功，创造了人类航天史上的中国奇迹。这其中凝结的是几代航天人的智慧和心血，依靠的是我们国家的综合实力，汇聚的是中国人民的整体力量，彰显了新型举国体制的巨大优势。香港地区的科学家积极参与其中，为探月探火作出了"紫荆花"的贡献。我国还积极利用深空探测开展国际合作，如在嫦娥四号探测器上首次搭载德国、荷兰、沙特等多个国家的科学载荷，就火星探测与欧空局、阿根廷、法国、奥地利等开展合作等，建立了国际合作的有效机制，为人类和平利用太空作出了新的中国贡献。

静谧的深空、璀璨的星辰，等待着中国人继续探索。习近平强调，要坚持科技自立自强，精心推进行星探测等航天重大工程，加快建设航天强国。[①] 后续，我国将继续实施月球探测工程、行星探测工程，通过加强国际合作开展国际月球科研站建设。中国航天人决心继续追逐梦想、勇于探索、协同攻坚、合作共赢，让未来住进宇宙的深处，把荣光写满浩渺的太空！

[①] 参见《我国首次火星探测任务天问一号探测器成功着陆火星 习近平代表党中央、国务院和中央军委致电祝贺》，《人民日报》2021年5月16日。

第四节 持续完善国家空间基础设施

空间基础设施是我国加快航天强国建设必需的战略性、全局性和标志性的重大工程设施，对国防建设和经济社会发展、国计民生都有重要的牵引性、支撑性作用。进入新时代以来，以习近平同志为核心的党中央高度重视、大力推进国家空间基础设施建设。2015 年 10 月，《国家民用空间基础设施中长期发展规划（2015—2025 年)》印发。2021 年 3 月通过的"十四五"规划和 2035 年远景目标纲要，强调"打造全球覆盖、高效运行的通信、导航、遥感空间基础设施体系"。十年间，中国航天在通信、导航、遥感等应用卫星领域实现巨大跨越，取得北斗导航全球组网、通信卫星奔向一流、遥感卫星感知天下等重大成就，推动国家空间基础设施体系持续完善。同时，我国持续深入开展空间科学探索，取得了丰硕成果。

让北斗系统覆盖全球

北斗系统造福中国人民，也造福世界各国人民。习近平高度重视、高度评价北斗系统建设与卫星导航发展成就，作出一系列重要论述，激励着北斗团队以"中国的北斗、世界的北斗、一流的北斗"为奋斗目标，勇攀科技高峰。2020 年，北斗三号全球卫星导航系统建成开通，实现部组件和关键元器件的百分之百国产化。中国航天向着实现高水平科技自立自强目标迈出了一大步。

2012 年 11 月党的十八大召开时，第 16 颗北斗二号导航卫星刚发射成功不久，这是北斗区域导航系统的收官之战。12 月 28 日，北斗二号系统正式向亚太地区提供区域服务。由此，我国卫星导航发展"三步走"的第二步取得了全面胜利。当天，党中央、国务院、中央军委发出贺电，指出要推动中国卫星导航事业再上新台阶。[①] 之后，我国还发射了 4 颗北斗二号备份卫

---

① 参见《中共中央国务院中央军委对北斗二号卫星导航系统开通服务的贺电》，《人民日报》2012 年 12 月 29 日。

星，全力维护区域导航系统的连续稳定运行，从未发生一次服务中断，为北斗二号向北斗三号过渡发挥了重大作用。2017 年 1 月，北斗二号卫星工程荣获国家科技进步特等奖。

北斗三号全球卫星导航系统于 2009 年立项。进入新时代，各项论证攻关与研制工作加紧推进。从党的十八大到党的十九大这 5 年，北斗团队坚持创新驱动发展，在团结协作中追求卓越，脚踏实地推进卫星研制、试验各项工作，攻克一系列难关，取得一大批具有自主知识产权的卫星导航系统关键技术成果。

根据我国实际情况，北斗团队开创性地提出了混合型新体制星间链路方案，向着这一核心技术发起冲锋，并在提高信号稳定性、提升原子钟精度等多个方面进行了大量系统优化工作，让北斗卫星在太空中可以"手拉手"。这样，地面人员可以只依靠境内的地面站，就能实现对所有卫星的管理，不用到国外建地面站也能实现全球覆盖，并解决了星间高精度测量的难题。这大大提升了我国全球卫星导航系统的自主可控能力，使我国建设全球卫星导航系统由"梦想在望"变为"成功在握"。

在北斗三号前期论证中，北斗团队就明确提出元器件和器部件国产化自主可控的目标，科学制定实施方案，全力以赴抓落实。北斗卫星导航系统工程副总设计师、北斗三号卫星首席总设计师谢军说："关键产品、关键技术，如果不掌握在自己手里，将像沙漠里头的高楼大厦，没有基础是不牢靠的。"为此，他们开展了全国大协作，万众一心刻苦钻研。北斗卫星两总带队每年花几个月时间跑遍全国，开展跟产验收，力争做到"核心在手"。通过艰苦努力，之前长期依靠进口的关键产品主、备份全部实现国产化，摆脱了"卡脖子"的局面。为了提高服务的精度，北斗三号卫星在采用铷原子钟的同时，还配置了稳定性和漂移率等指标更优的新研国产氢原子钟，进一步带动了卫星性能和用户体验的提升。这一关键技术在 2015 年首次得到在轨应用验证，对实现北斗导航定位"分秒不差"发挥了重要作用。北斗人骄傲地说："北斗导航卫星所用的关键元器件受制于人的日子成为了历史！"

北斗三号研制团队组字合影

推进国产化，必须有效应对质量、进度等风险；面对组批生产要求，必须具备快速研制、密集发射的能力。北斗团队始终在质量、进度等各种风险之间权衡、决策，为了保证国产部件的性能和质量可靠性，不惜花费一般卫星3倍多的时间，对国产部件反复进行验证、测试、迭代，即便是在最艰难的时候，也未动摇过国产化的决心。与此同时，他们借鉴"生产线"管理模式，持续推进流程优化与研制模式转变，探索出了一条符合我国实际的科学组织航天器组批研制生产的新模式。

2017年10月党的十九大召开时，北斗三号第1颗、第2颗卫星试验队正肩负着开启全球组网大幕的艰巨使命，奋战在大凉山深处的西昌卫星发射中心。11月5日，北斗三号首批组网星以"一箭双星"方式发射成功。北斗导航进入全球组网新时代。

习近平密切关注北斗卫星全球组网进展，提出殷切嘱托，为推进北斗工程任务注入了强大动力，指明了前进方向。2018年2月10日，他在西昌卫星发射中心视察时，专门了解第 5 颗、第 6 颗北斗三号卫星发射任务准备情况，叮嘱大家保持精益求精的工作作风，确保万无一失。① 两天后，"一箭双星"发射成功，航天人用胜利回应了嘱托，向祖国和人民拜年。2018 年 11 月，习近平指出："今年底，北斗系统将面向'一带一路'国家和地区开通服务，2020 年服务范围覆盖全球"②。在 2019 年新年贺词中，习近平指出"北斗导航向全球组网迈出坚实一步"。③2020 年新年前夕，习近平再次在新年贺词中提到北斗，展望"北斗导航全球组网进入冲刺期"。④

有一个梦想叫全球组网，有一支铁军叫北斗团队。从 2017 年 11 月 5 日首次发射起，北斗团队大干苦干 1000 天，用 18 次发射将 30 颗北斗三号卫星送入太空。两次发射的间隔，最短只有十几天。谈起当时的状态，谢军形容道："我们是以跑百米的速度在跑马拉松。"面对空前的压力和挑战，型号两总注重以科学管理加强卫星地面试验验证，通过优化流程，大幅提高工作效率，使前方发射场的卫星试验人员数量减少近一半，全流程时间缩短近三分之一。北斗团队牢记嘱托，凭着对国家、人民和事业高度负责的态度去坚守、去奋斗，于 2019 年 9 月获得"最美奋斗者"的殊荣。进入 2020 年，新冠肺炎疫情来袭，北斗团队顶住压力，连续作战。6 月 23 日，第 30 颗北斗三号组网卫星顺利入轨。在之后近一个月的在轨测试中，卫星测试结果全部合格，在轨运行良好，入网工作。北斗三号系统提前半年正式完成建设。

决胜千日之战，终迎"高光时刻"。2020 年 7 月 31 日，习近平出席北斗三号全球卫星导航系统建成暨开通仪式，亲自宣布："北斗三号全球卫星

① 参见《习近平春节前夕视察看望驻四川部队某基地官兵　向全体解放军指战员武警部队官兵民兵预备役人员致以新春祝福》，《人民日报》2018 年 2 月 13 日。

② 《习近平向联合国全球卫星导航系统国际委员会第十三届大会致贺信》，《人民日报》2018 年 11 月 6 日。

③ 《国家主席习近平发表二〇一九年新年贺词》，《人民日报》2019 年 1 月 1 日。

④ 《国家主席习近平发表二〇二〇年新年贺词》，《人民日报》2020 年 1 月 1 日。

导航系统正式开通！"① 我国成为第三个拥有全球卫星导航系统的国家。党中央、国务院、中央军委发出贺电，高度评价这"是我国攀登科技高峰、迈向航天强国的重要里程碑，是我国为全球公共服务基础设施建设作出的重大贡献，是中国特色社会主义进入新时代取得的重大标志性战略成果"。② 习近平在参观北斗系统建设发展成果展览时，详细询问自主创新、自主可控等重要成果，对北斗系统特别是北斗三号全球卫星导航系统建设取得的成就予以充分肯定。③

作为世界四大卫星导航系统④ 之一，中国的北斗系统国际首创混合星座设计，走出了自己独特的技术路径，为世界卫星导航事业发展提供了中国方案、贡献了中国智慧。北斗全新的导航信号体制，提高了全球卫星导航能力，实现和国外导航卫星系统兼容、互操作以及与北斗区域导航系统的平稳过渡。

北斗系统覆盖全球后，面向未来的系统建设也提上了日程。习近平指出，2035 年前，我国还将建设完善更加泛在、更加融合、更加智能的综合时空体系。⑤2022 年 11 月 4 日《新时代的中国北斗》白皮书发布。白皮书指出，面向未来，中国将建设技术更先进、功能更强大、服务更优质的北斗系统，提供高弹性、高智能、高精度、高安全的定位导航授时服务，更好惠及民生福祉、服务人类发展进步。⑥

---

① 《习近平出席建成暨开通仪式并宣布北斗三号全球卫星导航系统正式开通》，《人民日报》2020 年 8 月 1 日。

② 《中共中央国务院中央军委对北斗三号全球卫星导航系统建成开通的贺电》，《人民日报》2020 年 8 月 1 日。

③ 参见《习近平出席建成暨开通仪式并宣布北斗三号全球卫星导航系统正式开通》，《人民日报》2020 年 8 月 1 日。

④ 世界四大卫星导航系统分别为美国全球定位系统（GPS）、俄罗斯格洛纳斯系统（GLONASS）、欧洲伽利略系统（GALILEO）、中国北斗系统。

⑤ 参见《习近平向联合国全球卫星导航系统国际委员会第十三届大会致贺信》，《人民日报》2018 年 11 月 6 日。

⑥ 参见《国务院新闻办发布〈新时代的中国北斗〉白皮书》，《人民日报》2022 年 11 月 5 日。

面向未来，北斗团队已经向下一代北斗系统建设发展体系的论证发起新的冲锋，围绕解决更高空间的导航定位授时服务和自动驾驶等厘米级的导航需求等开展关键技术攻关。他们决心，一定要在 2035 年前建成综合时空体系，为我国基本实现社会主义现代化作出新的贡献。

推动通信卫星跻身国际先进行列

通信技术深刻改变人类文明面貌，通信卫星及卫星通信的发展为人类社会现代化插上了腾飞的翅膀。2012 年以来，中国航天深度参与激烈的国际通信卫星领域竞争，用好东方红四号卫星公用平台，研制发射了高通量通信卫星，发展了东方红四号增强型和东方红五号平台，大力推动通信广播卫星系统建设，建成了天通移动通信卫星系统和天链二号中继卫星系统。在逐梦太空的征途上，通信卫星更加先进，瞰神州、耀寰宇，服务国家战略，造福人类社会；平台型谱日益完善，奔一流、向复兴，勇攀领域之巅，展望强国梦圆。

通信卫星是中国航天国际化市场化的先锋，也是我国高端制造出口的一张名片，为中国特色大国外交作出了独特贡献。2012 年以来，我国先后向玻利维亚、老挝、白俄罗斯、阿尔及利亚等国家整星出口通信卫星，提供一揽子服务。每次发射成功后，习近平与用户国家的元首互致贺电，高度肯定合作成果，积极展望合作前景，给通信卫星研制团队带来了莫大的鼓舞，激励他们勇于担当、敢于超越，持续加快通信卫星技术和领域发展。

党的十八大召开时，东方红四号卫星公用平台日趋成熟。之后，基于该平台的中星 11 号、中星 9A、亚太 6C、中星 6C 等通信卫星相继发射，增强了我国卫星通信广播能力，保证了卫星广播电视业务连续稳定运行。

高通量通信卫星具有多点波束、频率复用、高波束增益等特点，可以提供比常规通信卫星高出数倍甚至数十倍的容量。针对这一技术热点，中国航天成功研制了我国首颗高通量通信卫星——中星 16 号，并于 2017 年 4 月将其送入太空，其最高通信总容量超过了之前我国所有研制的通信卫星容量的总和，让包括飞机上网等在内的"无处不在、无时不待"通信需求成为可能。

中国卫星通信也由此进入了"高通量"时代。

为了更好满足通信卫星领域发展需要，中国航天在东方红四号平台的基础上，推进开发技术更先进、承载能力更强、性能更优的东方红四号增强型平台。2020年起，亚太6D、中星9B、中星6D、中星19号等通信卫星相继成功发射。在"增强"平台的加持下，这些卫星的覆盖范围更广，覆盖区域能力和信号传输能力更加强大，能够支持更多4K乃至8K的节目传输，具备对大型活动或体育赛事进行高质量直播传输服务的能力，正在为国家和用户创造更大的价值。

面向世界一流，面向长远需求，中国航天从2008年起启动了东方红五号卫星公用平台的论证工作。2015年4月，东方红五号卫星公用平台获得国家国防科工局和财政部联合立项批复，标志着其研制工作正式进入工程实施阶段。为了抓住长征五号遥二运载火箭搭载发射的机会，研制团队决定用18个月、提前一年半以上搞出"东五"首发星。为此，他们中的大部分人每天几近深夜才下班回家，周末也在坚持工作，行军床睡坏了一张又一张……在这场跟时间赛跑的攻坚战中，他们付出了远超常规的努力，最终完成了这一几乎不可能完成的任务。遗憾的是，火箭发射失利，卫星没有得到验证。

付出了千辛万苦，却要面对如此巨大的挫折，研制团队眼里都是泪水、心中满是苦涩。但他们很快收拾好心情，决定再战，瞄准长征五号遥三运载火箭的发射机会，决心研制一颗技术水平更高的升级版卫星——实践二十号。仅用1个月时间，就完成了新卫星的方案论证。经过上级慎重研究决策，东方红五号团队再踏征程。"既然我们争取到了这次宝贵的机会，就要更加珍惜，实践二十号卫星不仅要成为目前世界上发射重量最重的通信卫星，还要成为目前中国技术含量最高的卫星。"总指挥周志成号召大家坚定信念、继续冲锋、勇于攀登。2019年12月27日，在长征五号火箭的熊熊热焰与巨大轰鸣声中，实践二十号成功发射，并在9天后顺利定点。卫星起飞重量达8吨，采用了更多的新技术、新产品、新手段，搭载了更多的试验载荷，实现了"世界最'重'"和"中国最'高'"的设想。到2020年4月，卫星核心试验全部完成。东方红五号平台得到在轨验证，能够满足未来20年大容量通信卫星的发展需求，刷新了中国航天新的高度。

移动通信卫星可以为移动用户之间提供通信服务，能够让"不在服务区"成为历史。2008年汶川地震发生后，研制我国首颗移动通信卫星被提上日程。为了攻克和掌握核心技术，中国航天组织精干力量开展了艰苦攻关，在国际上首次开展了整星级无线PIM①试验，验证了载荷系统PIM指标，满足卫星任务要求，使我国在这一技术上达到国际领先。2016年至2021年，天通一号01星、02星、03星相继发射升空，实现组网运行，具备为中国及周边、亚太部分地区手持终端用户提供语音、短消息和数据等移动通信服务能力，一举实现了覆盖区域天地不再失联的目标。

在中继卫星方面，我国利用东方红三号平台研制的天链一号卫星，于2012年完成三星发射组网，之后又发射了天链一号04星、05星，推动系统完善并提供稳定服务。天链二号卫星采用东方红四号平台，载重更大、技术更强、性能更优，于2019年3月迎来首次发射，至2022年7月实现三星组网。我国迎来第二代数据中继卫星系统，实现天基测控与数据中继能力的大大提升。两代数据中继卫星系统同时在轨服务，为我国载人航天工程的推进，尤其是空间站建造与运营提供了强有力的支撑，同时也能更好地服务于中、低轨道遥感、测绘、气象等卫星，并为航天器发射提供测控支持。

交出遥感卫星"高分"答卷

从20世纪70年代发射返回式遥感卫星起，我国在航天遥感领域取得长足进步，研制并成功发射了风云、资源、海洋、环境减灾等一系列重要遥感卫星，在国民经济和社会发展各方面发挥重大作用。进入新时代以来，遥感卫星团队向着更高的目标奋力攀登，推动我国在遥感卫星领域实现巨大跨

---

① PIM为英文Passive Inter Modulation的缩写，即无源互调。无源互调是无线系统中的一种信号干扰。

越，在完成高分重大专项的同时，见证科技发展，记录中国速度，守望美好生活，描绘绿水青山，凝望多彩地球，造福广袤世界。

风云气象卫星方面。风云二号 G 星、H 星相继发射，中国第一代地球静止轨道气象卫星发射任务圆满收官。第二代极轨气象卫星——风云三号上天工作，形成上午、下午、晨昏星业务组网观测能力。第二代静止气象卫星——风云四号遥瞰地球，实现全天候、精细化、连续大气立体综合探测和快速响应灾害监测。风云三号和风云四号一"动"一"静"，在性能上实现"质"的飞跃，推动大气全球化、精细化综合观测能力持续跃升，实现了从追赶欧美到并跑和走向领先的跨越。

资源卫星方面。围绕资源一号卫星，我国与巴西继续深化合作，研制发射了 04 星、04A 星。我国还自行发展了资源一号第三代卫星，相继发射了资源一号 02D 星、02E 星，更好地满足了国土监测与调查、地矿勘探、地质环境监测等需求。2012 年 1 月发射的资源三号 01 星，是我国首颗民用高分辨率光学传输型立体测图卫星。2016 年 5 月、2020 年 7 月，资源三号 02 星、03 星相继成功发射，与 01 星组成我国立体测绘卫星星座。

海洋卫星方面。党中央高度重视海洋强国建设，习近平强调要进一步关心海洋、认识海洋、经略海洋，推动我国海洋强国建设不断取得新成就。[①] 发展海洋卫星是服务和推动海洋强国建设的重要举措。2012 年以来，海洋一号 C 星、D 星相继发射，组成我国首个海洋民用业务卫星星座。海洋二号 B 星、C 星、D 星先后上天，在轨组网构成我国首个海洋动力环境监测网，实现全球海洋监测的覆盖能力达 80% 以上，推动全球海洋监测进入"小时级"时代，为人类更好地开发、利用、保护、管控海洋贡献中国力量。

环境减灾卫星方面。环境与灾害监测小卫星星座实现大范围、全天候、全天时、动态的环境和灾害监测，有效提升了我国综合减灾和环境监测能

---

① 参见《习近平在中共中央政治局第八次集体学习时强调 进一步关心海洋认识海洋经略海洋 推动海洋强国建设不断取得新成就》，《人民日报》2013 年 8 月 1 日。

力。2020 年起，多颗环境减灾二号卫星相继成功发射，具备强大的多光谱、高光谱、红外等对地遥感成像能力及大气同步探测能力，有力满足了国家在相关领域的数据持续供给需求。

高分辨率对地观测系统重大专项工程是《国家中长期科学和技术发展规划纲要（2006—2020 年）》的 16 个重大科技专项之一，于 2010 年获批启动。高分系统由天基观测系统、临近空间观测系统、航空观测系统、地面系统、应用系统等组成，通过多种其他观测手段结合，形成全天候、全天时、全球覆盖的对地观测能力，也被称为"中国人自己的全球观测系统"。

党的十八大召开时，高分团队正在抓紧推进关键技术攻关与卫星研制试验工作。2013 年 4 月 26 日，高分一号卫星成功发射，实现高分专项开门红。之后，研制队伍继续砥砺奋进，按照专项方案及《国家民用空间基础设施中长期发展规划（2015—2025 年）》，托举一系列高分卫星上天，在天上打造了"高分家族"，使我国获得了高空间分辨率、高时间分辨率、高光谱分辨率的对地观测、立体测绘和定标能力，对地观测水平得到极大提高，遥感关键技术取得重大突破，形成了国家自主数据源和"空间信息产业链"。

高分专项有力调动了 28 个部委、31 个省区市、2400 多家科研应用单位的力量，研制应用人员达 30 多万，是典型的全国大协作，充分体现了新型举国体制优势。我国进口卫星遥感数据已多被高分专项数据所替代，国产遥感数据使用率达 90% 以上，远超高分专项实施方案规定的 60% 目标。截至2022 年 9 月，高分卫星共向用户分发数据超过 4000 万景。

习近平指出，推进碳达峰碳中和是党中央经过深思熟虑作出的重大战略决策，是我们对国际社会的庄严承诺，也是推动高质量发展的内在要求。①

---

① 参见习近平：《正确认识和把握我国发展重大理论和实践问题》，《求是》2022 年第 10 期。2020 年 9 月 22 日，习近平在第七十五届联合国大会一般性辩论上郑重宣布，中国将提高国家自主贡献力度，采取更加有力的政策和措施，二氧化碳排放力争于 2030 年前达到峰值，努力争取 2060 年前实现碳中和。这一富有雄心的重大宣示，既表明了中国全力推进新发展理念的坚定意志，也彰显了中国愿为全球应对气候变化作出新贡献的明确态度，得到国际社会的普遍赞誉。

推进"双碳"战略，遥感大有作为。2022年8月4日，中国首颗陆地生态系统碳监测卫星"句芒号"成功发射。这是世界上首颗森林碳汇主被动联合观测的遥感卫星，能够实现对森林植被生物量、气溶胶分布、叶绿素荧光的高精度定量遥感测量。这颗卫星的研制发射，是落实"绿水青山就是金山银山"的航天行动，推动我国碳汇监测进入天基遥感时代。此外，我国还发展了天绘、云海、陆地探测、大气环境监测等多种遥感卫星，创造了巨大效益。

群星璀璨千帆竞，奋斗激越立潮头。近年来，我国在导航、通信、遥感等卫星技术上实现巨大飞跃，推动国家空间基础设施持续完善。应用卫星制造作为上游产业，有力推动构建新发展格局，有力牵引带动全产业链实现高质量发展，给经济社会发展带来了不可估量的巨大效益。面向未来，中国航天致力于推动导航、通信、遥感卫星融合技术发展，加快提升泛在通联、精准时空、全维感知的空间信息服务能力。顺应这一重要趋势，中国空间技术研究院于2020年8月对宇航总体单位进行重组改革，成立了以完成国家重大工程为主要目标的总体设计部和以增强市场竞争力为主要目标的应用卫星类总体单位，包括通信与导航卫星总体部和遥感卫星总体部。应用类总体单位的成立，使建设和完善国家空间基础设施的力量更加集中、举措更加有力、前景更加广阔。

深入开展空间科学探索

在推进载人航天、深空探测等重大工程，发展应用卫星、持续完善国家空间基础设施的同时，我国还通过研制发射空间科学卫星，深入开展空间科学探索，取得丰硕成果，为人类探索宇宙奥秘、拓展认知边界作出了重要贡献。

2011年，我国在空间科学领域进行战略性布局，实施中国科学院空间科学战略性先导科技专项（一期）。中科院、中国航天科技集团等通力协作，坚持创新驱动，瞄准打造开展世界级科学研究必需的、变革性的物质技术手段，经过艰苦的自主研发，实现 4 颗卫星成功发射。2015 年 12 月，中国首颗天文卫星——暗物质粒子探测卫星"悟空"成功升空。之后，实践十号返回式科学实验卫星、量子科学实验卫星"墨子"和硬 X 射线调制望远镜卫星"慧眼"相继进入太空。2016 年、2017 年、2018 年，习近平连续三年在新年贺词以及党的十九大报告中，专门提到这几颗卫星的名字，让整个队伍受到极大鼓舞。

专项一期在空间天文、空间基础物理实验等方面获得了一批具有国际影响力的原创成果，实现圆满收官。其中，悟空号获得了世界上最精确的宇宙射线电子、质子和氦核能谱精细结构。实践十号卫星实现我国返回式卫星技术的创新发展，2020 年在国际上首次实现微重力条件下细胞胚胎至囊胚的发育。墨子号在国际上率先实现千公里级的星地量子纠缠分发、星地量子密钥分发和星地量子隐形传态实验，完成引力诱导量子纠缠退相干实验，构建了天地一体化广域量子密钥通信网络，使我国第一次在空间科学研究领域走到了世界最前列，牢牢占据了空间量子科学研究领域的主导和引领地位。2020 年，慧眼号在国际上首次直接测量到宇宙最强磁场；2022 年 7 月再次刷新观测纪录，首次观测到黑洞双星爆发过程全景，认证了快速射电暴源于磁星。

2016 年 8 月，在向世界科技强国进军的号召发出后不久，空间科学卫星系列入选《"十三五"国家科技创新规划》，空间科学的发展被提升到了一个前所未有的高度。中国科学院空间科学先导专项（二期）随即实施，部署的科学卫星工程包括爱因斯坦探针、先进天基太阳天文台（夸父一号）、中欧联合开展的太阳风——磁层相互作用全景成像卫星"微笑计划"、引力波暴高能电磁对应体全天监测器卫星——怀柔一号等 4 个新的空间科学卫星任务。专项二期还首次设置重大背景型号，包括由我国牵头发起、领衔实施的一项国际大科学计划"增强型 X 射线时变与偏振空间天文台"、中高轨量子卫星、太极计划等。2019 年起，太极一号、怀柔一号、夸父一号等空间科学卫星相继成功发射，支撑我国再次收获多个"国际首次"。后续其他卫星上天后，将持续推进前瞻探索与基础研究，催生更多原创性科学成果。

除专项一期、专项二期外，我国还研制发射了多颗空间科学与技术试验卫星。2016年12月，首颗用于监测全球大气二氧化碳含量的碳卫星发射升空，获取了全球高精度二氧化碳分布图。张衡一号电磁监测试验卫星搭载意大利高能粒子探测器，能够与国内高能粒子探测器实现在轨的互补探测。2018年2月卫星发射成功后，习近平与意大利总统互致贺电。该星还获取了全球地磁场和电离层原位数据，构建了全球地磁场参考模型。2019年12月，天琴一号卫星进入太空，我国利用该星首次用上了国产自主卫星测得全球重力场数据。2021年10月，我国首颗空间太阳探测科学技术试验卫星"羲和号"① 发射升空。"羲和"逐日，在国际上首次实现太阳 $H\alpha$ 波段光谱成像的空间探测，填补了太阳爆发源区高质量观测数据的空白，开启了中国空间太阳探测新纪元。

人类在浩瀚的宇宙面前是渺小的，但人类的探索精神是伟大的。非凡十年间，我国在空间科学领域取得重大进展，有力推动建成创新型国家。尤其是2020年11月到2021年10月，"嫦娥"探月、"怀柔"望远、"祝融"探火、"羲和"逐日，航天人连续对太阳系内的月球、行星、太阳和太阳系外的无垠空间进行探测，在党的百年华诞前后一年时间里，奏响了面向日月星天的空间科学"四重奏"。仰望星空，浩瀚的空天还有许多未知的奥秘有待探索，需要持续推动中国航天空间科学、空间技术、空间应用全面发展、创新发展。

在新时代航天科技成就的背后，还有着商业航天的贡献。2014年以来，在国家的鼓励和支持下，随着航天领域的深度开放，各方主体参与航天、创新创业的热情持续高涨。我国商业航天虽然起步较晚，但仍以十分迅猛的势

---

① "羲和"是中国上古神话中掌管时间和历法的太阳女神，并以太阳母亲的形象为人们所认知。卫星采用此名，取义"效法羲和驭天马，志在长空牧群星"，象征中国对太阳探索的缘起与拓展。

头迅速发展起来，在卫星制造、火箭发射、低轨星座、航天测控、卫星应用等方面取得显著成绩，成为我国航天产业发展的重要补充和生力军，为推动经济实现高质量发展作出了贡献。中国航天科技集团、中国航天科工集团等"国家队"抓住商业航天快速发展势头，采取系统举措，主动参与其中，牵引推动产业实现发展变革。一些科研院所积极利用自身优势，参与商业航天发展实践，取得重要进展。国内多家民营航天公司也如雨后春笋般相继成立，形成发展热潮。它们研制发射的商业火箭和商业卫星已取得多次成功，为浩瀚的太空增添了多彩的中国印记。

第五节　航天科技造福中国、服务世界

中国共产党致力于为中国人民谋幸福、为中华民族谋复兴，致力于为人类谋进步、为世界谋大同。习近平强调，要把满足人民对美好生活的向往作为科技创新的落脚点，把惠民、利民、富民、改善民生作为科技创新的重要方向。[1] 要让航天探索和航天科技成果为创造人类更加美好的未来贡献力量。[2] 中国航天坚持人民至上、深入贯彻以人民为中心的发展思想，坚持胸怀天下、着力促进世界和平与发展，让航天科技得到广泛应用，不仅造福中国人民，也造福世界人民。

推动卫星应用产业化发展

党和国家着眼于提升航天科技的社会效益，持续发挥航天科技在社会管理、公共服务、生态环境、防灾减灾与应急管理等大战大考中的重要作用，出台《国家民用空间基础设施中长期发展规划（2015—2025 年)》《"十三五"国家战略性新兴产业发展规划》等多份重要政策文件，大力推进空间技术服

---

① 参见《习近平谈治国理政》第三卷，外文出版社 2020 年版，第 249 页。
② 参见《习近平向 2017 年"全球航天探索大会"致贺信》，《人民日报》2017 年 6 月 7 日。

务融入"新四化"①，有力促进了卫星应用产业化发展。

卫星导航方面，北斗三号全球卫星导航系统做到了天上好用、地上用好。以系统正式开通为标志，北斗规模应用进入市场化、产业化、国际化发展的关键阶段。北斗三号系统功能强大、性能指标先进，具备导航定位和通信数传两大功能，可提供定位导航授时、全球短报文通信、区域短报文通信、国际搜救、星基增强、地基增强、精密单点定位共 7 类服务，全球范围定位精度可达 4—5 米、测速精度优于 0.2 米 / 秒、授时精度优于 20 纳秒、服务可用性优于 99%。正如谢军所说："北斗只受想象力的限制，没有做不到，只有想不到。"

习近平强调，要推广北斗系统应用，做好确保系统稳定运行等后续各项工作，为推动我国经济社会发展、推动共建人类命运共同体作出新的更大贡献。②"十四五"规划和 2035 年远景目标纲要将"北斗产业化应用"作为发展壮大战略性新兴产业的重要部署，明确提出要突破通信导航一体化融合等技术，建设北斗应用产业创新平台。按照党中央要求和国家战略部署，凭借自身优越性能，北斗应用得到迅速推广，全面服务交通运输、公共安全、救灾减灾、农林牧渔、城市治理等各个行业，融入电力、金融、通信等国家核心基础设施建设。

卫星通信广播方面，天地更加通畅，服务更加优质。在固定通信广播卫星系统建设稳步推进的同时，卫星通信广播地面系统得到持续完善，形成全球覆盖、天地融合的卫星通信广播、互联网、物联网及信息服务的能力。卫星通信广播商业服务能力进一步提升，实现国内多个 4K 超高清频道上星播出，支持上百套节目高清化，为人民群众提供了更加优质、更加多元的收听

---

① 党的十八大报告指出："坚持走中国特色新型工业化、信息化、城镇化、农业现代化道路，推动信息化和工业化深度融合、工业化和城镇化良性互动、城镇化和农业现代化相互协调，促进工业化、信息化、城镇化、农业现代化同步发展。"参见《胡锦涛文选》第三卷，人民出版社 2016 年版，第 628 页。

② 参见《习近平出席建成暨开通仪式并宣布北斗三号全球卫星导航系统正式开通》，《人民日报》2020 年 8 月 1 日。

收看体验。高通量通信卫星的发展，为远洋船舶、民航客机提供互联网接入服务，让用户尽享便利。

天通一号卫星组成的我国首个卫星移动通信系统，通过与地面4G、光宽带网络融合，构建了陆海空一体化的泛在信息网络基础设施，能够实现对海洋、山区和高原等地区近乎无缝的覆盖，为中国及周边地区稳定提供全天候、全天时的语音、短消息和数据等移动通信服务。随着卫星移动通信需求的不断增长，天通系统的民用和商业价值正在日益凸显。

卫星遥感方面，遥瞰寰宇、感知天地不再是梦想。我国已建立起包括陆地观测、海洋观测、大气观测三个系列的遥感卫星系统，持续提升"分辨率合理配置、多技术优化组合"的全球卫星观测能力，真正实现了"一星多用、多星组网、多网协同"。尤其是高分专项的实施与收官，实现我国对地观测能力巨大跨越，有力保障现代农业、防灾减灾、资源调查、环境保护和国家安全的重大战略需求，积极支持区域示范应用，加快推动空间信息产业发展。

到2021年底，我国卫星遥感基本实现了国家和省级政府部门业务化应用，为国内数万家各类用户和全球100多个国家提供服务，累计分发数据超亿景。卫星遥感高精地图、全维影像、数据加工、应用软件等产品和服务更好满足不同用户特色需求，广泛应用于大众出行、电子商务、农产品交易、灾害损失评估与保险理赔、不动产登记等领域。

综合应用卫星通信、导航、遥感中的两种或两种以上技术手段和天基信息资源的卫星综合应用产业日益兴盛。通过融合互联网、云计算、大数据等新技术，我国已搭建起具有"感、传、智、用"功能的卫星综合应用体系，并积极为自然资源、环保、水利、应急、农林、交通等行业提供卫星综合应用服务。

在自然资源行业，卫星遥感技术和卫星导航技术通过天空地协同，全过程参与自然资源调查、监测、评价、决策，全方位、多层次满足国家对全球自然资源遥感调查监测任务的要求。2016年，国家北斗地基增强系统"全国一张网"投入运行，全面支持大规模、高并发的基准站及用户接入。陆地遥感已建立起面向全国的影像云服务平台，海洋遥感也已建立起水色、动力环境、监视监测等三方面优势互补的卫星观测体系，在国民经济和国防建设中发挥重要作用。

在环境保护行业，卫星遥感技术充分实现对生态环境、自然灾害、污染动态的大范围监测，基于卫星遥感技术的生态系统大数据平台和生态环境监测网络，将逐步推动生态保护数据实现互联互通；北斗全球卫星导航系统提供的高精度地理定位服务，可有效应用于执法监察、野外采样、数据采集回传等应用场景。目前，空间应用技术结合无人机、地面物联网与大数据技术，可为用户提供"天空地一体化"的生态环境监管解决方案。

在应急管理行业，卫星遥感技术与云计算、大数据、人工智能等前沿技术协同配合，不断提升面向多灾种、全过程和多要素的立体监测能力，实现了由灾后观测分析向灾前风险预警的转型，在安全生产、防灾减灾救灾中发挥着日益重要的支撑作用。在 5G、软件定义网络（SDN）、IPv6 等技术的基础上，通过建成天地一体、全域覆盖、全程贯通、韧性抗毁的应急通信网络，我国应急管理行业信息化软件和系统的市场规模迅速扩大，带动了经济效益与社会效益的同步提升。

随着行业应用的不断深化和新技术的发展成熟，卫星综合应用产业规模不断扩大，产业结构不断优化，产业影响力也不断提升，卫星应用和其他产业实现了高度交叉与融合，已成为国民经济高速增长的强力助推器。

不断满足人民对美好生活的需要

在 2018 年的两院院士大会上，习近平强调，要把满足人民对美好生活的向往作为科技创新的落脚点，把惠民、利民、富民、改善民生作为科技创新的重要方向。① 这一重要论述对发展航天科技"为了谁"的问题作出了新

---

① 参见习近平：《在中国科学院第十九次院士大会、中国工程院第十四次院士大会上的讲话》，《人民日报》2018 年 5 月 29 日。

的时代回答。

中国航天始终坚持为民惠民利民的发展方向。党的十八大以来，航天队伍主动承担起满足人民对美好生活需要的重大政治责任，将建设航天强国的神圣使命与保障国家粮食与食品安全和人民健康，推进建设农业强国、交通强国、健康中国、美丽中国等结合起来，不断以航天科技的高质量发展服务于人民生活的高水平提升。

对于粮食问题，习近平一直高度重视、念兹在兹。他指出："粮食安全是'国之大者'。悠悠万事，吃饭为大。民以食为天。"进入新时代，我国多次利用返回式遥感卫星、神舟飞船和空间实验室开展主粮、蔬菜、中药材及多种经济作物的空间搭载和空间诱变育种研究，目前利用航天突变系选育出的主粮新品种，已累计推广面积超过 1 亿亩，成为粮食种植业的优良品种。中国航天积极推动航天科技向现代化农业移植深耕，为攥紧"中国种子"、端稳"中国饭碗"，保障国家粮食安全、种子安全积极贡献力量，让中国人民吃得更安全、更满意、更放心。

面对农业智慧化生产作业这篇大文章，中国航天农业服务项目团队在如何因地制宜上下足了功夫。团队成员克服新场景、新应用技术环境困难，先后攻克多源遥感监测、北斗高精度自动导航驾驶等技术，申请专利 17 项，相关技术已达到国内先进水平。为了做出实效，不论田野山岗，还是酷夏严冬，团队成员每年春耕秋收都坚守在田间地头，大力协同、艰苦奋斗，协调技术专家、业务专家，与农场农户实地对接，足迹踏遍 31 个农场，采集样本 1600 份。

党的十八大以来，以习近平同志为核心的党中央把维护人民健康摆在更加突出的位置，发出建设健康中国的伟大号召。中国航天迅速落实、持续攻关，在空间微生物发酵、空间诱变育种、航天医药成果转化的技术基础上，开发出系列保健产品，努力为保障人民健康提供更多、更优的选择。通过空间微生物诱变及空间生物发酵技术转化研制的辅酶 Q10 产品，已实现规模化产品化运营，销量稳居全球第二。

针对空间生物安全问题，航天领域的全国人大代表、全国政协委员在两会期间提交多项相关议案提案，建议建立空间生物安全专家委员会、设立国家重点实验室、推进空间生物安全研发创新、加快空间生物技术成果的转化应用等。这既体现出航天队伍维护空间生物安全的担当与作为，也体现出为国家思考在前、谋划在先的责任与使命。

在繁忙的公路上、穿梭天空的民航客机上、风驰电掣的动车组上，卫星通信、卫星导航、卫星遥感技术同样大显身手，不断优化人民群众的出行体验，助力智能、平安、绿色交通建设。

基于北斗三号导航系统开发的高精度车载终端，连续导航定位精度可以达到1米，解决了车辆在城市复杂应用环境下出现的导航精度下降、存在定位"死角"、立体定位精度低、系统可靠性不够等问题。围绕民航飞行安全关键领域及"卡脖子"问题，航天队伍成功研发出符合国际标准的民用航空器追踪监视设备，实现对民航客机的精准定位追踪和监控，以航天科技优势保障人民群众的航空出行安全。航天队伍还将用于卫星姿态控制的红外线探测技术应用于高铁行车安全领域，研制出红外线轴温探测系统，为列车运行提供更加可靠的安全产品和事故解决方案。

党的十八大提出了建设美丽中国的要求。党的十九大报告强调："建设生态文明是中华民族永续发展的千年大计。必须树立和践行绿水青山就是金山银山的理念。"[1] 建设生态文明，关系人民福祉，关乎民族未来，也吸引了航天队伍的目光与积极参与。

习近平十分重视三江源生态环境保护，亲自策划、亲自部署、亲自推动实施三江源国家公园建设。[2] 中国航天主动发挥卫星资源优势与技术优势，高站位统筹谋划，全方位推动落实，把推动三江源国家公园建设作为重大政治责任，开启了三江源生态保护和航天技术应用的创新攻坚。2019年，可

---

[1] 《习近平谈治国理政》第三卷，外文出版社2020年版，第19页。

[2] 参见《习近平在青海考察时强调 坚持以人民为中心深化改革开放 深入推进青藏高原生态保护和高质量发展》，《人民日报》2021年6月10日。

可西里地区发生盐湖漫溢灾害，卫星应用项目团队在接到应急保障任务后，连夜开展项目建设论证，设计出一套"天空地一体化"应急监管方案。灾害发生后 2 天内，项目团队赶赴盐湖现场，连续奋战 18 天，完成建设卫星通信网、调试设备、无人机放飞等一系列工作，打通了现场唯一的对外通信链路，全面保障了盐湖现场应急指挥调度。

经过卫星项目应用团队的不懈努力和集智攻关，首个国家公园"天空地一体化"生态监测网络正式建成，国家公园监管与保护的"三江源模式"正式形成。中国航天矢志不渝守护三江源生态环境，用卫星应用资源构筑起维护生态安全屏障的信息桥梁，为永续实现"一江清水向东流"提供了重要的技术支撑。

积极承担社会责任

只有真诚回报社会、履行社会责任，才能符合时代要求、获得社会认可。中国航天始终心怀"国之大者"，争做服务社会的中流砥柱，在科学普及、重大活动保障、抢险救灾以及疫情防控、脱贫攻坚等方面勇于担当，在社会舞台上扮演着日益重要的角色。

习近平强调，科技创新、科学普及是实现创新发展的两翼，要把科学普及放在与科技创新同等重要的位置。[①] 我国积极利用空间科学技术，面向公众尤其是青少年开展科普活动。2013 年 6 月，我国首次开展太空授课，受到习近平高度肯定。2021 年空间站建造大幕拉开后，中国航天员多次开讲"天宫课堂"，取得热烈反响。2016 年 9 月 9 日，习近平在北京市八一学校察看了我国首颗中学生科普小卫星的研制情况，叮嘱同学们小卫星发射时要告诉他。12 月 28 日，这颗"八一·少年行"卫星成功发射。卫星发射前，科普小卫星研制团队的学生们给总书记写信。习近平在给他们的回信中指出："中学生设计研制科普卫星是一次很好的尝试，你们攀登科技高峰的

---

① 参见《习近平谈治国理政》第二卷，外文出版社 2017 年版，第 276 页。

热情和勇气让我感到欣慰。"① 之后，多颗面向国内及澳门地区青少年的科普卫星项目陆续开展，发挥启明星一样的作用，不断激发同学们科学探索的热情。

按照习近平关于"确保把北京冬奥会办成一届精彩、非凡、卓越的奥运盛会"的重要指示，中国航天积极参与办奥工作，为 2022 年北京冬奥会、冬残奥会取得圆满成功发挥了重要作用。2022 年 2 月 4 日，北京冬奥会开幕当天，天问一号探测器、五星红旗与北京冬奥会和冬残奥会徽章同框自拍，为地面送来"最高"的冬奥礼物，向世界传递"一起向未来"的信心和力量。此外，利用航天科技研制的首辆国产雪车交付使用，实现了国产雪车从无到有的突破。

中国航天是我国广播电视节目安全传输的重要保障力量，在全国两会、新中国成立 70 周年系列盛大庆典、中国共产党成立 100 周年庆祝活动、北京冬奥会及冬残奥会期间，广电安播队伍周密制定方案、周全开展保障，实现"零差错"安全播出，为树立大国形象、传播大国声音发挥重要作用。冬奥会期间，安播保障团队通过对中星 6C 和中星 9B 卫星的监测与控制，保证了包括中央广播电视总台、地方广电在内的 68 套电视节目及 17 套广播节目的安全稳定播出，出色地完成了工作任务，助力冬奥赛事在亿万观众心中留下深刻印象，为北京冬奥会、冬残奥会的成功举办贡献出重要的幕后力量。

党的二十大召开期间，航天队伍以"安播就是政治、安播就是生命"的责任担当，全力以赴保障盛会的安全稳定播出。在云岗卫星地球站，安播保障团队全面加强风险识别，认真梳理技术细节，24 小时不间断开展在轨数据监测，在重点时段、重要部位加强巡检，确保亚太 6C、中星 6C、中星 9B 和中星 6D 等卫星通信广播系统安全运行，圆满保证了党的二十大广播电视信号传输"零插播、零中断"。

---

① 《习近平回信勉励北京市八一学校科普小卫星研制团队学生　讲科学爱科学学科学用科学　努力成长为祖国栋梁之材》，《人民日报》2016 年 12 月 29 日。

除广播电视信号传输的安播保障外，航天科技及其衍生产品还多次直接参与国家重大庆典活动的保障任务。航天器回收团队研制的系列产品在大型庆典活动中大放异彩。在庆祝中华人民共和国成立 70 周年大会上，70 盏大型充气灯笼纹丝不动地飘立在天安门广场东西两侧，空中护旗梯队悬挂的巨幅党旗、国旗、军旗迎风飘扬，引来现场观礼嘉宾、游行群众和媒体的热切关注。在庆祝中国共产党成立 100 周年大会上，直升机悬挂巨幅党旗再一次迎风向前，飞过天安门广场上空，绽放庄严之美，彰显百年大党气度。

在抗震救灾中，投入应用的卫星通信、卫星导航、卫星遥感等技术，为重特大自然灾害和重大突发事件应急监测和保障工作提供了有力手段和重要支撑。2015 年 8 月，天津港发生危险化学药品爆炸事故，中国航天无人机业务团队第一时间组成勘察飞行队开展救援支持工作，并在爆炸事故核心区域实施测绘正摄飞行，为武警路桥交通研究所第一时间提供爆炸现场影像。2017 年 8 月，四川阿坝州发生大地震，卫星遥感数据在 12 小时内便送达民政部减灾救灾重点实验室，为科学规划救援方案、高效实施救援工作节约了宝贵时间。

在新冠肺炎疫情防控中，北斗系统火线驰援武汉火神山、雷神山医院建设，基于北斗的无人机、无人配送车广泛应用于各地医疗物资配送等场景，车联网也大大推动疫情期间交通智能化、精准化。通过卫星通信的方式，前方医疗现场与后方医学专家建立视频连接，并通过卫星通信网络实现信息资源的多方共享。多个系列遥感卫星实时监测部分重点省市疫情期间的生产生活状况，精准服务重大建设项目、产业园区、工矿企业复工、农作物春耕种植等生产经营活动。

在脱贫攻坚方面，航天科技发挥自身优势，为我国脱贫攻坚战取得全面胜利提供了重要的技术支撑和发展助力。同时，中国航天科技集团定点帮扶陕西省洋县、太白县和河北省涞源县，立足实际打造"科技＋就业"的扶贫样板，落实了一批典型项目，为其脱贫摘帽和经济社会发展作出了突出贡献。

推动构建外空人类命运共同体

习近平指出，外层空间是人类共同的财富，探索、开发、和平利用外层空间是人类共同的追求。① 中国航天在载人航天、深空探测、通信广播、卫星导航、对地观测、空间科学等各个方面持续加强国际交流与合作，已成为国际舞台上代表中国国家形象的闪亮名片。

共建"一带一路"，是以习近平同志为核心的党中央统揽全局作出的重大决策，是推动构建人类命运共同体的重要举措。中国航天积极服务共建"一带一路"，坚持"引进来"与"走出去"相结合，搭建空间信息走廊，建设"空中丝绸之路"，不断以更深层次的航天国际合作，带动沿线国家经济社会发展。

习近平在参观北斗系统建设发展成果展览展示时强调，要推广北斗应用，做好确保系统稳定运行等后续各项工作，为推动我国经济社会发展、构建人类命运共同体作出新的更大贡献。② 北斗系统始终致力于为全球用户提供优质服务，相关服务资源出口至 120 余个国家和地区。基于北斗的国土测绘、精准农业、数字施工、智慧港口等技术，已成功应用于东南亚、南亚、东欧、西亚、非洲多个国家和地区，成为中国以实际行动积极推动构建人类命运共同体的生动写照。

北斗系统造福中国人民，也造福世界人民。在缅甸，500 余台高精度北斗终端首次在东南亚国家批量应用于农业数据采集、土地精细管理。在科威特，基于北斗的高精度接收机被应用于国家银行总部 300 米高的摩天大楼建设，成功将施工过程中垂直方向测量误差降至毫米级，首次实现北斗在海外高层建筑监测中的有效应用。在中欧班列上，高精度定位导航功能让物流更便捷，实现了传统运输方式的升级与转型。

习近平强调，中国坚持开放融合、协调合作、兼容互补、成果共享，同

---

① 参见《习近平致信祝贺亚太空间合作组织成立 10 周年》，《人民日报》2018 年 11 月 15 日。

② 参见《习近平出席建成暨开通仪式并宣布北斗三号全球卫星导航系统正式开通》，《人民日报》2020 年 8 月 1 日。

各方一道，推动北斗卫星导航系统建设、推进北斗产业发展，共享北斗卫星导航系统成果，促进全球卫星导航事业进步，让北斗系统更好服务全球、造福人类。①《新时代的中国北斗》白皮书强调，中国愿同各国共享北斗系统建设发展成果，为构建人类命运共同体、建设更加美好的世界作出新的更大贡献。②

中国航天认真履行航天大国的国际责任，积极参与国际防灾减灾，受到国际社会的高度评价。CHARTER③ 成员在轨运行的 61 颗卫星中，我国共有 6 颗卫星承担值班任务，分别是高分一号、高分二号、高分三号、高分四号、中巴地球资源卫星 04 星、风云三号 C 星。我国多次响应与处理国际重大自然灾害请求，先后为澳大利亚森林火灾、日本地震海啸等提供大量卫星遥感数据。

高分卫星作为 CHARTER 的重要值班型号，如今已实现自然灾害监测数据的世界共享，成为服务全球重大自然灾害监测的重要空间基础设施。目前，我国已成功发射高分一号宽幅、高分二号亚米全色、高分三号 1 米雷达、高分四号同步凝视、高分五号高光谱观测、高分六号陆地应急监测、高分七号亚米立体测绘等多颗民用高分卫星，不仅构建起我国自主的高分辨率对地观测系统，而且成为促进卫星资源世界共享的主力型号。

2015 年 1 月，斯里兰卡遭遇洪灾，中方根据斯方编制的高分一号卫星观测计划，积极协助斯方对受灾地区进行成像监测，大大提升了救援工作的效率与精准度。同年 3 月，时速达 250 公里的热带风暴"帕姆"横扫瓦努阿图，我国根据联合国亚太经社理事会转来的监测请求，调用高分遥感卫星对瓦努阿图首都及周边地区进行多次成像，为当地减灾提供信息支持。2016 年 4 月，

---

① 参见《习近平向首届北斗规模应用国际峰会致贺信》，《人民日报》2021 年 9 月 17 日。

② 参见《国务院新闻办发布〈新时代的中国北斗〉白皮书》，《人民日报》2022 年 11 月 5 日。

③ CHARTER，即空间和重大灾害国际宪章。国际宪章旨在提供一套空间数据接收与交付的标准化系统，并通过授权用户向受到自然或人为灾害影响的地区提供服务。2007 年 5 月，中国国家航天局成为这一国际减灾合作机制的正式成员。

厄瓜多尔连续发生强烈地震，中方应厄方请求，紧急调动高分二号卫星对受灾地区进行观测，并向其提供了大批影像图。

党的十八大以来，中国与世界多个国家和地区达成航天合作意向，密切航天科技交往，共同部署推进相关任务，打造了一大批高科技领域国际合作的典范。同时，中国还通过上海合作组织、金砖国家合作机制、中阿合作论坛、中非合作论坛等，积极推动航天技术更好服务世界各国，尤其是第三世界国家的人民。

在玻利维亚通信卫星的研制过程中，东方红四号卫星平台研制团队花费两个月的时间，为卫星设计出一套"频率资源扩展使用"方案，通过扩展现有规划资源，制定出更合理的卫星总体方案。2013 年 12 月 21 日，玻利维亚通信卫星成功发射，玻利维亚时任总统莫拉莱斯专程赴西昌卫星发射中心观看发射。到 2015 年底，玻利维亚通信卫星转发器的出租率已达到 75%，月租金收入达到 1900 万美元。同年，玻利维亚航天局被评为全球最佳新秀卫星运营商。到 2020 年底，卫星全年收入达 2500 万美元并广泛造福玻及周边地区的人民。中国航天不仅为国际用户提升了全球影响力，还为发展中国家带来显著的经济社会效益。

2015 年 11 月 21 日，老挝一号通信卫星成功发射。当天，习近平与老挝人民革命党中央总书记、国家主席朱马里互致贺电。[1] 同年 12 月，老挝一号通信卫星地面站交付，这是我国向东盟国家出口的第一套"星地一体化系统"，能够提供 60 套标清电视服务和 10 套音频节目广播服务，从根本上解决了老挝人民看电视难的问题，实现了 4 个边远地方政府与中央政府之间的互联，提升了政务管理效率。这套系统提供的 VSAT 通信服务，还解决了农村地区的移动通信问题。老挝一号卫星项目作为打造牢不可破的中老命运共同体的重要见证，已成为高质量共建"一带一路"的成功范例之一。

---

[1]　参见《习近平同朱马里互致贺电庆祝中老合作通信卫星发射成功》，《人民日报》2015 年 11 月 22 日。

人类命运共同体理念高度契合人类维护外空共同安全、和平利用外空的美好愿望，已成为国际航天领域的重要共识。中国航天持续推进、有力支撑国际宇航领域合作与交流，展现了中国负责任大国的形象。未来，中国航天将持续着眼全人类的福祉和长远发展，为推进人类和平利用太空、构建人类命运共同体贡献更多中国力量、中国智慧、中国方案。

第六节　实现航天强国梦必须坚持党建引领

打铁必须自身硬，办好中国的事情，关键在党，关键在党要管党、全面从严治党。[①] 全面从严治党是党的十八大以来党中央抓党的建设的鲜明主题。迈入新时代，中国航天旗帜鲜明讲政治，抓紧抓实党的建设各项工作，坚持加强党的创新理论武装，持续提高政治判断力、政治领悟力、政治执行力，把全面从严治党各项要求融入到谋划重大战略、推进重大工程、完成重大任务的实践中，确保航天事业始终沿着党中央指引的方向奋勇前进，让党旗始终在航天工程一线高高飘扬。

把政治建设摆在首位，旗帜鲜明讲政治

旗帜鲜明讲政治是我们党作为马克思主义政党的根本要求。党的政治建设是党的根本性建设，决定党的建设方向和效果，是党的建设的"灵魂"和"根基"[②]。党的十八大以来，以习近平同志为核心的党中央从党和国家事业全局出发，站在统揽推进伟大斗争、伟大工程、伟大事业、伟大梦想的战略高度，对加强党的政治建设作出一系列重大决策部署。

党的十九大明确提出党的政治建设这个重大命题，强调党的政治建设是党的根本性建设，要把党的政治建设摆在首位。2019 年 1 月，中共中央印

① 参见《中共中央关于党的百年奋斗重大成就和历史经验的决议》，人民出版社 2021 年版，第 30 页。

② 参见《中国共产党简史》，人民出版社、中共党史出版社 2021 年版，第 476 页。

发了《关于加强党的政治建设的意见》，深刻总结历史经验，对新时代加强党的政治建设作出重大决策部署。① 习近平多次在不同场合强调讲政治的重要性，在党史学习教育动员大会上，强调"旗帜鲜明讲政治、保证党的团结和集中统一是党的生命，也是我们党能成为百年大党、创造世纪伟业的关键所在"，明确要求全党"进一步增强党的团结和集中统一，确保全党步调一致向前进"。②

听党指挥、以国为重、坚决服从服务于国家战略，是中国航天的优良传统。进入新时代以来，在逐梦太空的征途上，航天各级党组织始终坚决服从中央，坚持党中央权威和集中统一领导，把坚决做到"两个确立"作为必须始终坚守的最高政治原则和根本政治规矩，进一步树牢"四个意识"、坚定"四个自信"、坚决做到"两个维护"；坚持把政治建设摆在首位，深入落实《关于加强党的政治建设的意见》，坚持完善和落实民主集中制，规范重大事项决策程序，完善党组织决策议事机制；经常同党中央对标对表，做到党中央提倡的坚决响应，党中央决定的坚决执行，党中央禁止的坚决不做；按照党章党规、中央精神和上级要求，严肃认真组织好、参加好党内政治生活，经常性开展政治体检，牢记初心使命，全力履职尽责，加强党性锻炼和政治历练，保持清正廉洁的政治本色，营造了风清气正的良好政治生态。

旗帜鲜明讲政治必须坚持以国为重。习近平总书记指出，科技自立自强是国家强盛之基、安全之要。中国航天始终把科技自立自强作为事业发展的"命根子"，将自主创新放到"讲政治"的高度来认识和践行。在北斗三号立项之初，航天队伍就清醒地认识到：我国的北斗系统必须做到自主可控，实现部组件 100% 国产化。研制团队集智攻关、潜心研制，细致分析产品性能指标和关键部件，最终自主研制出质量可靠的产品，将性能提升到上星标

---

① 参见《中国共产党的一百年（中国特色社会主义新时代）》，中共党史出版社 2022 年版，第 1189 页。

② 习近平：《在党史学习教育动员大会上的讲话》，《求是》2021 年第 7 期。

准，保证了产品质量"零失误"、卫星上天"不延误"。正如北斗三号卫星总指挥迟军所说："有党的坚强领导，我们怎能不奋斗？怎能不成功？"

旗帜鲜明讲政治必须经得起各种严峻考验。习近平总书记指出，和平年代，生死考验少了，但考验也无处不在。① 对航天各级党组织和广大党员而言，圆满完成好重大工程任务就是最大的政治考验。在我国首次火星探测任务中，天问一号探测器抵达火星需要经过 295 天的长途跋涉，这就注定飞控试验队员要在这 295 天中保证 24 小时不间断的坚守。任务重、时间长、风险高、压力大，党员突击队迎难而上，放弃大小假期和双休日，坚持每天两班倒、轮流战，仔细核对每一条指令，认真判读每一个遥测数据，不放过任何一个疑点，用实际行动践行着对天问一号"千万里，我们在地面守护着你"的铮铮誓言。

旗帜鲜明讲政治必须对党绝对忠诚。习近平总书记指出，对党绝对忠诚要害在"绝对"两个字。② 对航天各级党组织和广大党员而言，对党绝对忠诚，就是要以过硬的作风圆满完成党和人民交给的每一项政治任务。北京冬奥会期间，中国航天成立"冬奥航天铁军"党员突击队，队员顶着疫情防控压力，1 个月内完成测量场地、搭建机房、安装设备等任务。累了就在板房里休息会儿，饿了便就着矿泉水啃面包，即使在除夕和春节当天也坚守在工作岗位上。在 19 个比赛日里，突击队员 24 小时不间断值守，以"零事故"的出色表现，圆满完成赛事转播这一重大政治任务。

党和国家赋予的任务使命，是对航天队伍的政治考验和政治历练。中国航天以党的旗帜为旗帜、以党的方向为方向、以党的意志为意志，坚决落实党中央重大决策部署，把讲政治体现在加强对航天事业发展规律的科学把握上，体现在全力确保型号任务圆满成功上，熔铸到航天队伍的工程实践中，以强国之志、报国之行标注起"旗帜鲜明讲政治"的坚毅底色。

---

① 参见习近平：《学史明理 学史增信 学史崇德 学史力行》，《求是》2021 年第 13 期。

② 参见《习近平关于严明党的纪律和规矩论述摘编》，中央文献出版社、中国方正出版社 2016 年版，第 24 页。

坚定理想信念，永葆型号成功永恒追求

思想建设是党的基础性建设，革命理想高于天。习近平在主持起草党的十八大报告时，专门要求写了这样一段话："对马克思主义的信仰，对社会主义和共产主义的信念，是共产党人的政治灵魂，是共产党人经受住任何考验的精神支柱。"①党的十九大强调要把坚定理想信念作为党的思想建设的首要任务。②

理想信念的坚定，源于思想认识的清醒和自觉。习近平强调，首先要认真学习马克思主义理论，这是我们做好一切工作的看家本领。③党的十八大以来，党中央坚持抓好党内集中教育，用党的创新理论武装全党，推进学习型政党建设。在中国航天，党组、党委深入学习习近平新时代中国特色社会主义思想，系统整理重要论述，汇编《习近平总书记关于航天强国建设论述摘编》《习近平总书记关心航天事业重要纪事》等学习资料。党支部、党小组办好"三会一课"，开展了丰富多样的学理论主题党日活动。广大党员、干部认真读原著、学原文、悟原理，把科学理论转化为认识世界、改造世界的强大力量。

对于航天队伍而言，成功才是硬道理。中国航天始终将确保成功作为政治使命和永恒追求，坚持把理想信念转化为保证型号成功的必胜信心，着力激发全体干部职工誓夺型号任务圆满成功的坚强决心与无畏担当。

型号出征仪式是对航天队伍坚定理想信念的鼓舞与动员。2022 年 4 月 24 日，第七个中国航天日之际，两场特殊的出征仪式同时举行。在向发射场挺进的飞机上，空间站系统总设计师杨宏饱含深情地讲述了问天实验舱的使命与任务。试验队员难掩激动，纷纷表示"作为载人航天事业的一员，严慎细实地完成好发射场工作，就是我们对航天精神最生动的实践、对理想信念最深刻的践行"。与此同时，在广阔的万里海疆上，装载有问天实验舱的

---

① 《习近平谈治国理政》第二卷，外文出版社 2017 年版，第 326 页。
② 参见《习近平谈治国理政》第三卷，外文出版社 2020 年版，第 49 页。
③ 参见《习近平在中央党校建校 80 周年庆祝大会暨 2013 年春季学期开学典礼上的讲话》，《人民日报》2013 年 3 月 3 日。

问天实验舱研制团队签字誓师

运输船正奔赴文昌卫星发射中心。在狭小的船舱中，押运试验队党小组举行了一场简短而热烈的出征仪式。"在新的百年征程中，我们将继续坚持党的领导，弘扬伟大建党精神，圆满完成党和国家交给我们的光荣使命！"朴实的话语道出了试验队全体队员的心声。

定期开展形势任务教育，是航天党组织强化理想信念教育的一项有力举措。在中国空间技术研究院，除了每年开展形势任务报告会之外，还积极探索"微座谈""微教育"等新形式、新样态，推动形势任务教育"进支部、进班组、进现场、进发射场"。2019 年建党 98 周年之际，一场"不忘初心、牢记使命"主题教育座谈会在北京航天城召开，戚发轫、叶培建、吴宏鑫、范本尧、周志成 5 位院士党员，以及来自载人航天、深空探测、北斗导航等领域的型号两总和骨干代表围绕如何守好初心、落好使命展开交流。"我们要坚守底线思维，把持续保证型号成功作为最基本的要求。""我们要深刻理解'成功'要义，'不忘初心、牢记使命'永远在路上。"型号两总和党员代表的话语，表达全力确保型号任务圆满成功的信念和力量。

只有理论上的清醒才能有政治上的清醒，只有理论上的坚定才能有政治上的坚定。党的十八大以来，航天队伍认真开展党内集中教育，坚定对马克思主义、共产主义的信仰，坚定航天报国志向和航天强国信念，在航天任务一线挺起了中国共产党人的精神脊梁。

2015年"三严三实"专题教育期间，新一代北斗导航卫星试验队临时党委以练就又"严"又"实"过硬作风为主题，开展"抓质量、控风险、保成功"专题活动，"四查双想"①、双星电测"四点原则"②等活动内容有声有色，"导航心，中国梦，航天愿，强国志"响彻在充满斗志的誓言声中。2015年7月25日晚，两颗新一代北斗导航卫星发射升空，准确进入预定轨道。这标志着北斗卫星导航系统向全球覆盖的建设目标迈出坚实一步。

在2016年"两学一做"学习教育中，"红色书架""党性教育微课件"等学习阵地和平台在各级党组织纷纷建立，"每日学习角""党员上讲台召集令"等创新载体，让党员学习积极性日渐高涨。王希季、闵桂荣、戚发轫、范本尧等多位年逾八十岁的老院士、老党员，不仅认真参加学习讨论，而且带头发言，强调共产党员应该发挥先锋模范作用，强调必须"做合格党员"，给年轻的同志们很大的触动。"讲政治、有信念，讲规矩、有纪律，讲道德、有品行，讲奉献、有作为"的合格党员标准深入人心，激励着航天党员队伍奋勇向前，不断赢得新的胜利。

2021年，按照中国空间技术研究院党委部署，天和、天舟、神舟等发射场试验队扎实开展党史学习教育，在建党百年的重要时刻响亮提出"天和献百年，一站定苍穹""天舟献百年，一帆济星海""神舟献百年，一骑掌天宫"，为全面推进空间站建造任务进行了深入动员。任务间隙，在"站·旗"读书角、"红·舟"党史知识补给站前，总能看到三三两两的试验队员在自

---

① "四查双想"指的是查文件、查岗位、查设备、查状态，回想和预想。

② "四点原则"指的是测试与判读工作同步，测试数据现场四级审核，单星数据纵向包络比对，双星数据横向比较分析。

学理论知识。他们学史明理、学史增信、学史崇德、学史力行，以更加高昂的斗志投入工作，全力以赴完成各项任务。

通过扎实深入的党内集中教育，航天党员队伍切实把理想信念转化为勤勉务实、拼搏奋进的实干追求。在建党百年之际，中国空间技术研究院重大型号计划节点完成率达到100%，51星船耀太空、"满堂红"，240个航天器在轨稳定运行，航天器在轨运行首次突破1100星年。

夯实组织基础，党旗在航天工程一线飘扬

党的力量来自组织，党的全面领导、党的全部工作要靠党的坚强组织体系去实现。严密的组织体系，是马克思主义政党的优势所在、力量所在。其中，基层党组织是贯彻落实党中央决策部署的"最后一公里"，要将其建设成为实现党的领导的坚强战斗堡垒。① 党的十八大以来，以习近平同志为核心的党中央高度重视基层党组织建设，高瞻远瞩、统筹谋划，坚定推进全面从严治党向基层延伸。

习近平总书记在2018年7月召开的全国组织工作会议上鲜明提出了新时代党的组织路线这一重大概念，强调以提升组织力为重点，突出政治功能，推动基层党组织全面进步、全面过硬。② 以习近平同志为核心的党中央把党的组织工作紧紧抓在手上，充分发挥基层党组织的政治功能和组织功能，为坚持和加强党的领导、坚持和发展中国特色社会主义提供了坚强组织保证。进入新时代以来，中国航天充分发挥基层党委把方向、管大局、保落实作用，按照"两个一以贯之"③ 要求，加强战略引领、政治引领、思想引

---

① 参见习近平:《贯彻落实新时代党的组织路线 不断把党建设得更加坚强有力》,《求是》2020年第15期。

② 参见习近平:《在全国组织工作会议上的讲话》,人民出版社2018年版,第6页。

③ 2016年10月,习近平在全国国有企业党的建设工作会议上强调,坚持党对国有企业的领导是重大政治原则,必须一以贯之;建立现代企业制度是国有企业改革的方向,也必须一以贯之。参见《习近平在全国国有企业党的建设工作会议上强调 坚持党对国有企业的领导不动摇 开创国有企业党的建设新局面》,《人民日报》2016年10月12日。

领和组织引领，全级次推进公司制企业"党建进章程"，把党的建设融入科研生产、改革发展各环节。

坚持"支部建在连上"是党建工作的优良传统，也是中国航天与国际宇航领域相比的政治优势。中国航天坚持大抓基层的鲜明导向，坚持围绕中心、服务中心、保证中心，以提升组织力、突出政治功能为重点，持续加强党的基层组织建设。将党建工作深度融入重大型号发射任务，在全部发射场型号队伍中建立临时党组织，同时设立政工组，成立党员先锋队和青年突击队，围绕发射场工作技术流程开展党建与思想政治工作，使党建工作真正深入航天工程各阶段、各环节。

多年来，北斗三号导航卫星试验队频繁往返于北京和西昌卫星发射中心。发射场条件艰苦，人员队伍长期驻场，北斗三号导航卫星试验队临时党委坚持党建和思想政治工作与型号任务同安排、同部署，提出政工流程化管理的思路。在电测、总装等劳动强度较大、操作风险较高的阶段，临时党委创新开展"党员骨干双融合、支部分队双创效"活动，锻造试验队员攻关合力；在加注转场后，临时党委针对试验队员离家时间已经较长的阶段特点，组织集体生日会、趣味运动会等集体活动。试验队员们纷纷表示："在临时党委的关怀下，发射场工作有条不紊，离家在外的队员也很有归属感。"

习近平指出，只要共产党员首先站出来、敢于冲上去，就能把群众带动起来、凝聚起来、组织起来，打开一片天地，干出一番事业。①在重大工程推进、重大创新攻坚、重大项目实施中，广大党员队伍以大战大考为试金石、磨刀石，用行动叫响"我是共产党员"。在各发射场试验队，临时党委组织党员签订"目标管理承诺书"，填写"试验队党员目标管理积分卡"，将发射场党员目标管理和党员个人承诺相结合，强化队员"零缺陷"和"第一次就把事情做对"的质量意识，推动党建工作真正压实到型号工作的每个环

---

① 参见《习近平在甘肃考察时强调　坚定信心开拓创新真抓实干　团结一心开创富民兴陇新局面》，《人民日报》2019 年 8 月 23 日。

节，有力推动各项型号任务取得成功。

2018年1月，嫦娥四号热环境试验任务进入关键攻关阶段，嫦娥团队认识到"做好党建和思想工作，坚定党员队伍信心"是完成任务的重要前提，积极开展一系列党员创新创效活动。党组织书记亲自挂帅，重点针对"极低温环境模拟方法"等关键难点问题开展为期两个月的技术攻关，完成了探测器长时间零下190℃极低温环境的模拟试验。当听到嫦娥四号在月球背面安全度过首个月夜的消息时，团队成员们欢呼雀跃："我们成功了！"2019年10月，嫦娥四号团队被中组部选树为《榜样4》先进典型，这既是对中国航天将党建工作深度融入中心任务的极大肯定，也是对型号政工队伍的巨大鼓舞。

党旗猎猎迎风展，型号全线斗志坚。不管何时何地、何种条件下，"党员身份亮出来、工作质量干出来、关键时刻站出来、先进形象树起来"是航天党员队伍的真实写照。2020年，北斗三号卫星导航系统进入收官的关键时期。受新冠肺炎疫情影响，个别岗位人员春节回乡探亲，返京后需居家观察，因此试验队在工作群急征替岗人员。通知发出后，迅速收到大量自荐信息，"去西昌，我可以！""我是党员，我报名"瞬间刷屏。北斗团队以实际行动证明，再大的困难和挑战不能也不可能阻挡北斗三号全球组网的步伐。2020年3月，第54颗北斗导航卫星成功发射，这一消息在特殊的时点催人振奋，坚定了全国上下抗击疫情、复工复产的信念。

疫情期间，问天、梦天等多个空间站型号正在天津AIT中心进行测试。党组织针对天津疫情形势，按照工作岗位需要对赴津参试人员进行"最小化"配置，同时严格保证研制任务按计划推进。空间站团队党组织迅速成立党员先锋队、突击队。他们采取集中办公方式，以研制现场、办公场所为家，边行军边打仗，在办公室架起折叠床和睡袋，夜以继日地奋战在科研生产第一线。近两个月时间里，千余名航天骨干吃住在封闭办公区。"住在办公室，还可以多干会儿活。""我在初样实验室已经睡了好几个晚上了，挺好的。"……轻描淡写的话语背后，彰显着航天人的大局观和战斗力。

2022 年 5 月，新一轮新冠肺炎疫情肆虐北京。为最大限度减轻疫情对卫星运输的影响，确保天链二号 03 星如期进场，党组织决定以公路运输形式护送卫星进驻靶场。疫情之下，2600 公里的守护，既是对卫星的一次考验，更是对运输团队的一次大考。行车途中，为排除一切干扰稳定运输的因素，党员带头坚持"一米、一米"地用目光注视道路，每分每秒保持注意力的高度集中，一天连续十几个小时，6 天下来眼睛熬得通红。为减少与社会面的接触，队员每天工作结束后就在简易板房中休息，甚至睡在随车的集装箱里。"护星"队伍在分毫之中彰显着骨子里的党性，在山河之间蹚出了卫星运输的"康庄坦途"。

在科研生产、改革发展一线，中国航天坚持抓基层、强基础、固基本，大力推动党支部实践创新，定期分析职工思想动态，将广大职工群众更加紧密地团结起来，把各方面力量更加充分地调动起来。无论是入党超过五十年的老党员，还是刚刚入党的新同志，大家都在用实际行动践行着党章所赋予的责任，让胸前的党徽熠熠生辉。一系列党建工作典型案例得到党中央的高度肯定，2016 年、2021 年，中国航天科技集团多家基层党委被授予"全国先进基层党组织"称号。①

坚持系统观念，提升党建工作质量

20 世纪五六十年代，在党中央领导航天队伍艰苦创业的实践中，钱学森带领开创并完善了航天系统工程技术和管理体系，产生了广泛而深远的影响。系统工程在型号任务中的成功运用，给航天基层党建工作带来有益的启示。中国空间技术研究院党委在推进党建工作实践中，运用系统工程方法整体谋划、深入分析，将党建工作"系统总体"分为责任、制度、队伍、考核

---

① 2016 年中国共产党成立 95 周年之际，中国航天科技集团所属中国空间技术研究院五〇二所党委被授予"全国先进基层党组织"称号。2021 年中国共产党成立 100 周年之际，中国航天科技集团所属中国运载火箭技术研究院一部党委、中国空间技术研究院西安分院党委获"全国先进基层党组织"荣誉称号。

4个"分系统"，提出用好"加、减、乘、除"四字诀，带动了党建工作水平的整体提升。

在党建工作的4个"分系统"中，责任体系建设是基础，明确"谁来干"的问题。抓住责任制这个"牛鼻子"，强化党委主体责任和纪委监督责任，抓好党委书记第一责任、党务干部关键责任、党支部书记直接责任，逐级签订责任书，明确党建基础任务和重点任务。制度体系建设是纲领，解决"怎么干"的问题。坚持加强党规党纪学习，强化党建规章制度体系建设，推出管理手册、程序文件等工具抓手，扎紧制度的笼子，让党建工作"行有制度、动有流程、做有标准"。队伍体系建设是推力，为"干得好"提供保证。着力培育党建工作"内行人"，选优配强党务干部，创新设立党建工作坊，加强业务培训，开展送教上门，定制党建教学片和作业指导书，发布胜任力模型，让大家既当好干部又成为专家。同时，参照科学技术委员会的设置机制，建立党建工作专家委员会，发挥党建智库作用，促进党建人才新老衔接、赓续传承。考核体系建设是抓手，建立"要干好"导向。把抓好党建作为最大政绩，明确党建考核不只是对党务工作的考核，更是面向"大党建"领域，既完善以考带做、以评促建的良好机制，又推动党建目标全面实现、落到实处、取得实效。

坚持系统观念，既要突出重点、带动全局，也要统筹兼顾、综合平衡。因此，既要系统地、也要具体地做好"加、减、乘、除"。一是善做"加法"，提升引领能力。通过加强政治意识、加强自身建设，加强各项业务融合，提升政治引领力、队伍战斗力、组织生命力。二是实做"减法"，发挥最大效能。通过减繁取简、减堵疏通、减虚务实，不断优化责任、制度、队伍、考核四个体系，推动"标准要穿透""层级要穿透""品牌要穿透""航天精神要穿透""党对群团的领导要穿透"，同时做到力戒形式主义、官僚主义，为基层减负。三是巧做"乘法"，实现倍增效应。通过行之有效的举措，以"任务 × 使命"放大无上光荣，以"人才 × 事业"厚植成功根基，以"精神 × 时代"汇聚发展力量。四是敢做"除法"，营造稳定环境。通过除浊气改作风，通过除隐患护安全，通过除"距离"促和谐，更好地维护改革发展稳定良好局面。

只有围绕中心、建设队伍、服务群众，推动党建和业务的深度融合，党建工作才能找准定位。中国航天坚持把融入中心、引领发展作为党建工作的出发点、落脚点，为事业创新发展注入了强大动力。"4+2"发射场工作流程、"6+3 清"档案和"塔架下的道德讲堂"就是其中的典型实践。

基于多个型号试验队的探索经验，中国空间技术研究院党委提出把党建流程融入技术流程的工作思路，构建了"技术、计划、产品保证、技安 + 政工、防疫"的"4+2"发射场工作流程体系。这一流程以计划管理时间为轴线，融合发射场相应阶段技术任务的重点和难点，以流程图和作业指导书的方式规范了发射场党建工作程序及环节。通过明确全流程的节点、各项活动开展时间、具体内容、负责人等关键要素，实现了发射场党建工作与主线工作的相互呼应，推动了党组织作用发挥从"围绕式"向"融入式"转变。

关心保障职工群众工作生活，紧紧依靠职工群众奋斗创造，是航天党组织的优良传统。2018 年春，北斗三号第九颗、第十颗卫星试验队和高分十一号卫星试验队相继进驻发射场。进场前，党组织安排政工人员开展了以"性格特点清、身体状况清、思想状况清、工作状态清、家庭情况清、后顾之忧清"为主要内容的"六清"档案的梳理和建立工作，全面摸清试验队员后顾之忧，有针对性地开展后方关爱和保障工作。疫情发生后，天问一号试验队将"疫情防控方面，本人和亲属身体状况清、本人和亲属出行轨迹清、疫苗接种清"等信息加入档案梳理，形成了"6+3 清"档案关爱模式。基于"6+3 清"档案，党组织实施"一人一策"精准关爱方案，多次开展家属慰问、协助看病、帮忙搬家、每周配送蔬菜水果、提供家政补贴等关怀举措，极大缓解了试验队员的家庭生活压力。

道德讲堂是积极培育和践行社会主义核心价值观的一种有效形式。在中国航天，道德讲堂不仅在党员群众身边举办，而且融入型号攻坚任务，打响了"塔架下的道德讲堂"品牌。2018 年 7 月 20 日，正值高分十一号卫星研

高分十一号卫星试验队"塔架下的道德讲堂"

制的最关键阶段，一场道德讲堂在太原卫星发射中心举办。一个个生动鲜活的故事，从大家质朴的讲述中流淌而出。"有的队员结婚前一晚才回到外地的家，婚礼结束后第二天就返回岗位。""有的队员为确保产品按时交付，没日没夜地连续奋战三周。"……型号两总、型号骨干、技术"萌新"纷纷讲述执行任务以来的亲历、亲见、亲闻，激发了在场参研参试人员的强烈共鸣。

新时代全面从严治党从中央政治局立规矩开始，从落实中央八项规定入手。党的十九大后，中央政治局首次会议就把作风建设摆上日程，并持续把解决形式主义、官僚主义突出问题，为基层减负作为作风建设的重点。中国航天坚决贯彻落实党中央关于作风建设的部署要求，持续推动中央八项规定精神落实到科研生产工作的方方面面。

在中国航天，党组织还坚持构建"大党建"工作格局，认真落实中央关于加强和改进党的群团工作的各项部署，持续加强群众性劳动竞赛、青年科技（管理）论文评选等工作，大力推进班组建设，全方位营造尊重劳动、尊重知识、尊重人才、尊重创造的环境，加强职工关心关爱，促进青年成长成才，团结动员职工青年建功立业，为航天型号任务的圆满成功构建起良好的政治生态与和谐稳定的发展氛围。

高质量党建引领航天事业发展，全面从严治党护航逐梦太空征途。前进道路上，唯有发扬将革命进行到底的精神，深入推进新时代党的建设新的伟大工程，持续探索党建深度融入中心的新模式新方法，把党建工作优势源源不断转化为事业发展胜利，我们的事业才能始终凝聚起广大党员干部和职工群众团结奋斗的磅礴力量，始终赢得党和人民的信任支持，托举强国梦想、助力伟大复兴。

第七节　加快建设航天领域世界人才中心

党的十八大以来，党中央作出人才是实现民族振兴、赢得国际竞争主动的战略资源的重大判断，作出全方位培养、引进、使用人才的重大部署，推动新时代人才工作取得历史性成就、发生历史性变革。在人才优先发展战略布局引领下，中国航天坚持党对人才工作的全面领导，深入落实新时代人才强国战略，深化人才发展机制改革，大力培育航天领域战略人才力量，精益求精锻造大国工匠，加速释放"人才红利"，为圆满完成载人航天、深空探测、北斗导航等航天重大工程任务和推动航天强国建设提供了重要的人才支撑。

牢固树立人才是第一资源的理念

进入新时代，以习近平同志为核心的党中央牢牢把握"两个大局"，强调科技是第一生产力、人才是第一资源、创新是第一动力。国家科技创新力的根本源泉在于人，创新驱动实质上是人才驱动。从党的十八大到党的十九大，党中央均对做好人才工作作出系统部署，党的十九届五中全会明确将"建成人才强国"列入 2035 年远景目标。①

---

① 参见《中国共产党组织建设一百年》，党建读物出版社 2021 年版，第 554—557 页。

人才是航天事业的第一资源，是加快建设航天强国的重要战略支撑。2009 年 11 月，习近平在视察中国航天科技集团公司第六研究院时强调，航天事业责任重大、使命光荣，要不断培养优秀人才、领军人才，为航天事业发展提供精神动力和人才保证。① 发展航天事业、搞好重大工程充满挑战。孙家栋说，虽然有压力，但更要充满信心。"信心建设在哪里？信心就建设在中国航天这支队伍上。经过几十年锻炼、成长，大家对航天事业精益求精，想尽一切办法都要把自己的产品搞好。"

党的十八大以来，习近平在不同场合多次提及航天人才队伍，对航天人才培养成果表示充分肯定，对以航天科技为代表的高科技领域人才培养工作作出一系列重要指示批示。习近平指出，中国航天"培养造就了一支特别能吃苦、特别能战斗、特别能攻关、特别能奉献的高素质人才队伍"②，"锻炼和培养了一支能够站在世界航天科技前沿、勇于开拓创新的高素质人才队伍特别是青年才俊"③，并多次使用"功勋""史册""祖国和人民将永远铭记"等字眼，表达对航天队伍的高度认可。他强调："要着力完善人才发展机制，最大限度支持和鼓励科技人员创新创造"④，"要鼓励更多科学大家、领军人才、青年才俊和创新团队勇立潮头、锐意进取，以实干创造新业绩，在推进伟大事业中实现人生价值，不断为实现中华民族伟大复兴的中国梦奠定更为坚实的基础、作出新的更大的贡献"⑤。

① 参见《习近平视察中国航天科技集团公司第六研究院》，《中国航天报》2009 年 11 月 18 日。

② 《习近平会见神舟十号载人飞行任务航天员和参研参试人员代表 代表党中央、国务院、中央军委向航天员和广大参研参试人员表示热烈祝贺和诚挚慰问》，《人民日报》2013 年 7 月 27 日。

③ 《习近平在会见天宫二号和神舟十一号载人飞行任务航天员及参研参试人员代表时强调 在航天事业发展征程上勇攀高峰 努力建设航天强国和世界科技强国》，《人民日报》2016 年 12 月 21 日。

④ 《习近平在会见嫦娥三号任务参研参试人员代表时强调 坚持走中国特色自主创新道路 不断在攻坚克难中追求卓越》，《人民日报》2014 年 1 月 7 日。

⑤ 《习近平在会见探月工程嫦娥四号任务参研参试人员代表时强调 为实现我国探月工程目标乘胜前进 为推动世界航天事业发展继续努力》，《人民日报》2019 年 2 月 21 日。

2013 年 5 月 4 日，习近平来到中国空间技术研究院参加主题团日活动，当了解到创造一个又一个辉煌业绩的航天团队中的大量人才都是我国自己培养的时，他说，我们要坚信，坚持中国特色社会主义道路、理论、制度，坚持投身中华民族伟大复兴的大业，就一定会出大师、出更多大师，这方面要有充分的自信。①

2018 年 7 月，全国组织工作会议召开。习近平强调，要加快实施人才强国战略，确立人才引领发展的战略地位，努力建设一支矢志爱国奉献、勇于创新创造的优秀人才队伍。深化人才发展体制机制改革，最大限度地把广大人才的报国情怀、奋斗精神、创造活力激发出来。要实行更加积极、更加开放、更加有效的人才政策，聚天下英才而用之。② 这为做好新时代人才工作提供了根本遵循。

2021 年 9 月，习近平出席中央人才工作会议并发表重要讲话，强调加快建设世界重要人才中心和创新高地，为 2035 年基本实现社会主义现代化提供人才支撑，为 2050 年全面建成社会主义现代化强国打好人才基础。③ 中国航天科技集团在会上作了交流发言。会后，多家中央媒体对中国航天科技集团坚持党管人才原则、大力实施人才强企战略的实践经验和典型案例作了集中报道。

千秋基业，人才为本。综合国力的竞争，说到底是人才的竞争。进入新时代，中国航天坚持人才引领发展，着力培养科技创新主力军，已成为创新高地、精神高地、人才高地，正在新的起点上努力创造新的更大成就。面向未来，航天人才优势必将更好地转化为推动航天强国建设、推动中华民族伟大复兴伟业的战略优势、发展优势。

---

① 参见《习近平同各界优秀青年代表座谈时强调 在实现中国梦的生动实践中放飞青春梦想》，《人民日报》2013 年 5 月 5 日。
② 参见《中国共产党组织建设一百年》，党建读物出版社 2021 年版，第 465、466 页。
③ 参见《习近平在中央人才工作会议上强调 深入实施新时代人才强国战略 加快建设世界重要人才中心和创新高地》，《人民日报》2021 年 9 月 29 日。

加快建设航天领域国家战略人才力量

世界科技发展史证明，谁拥有了一流创新人才、拥有了一流科学家，谁就能在科技创新中占据优势。习近平指出，战略人才是支撑我国高水平科技自立自强的重要力量，要把建设战略人才力量作为重中之重来抓，并强调要"大力培养使用战略科学家""打造大批一流科技领军人才和创新团队""造就规模宏大的青年科技人才队伍""培养大批卓越工程师"。① 党的十八大以来，中国航天自觉履行实现高水平科技自立自强的复兴使命，培养造就了一大批科技领军人才、青年创新人才和高水平创新团队，为发展航天事业、建设航天强国提供了强有力的战略人才支撑。

事业牵引是航天战略科技人才培养的关键一招。航天事业的发展与国家进步、民族尊严紧密联系在一起，成就了一大批具有强烈爱国心、责任感和使命感的航天大家。"国家需要，我就去做。"这是孙家栋常说的一句话，也是广大航天人的深刻思想共识与强烈行动自觉。叶培建说："无论是载人航天还是探月，无论是卫星还是北斗，有几点特别重要：第一，大家都是为了国家利益，各行各业都支持来做；第二，关键还是人。航天人有个特点，一定会把完成国家任务摆在第一位。"事业牵引本质上就是政治牵引，加强对战略人才的政治引领与政治吸纳，是中国航天加快建设世界航天领域人才中心的重要路径。

航天战略科技人才，归根到底要从中心任务的主战场中涌现出来。中国航天高度重视在重大工程主战场识别、培养、用好领军人才，有计划地安排科技骨干经受多岗位、多专业锻炼，对善打硬仗、战绩突出的优秀科技骨干，及时将其推举为型号总设计师、总指挥。同时选拔专业上具有深厚造诣、善于把握型号规律和技术进步的人才，通过大系统、多型号的磨砺，逐渐培养为担当大任的重大工程领域总设计师、总指挥。

---

① 参见《习近平在中央人才工作会议上强调　深入实施新时代人才强国战略　加快建设世界重要人才中心和创新高地》，《人民日报》2021 年 9 月 29 日。

战略科学家是科学统帅、领军人才，是国家战略人才力量中的"关键少数"。中国航天坚持长远眼光，大力在国家重大科技任务中发现和培养具有战略科学家潜质的高层次复合人才。近年来，中国空间技术研究院实施了以培育领军人才为核心的"珠峰计划"，建立了"四级研究员"高层次创新岗位体系，着力打造战略科学家成长梯队。

空间站系统总设计师杨宏当初调入神舟飞船研制队伍时才 29 岁，那时他刚刚执行完发射新型返回式卫星首发星任务。1993 年前后，作为飞船供配电总体的设计人员，在没有相关资料和研制经验的情况下，杨宏肩挎一个小背包，跑遍全国所有分系统承研单位，在一次次与运载火箭系统和发射场系统对接后，提出了船载计算机分布式系统结构方案。担任神舟六号飞船副总设计师后，杨宏牢记"只许成功不许失败"的诺言，到主要协作单位实地考察，通过现场办公解决问题，与车间技术人员面对面交流，确保了飞船 13 个分系统、643 台设备、40 万条语句、82 个软件、10 万多只元器件无一差错。聚光灯下接受采访时，杨宏只是平静地说："我不是新闻人物，也不想成名，更不想当英雄，我只想把自己的本职工作做好。"如今，巧夺天工的中国空间站遨游苍穹。杨宏带领团队让中国智慧闪耀太空。

1982 年，从国防科技大学毕业的谢军，踌躇满志地踏进中国航天的大门。调入测试中心后，在老同志认真负责精神的感染下，谢军逐字逐句学习测试仪器的每一本说明书，尝试操作每一台仪器的每一个按钮。即使是很少用到的按钮，他也要了解功能，从不放弃仪器操作使用的任何细节。担任北斗二号导航卫星总设计师后，谢军面临着前所未有的压力。他也常常对朋友说起航天人的"苦"，但这种"苦"不仅是工作强度、加班加点的"苦"，而是要顶住方方面面的压力，把国家交予的使命完成好。他说："如果干不好，给国家造成的损失是不堪设想的，我自己更是不可容忍的。"这种作风塑造了谢军，也塑造了北斗团队这支"铁军"。在新时代，谢军作为北斗卫星导航系统工程副总设计师、北斗三号卫星首席总设计师，带领大家瞄准一流、顽强战斗，推动我国在卫星导航领域取得举世瞩目的成就。

在战略人才储备机制方面，坚持重大工程和重大研发项目每推进一个阶段，人才就跟进一批、储备一批。按照"分层分类、差异培养、量化考核、动态管理"的思路，建立起由国家级、省部级及院所级专家构成的专家队伍，打造了由型号两总、主任师、副主任师和主管师构成的型号研制骨干队伍，一批年轻的战略储备人才走上重大型号工程舞台。

伴随探月工程同步成长的孙泽洲，34岁就被任命为嫦娥一号卫星副总设计师，38岁被任命为嫦娥三号探测器系统总设计师。探月三期工程正式立项时，34岁的张高被任命为嫦娥五号探测器副总指挥。同期，4名不到40岁的拔尖青年人才也走上了嫦娥五号探测器副总设计师的岗位。在载人航天领域，王翔39岁时就被任命为空间实验室系统和空间站系统总指挥，成为当时最年轻的型号领军人才。实践证明，这些长期奋战在科研第一线，跨学科理解能力、大兵团作战组织能力强的型号领军人才，已逐渐成长为中国航天的中流砥柱。

在型号领军人才之外，加快建设卓越工程师队伍也是航天战略人才培养的重要部分。卓越工程师是顶尖工程技术人才，是推动航天事业向高水平迈进的重要支撑力量。与战略科学家更加侧重前端的科技前沿探索不同，卓越工程师更加侧重后端技术创新工程化应用，两者既有效衔接，又互为补充。在实践中始终把型号一线作为工程师队伍施展才华、提升能力的主舞台，鼓励其参与基础性课题攻关，大力开展科技练兵活动，促进人才价值与事业成就的同步提升。

2013年12月14日，嫦娥三号探测器成功降落在月球虹湾地区，短短720秒内实现了制动、调姿、避障的一气呵成。完美落月的背后，正是空间控制系统研发团队十年如一日的坚守。团队由37名工程师组成，其中35人具有博士学历，7人具有博士后研究经历。航天器控制分系统就像人的大脑，是航天器技术创新链条中的"第一站"。组长邢琰说："一个参数错误可能就会导致整个卫星任务的失败。团队经常为了得到一个最准确的参数，做几十次甚至几百次的仿真实验。"中国航天坚持将人才价值融入事业发展，锻造了一支又一支"甘坐板凳十年冷"的卓越工程师队伍。

在航天战略人才队伍的培养实践中，尤其是在国家重大工程任务中，一大批爱党报国、勇担使命的战略科学家、卓越工程师、高水平创新团队涌现出来，作出重要贡献，获得一系列重要荣誉。孙家栋被授予"共和国勋章"；叶培建获"人民科学家"国家荣誉称号；杨孟飞当选全国道德模范；谢军被评为"央企楷模"，入选"感动中国 2020 年度人物"；孙泽洲被授予"全国杰出专业技术人才"称号……他们正与团队一起继续奋斗，矢志为我国航天科技实现高水平自立自强再立新功。

精益求精培养"大国工匠"

党的十八大以来，习近平多次对技术工人、技能人才作出重要指示批示，为做好相关工作、壮大高技能人才队伍指明了前进方向、注入了强大动力。他指出，技术工人队伍是支撑中国制造、中国创造的重要基础，对推动经济高质量发展具有重要作用。要健全技能人才培养、使用、评价、激励制度，加快培养大批高素质劳动者和技术技能人才，在全社会弘扬精益求精的工匠精神，激励广大青年走技能成才、技能报国之路。①

培养更多高素质技术技能人才、能工巧匠、大国工匠，既是航天事业当时之需，也是航天发展长远之计。中国航天立足高端工匠的精准培养需求，积极推进技能人才评价机制改革，健全技能人才发展通道，依托技能大师工作室体系，努力推进复合型高技能人才队伍建设，不断完善职业技能认定体系，持续推动操作技能经验的转移与传承，培养出一大批"手托上亿资产、肩负国家使命"的大国工匠，为国家重大工程保驾护航。

天和核心舱的密封舱体，就是由张铁民大师工作室的青年焊工郑兴焊造

---

① 参见《习近平对我国选手在世界技能大赛取得佳绩作出重要指示强调　弘扬精益求精的工匠精神　激励广大青年走技能成才技能报国之路》，《人民日报》2019 年 9 月 24 日。

的。空间站核心舱舱体巨大，焊缝总长度超过 300 米，焊接时要高标准一次成型，且焊缝最大气孔直径不能超过头发丝粗细，难度极大。空间站焊接进入关键期时，郑兴发现一旦空气湿度超过 40%，焊缝气孔数量和直径都会明显增加。郑兴反复琢磨后，采用两排烤灯直接加热工作面，使得焊缝气孔的数量大大减少。而这意味着在最潮热的夏天，郑兴经常要在五六十度的高温环境下连续工作一个多小时。"每一个焊点关系到航天员的生命安危，每一道工序影响着载人航天的成败"，这是太空家园的建造工匠郑兴笃定不移的工作信条。

在郑兴所在的卫星制造厂，竞争上岗制度让技能工人发展通道更加广阔。无论学历年龄，只要技能出众，都可以成为主岗人员，参与国家重点型号研制任务。郑兴不断积累、反复试验，经过十多年的勤学苦练，终于从初级工成长为一名高级技师，还成为全国技术能手。这些年，由郑兴担任主岗焊接的神舟飞船、天宫、天舟、新一代载人飞船试验船相继成功发射，让他倍感自豪。

关舱门操作是神舟飞船发射前的最后一道工序，是护送航天员飞天的第一道关口，神舟飞船总装班组长张舸就是神舟十二号飞船的"关门人"。自神舟五号载人飞船成功发射以来，这支与航天员最后道别的飞船"关门人"团队，护送着我国航天员安全进舱，出征太空。为了打造好这支技艺精湛、作风优良的"关门人"团队，中国空间技术研究院依托孙占海国家级技能大师工作室，对团队进行全方位培养，锤炼出一支特别能吃苦、特别能战斗、特别能攻关、特别能奉献的技能队伍。

2021 年 10 月 16 日，神舟十三号发射前的一个半小时，张舸亲自带队指导新一代"关门人"执行飞船的关舱门任务。航天员进舱前，张舸带领团队悉心整理和确认进舱通道的电缆、隔热被和直属件，反复进行预案演练和模拟操作，确保任务万无一失。飞船发射前，他们帮助因身着航天服而行动不便的航天员顺利进舱就位后，有条不紊地关上舱门，熟练地将舱门钥匙保险绳套在手腕上，再用钥匙将舱门上锁，由检漏人员检漏后，确保飞船的生命之门安全关闭。"请你们放心，我们已经高质量地完成了飞船总装工作，祝你们一切顺利，圆满完成任务，平安凯旋！"这是大国工匠对航天员和航天事业的铿锵承诺。

如果说"关门人"守牢的是航天员飞向太空的生命之门，那么"回收人"守护的便是航天员回家的平安之路。护佑航天员回家的这条路，是航天器降落伞加工技能大师牛国永与团队一针一线织就出来的。神舟飞船返回舱降落伞远看像是一整块布，实际上却是由 1900 多块伞衣像鱼鳞一样拼接而成——而将这些伞衣拼接成大伞，靠的就是牛国永与团队成员手中的针和线。缝制过程中，每一次移动伞衣都要精准地控制尺寸，每厘米要缝多少针都有精确的数据要求。牛国永说："航天员把生命交到我们手上，我们就得对生命负责！"

牛国永 2010 年大学毕业后就开始从事航天器回收着陆降落伞产品的缝制工作，跟着师傅一步步学起，从一名初级工成长为高级工、技师。牛国永坦言："每个行业都离不开人才，降落伞也一样，我们也要在自己这个行业培养更多的缝纫工程师、高级技师。"在牛国永的带领下，工作室不少成员考取了高级工、技师证书。如今，牛国永与团队已经完成神舟八号以来的多艘神舟飞船、嫦娥五号返回器、新一代载人飞船试验船以及天问一号火星探测器等多项重大工程的降落伞组建配套任务，用一针一线托举起大国工匠的航天梦想。

心心在一艺，其艺必工；心心在一职，其职必举。中国航天大力弘扬工匠精神，厚植工匠文化，在广阔天地中培养出一批又一批胸怀航天报国大志、懂技术会创新、敢担当讲奉献的技能人才队伍，为实现航天梦、强国梦汇聚起臻于至善的航天匠心。

大力支持航天青年挑大梁、担重任

青年最富有朝气、最富有梦想，青年兴则国家兴，青年强则国家强。习近平亲切关怀航天青年，给予了特别的厚爱，强调："要不拘一格、慧眼识才，放手使用优秀青年人才，为他们奋勇创新、脱颖而出提供舞台。"①2013 年在中国空间技术研究院参加主题团日活动时，当听说航天科研团队以青年为主体，嫦娥团队、神舟团队平均年龄 33 岁，北斗团队 35 岁，东方红四号团队 29 岁，卫星应用团队 28 岁，习近平十分高兴，由衷地感慨中国航天"朝气蓬勃、后继有人"。他指出，我国航天事业的发展历程充分说明，创新的制高点在科技，科技创新的希望在青年，希望大家认真学习航天青年科研团队的创新创造精神，结合实际发扬光大。②

习近平强调，青年人才是国家战略人才力量的源头活水。要把培育国家战略人才力量的政策重心放在青年科技人才上，给予青年人更多的信任、更好的帮助、更有力的支持，支持青年人才挑大梁、当主角。③中国航天注重厚植青年人才沃土，让青年打头阵、当先锋，对优秀苗子打破论资排辈，使其在关键岗位上和重大项目攻关中经风雨、见世面、壮筋骨、长才干，能够早日成长为能打硬仗的拔尖人才。

国家重大工程任务既是"试金石"，又是"磨刀石"。只有敢于在工程任务中给青年压担子，才能让青年"强筋壮骨"。张峤是与问天实验舱共同成长的青年设计师。2012 年 3 月，在空间站正式从方案论证阶段转入方案设计阶段的第二天，张峤如愿加入空间站设计师团队。加入队伍没多久，一项重要课题就落在了张峤的肩上：如何保证问天实验舱在太空转位时获得最稳定的飞行姿态？问天实验舱在前向端口与天和核心舱完成交会对接后，需要转位到侧向端口，在这个过程中稍有不慎，就会使两个巨大的航天器发生翻转漂移导致转位失败。为了攻克这一难关，张峤与团队通过模拟仿真开展了成千上万次试验，终于发现重力梯度稳定的转位姿态是漂移最小的姿态。在

① 《习近平在会见嫦娥三号任务参研参试人员代表时强调 坚持走中国特色自主创新道路 不断在攻坚克难中追求卓越》，《人民日报》2014 年 1 月 7 日。

② 参见《习近平同各界优秀青年代表座谈时强调 在实现中国梦的生动实践中放飞青春梦想》，《人民日报》2013 年 5 月 5 日。

③ 参见《习近平在中央人才工作会议上强调 深入实施新时代人才强国战略 加快建设世界重要人才中心和创新高地》，《人民日报》2021 年 9 月 29 日。

问天实验舱研制团队中，像张峤这样的青年人还有很多，平均年龄仅 36 岁的他们，"十年磨一剑"，在空间站建造任务中焕发出青春的夺目光彩。

在给青年压担子的同时，充分的组织工作保障和青年人才培养机制，也是中国航天敢于放手使用青年人才的底气所在。督导师制度就是加快青年成长的重要机制之一。神舟十二号载人飞船飞控技术组组长杨海峰是青年员工肖雪迪的督导师，不论徒弟提的问题多么烦琐，他都会把自己知道的知识倾囊相授。肖雪迪入职仅一年半的时间，就已经参与了神舟十二号到神舟十四号飞船的三次任务。在一次保障神舟十四号飞船供电安全的经历中，杨海峰的表现让她"深受震撼"。

神舟十四号飞船要停靠在天和核心舱的下方对接口，由于受到核心舱大帆板或天舟三号帆板遮挡的影响，面临着飞船帆板发电不足的问题，紧急情况下可能会影响飞船的撤离。若要保持神舟飞船的正常运转，组合体必须要给飞船供电 1400 瓦，而这样并网发电的时间就要增加到 8 天。面对北京飞行控制中心"3 天之内完成并网发电"的要求，杨海峰发挥团队智慧，采用空间站调姿节约发电时间的方案，把发电时间压缩到两天半。杨海峰不止一次地用他的言传身教让肖雪迪感受到航天人对待事业的态度。在督导师的引领下，跟肖雪迪同一批入职的 16 名新人中，已有多人成为空间站建造任务的主力。

毫无保留的传帮带，也是北斗团队的好传统。创业阶段，"老北斗"用药盒和大头针制作简易的卫星模型向新员工细细讲解。后来，他们用"共享笔记本"等形式，你一句、我两行地记录研制经验和心得。创新开展的虚拟卫星培训项目也渐渐成为"北斗新人"们的必修课，他们分工协作，用不到一个月的时间设计出一颗"麻雀虽小、五脏俱全"的虚拟卫星，通过考核后才能走上工作岗位……现在，他们有了"科研生产一体化管控平台"等数字化工具，进一步提升了知识沉淀与设计制造的能力，让北斗青年迅速地茁壮成长。

除了督导师制度外，讲授党课、组建发射场临时党委、成立党员先锋队等活动，也大大增强了青年人对事业的认同感、使命感和归属感，让他们牢固地树立起"国家利益高于一切、航天强国重任在肩"的价值理念，矢志用奋斗书写光荣梦想，用成功推动强军强国。

与督导师制度类似，在技能人才领域，"师带徒"制度是促进青年技能人才成长的又一重要机制。技艺精湛、理论深厚的技能大师与青年签订《师徒协议书》，同时在工程任务中向青年传递老航天人的严谨、敬业精神。年逾花甲的卫星燃料加注师白崑顺先后与4名青年党员结成师徒关系，手把手地教弟子们如何给卫星加注燃料。在西昌卫星发射中心，白崑顺与剧毒、易燃易爆、腐蚀性强的卫星燃料打了22年交道，为确保万无一失，每次加注他都要爬上两米高的大罐框架，仔细检查数百米管路、数百个接口，确保次次"滴肼不漏"。白崑顺在教授徒弟加注技能的同时，以数十年如一日的执着坚守、严谨细致，深深感染着一批批青年技能人才。

同督导师、"师带徒"等"柔性"培养机制相匹配，中国航天还推出一系列促进青年科技人才成长的政策支撑。在科研任务中，大力支持青年科技人才开展探索性、前瞻性和颠覆性项目攻关，并在团队组建、助手配备、经费使用、薪酬激励等方面予以特殊支持。同时依托自培研究生培养机构，构建"学习＋实践"一体化培训平台，辅助青年人才快速实现理论知识向科研实践的转化。

青年科技人才队伍是航天事业中最积极、最有生气的力量。除了习近平多次提及的"北斗"团队、"神舟"团队、"嫦娥"团队中航天青年挑大梁、担重任外，天问一号火星探测团队青年占比60%以上、主任设计师平均年龄不到37岁。这样的情况在航天各领域比比皆是。航天青年在逐梦太空的征途上发出青春的夺目光彩，成为驱动航天高科技前沿技术发展的蓬勃力量。

2022年五四青年节前夕，习近平在给中国航天科技集团空间站建造青年团队回信中指出，一大批航天青年挑大梁、担重任，展现了新时代中国青年奋发进取的精神风貌。他勉励广大航天青年弘扬"两弹一星"精神、载人航天精神，勇于创新突破，在逐梦太空的征途上发出青春的夺目光彩，为我国航天科技实现高水平自立自强再立新功。①

习近平总书记的回信既是对航天青年科技人才培养成果的高度肯定，也是对航天青年投身航天事业、勇于创新突破的巨大鼓舞，在航天系统持续引发热烈反响。空间站系统总指挥王翔表示："我们的团队有幸生逢一个如此蓬勃的问天时代，我们会永葆年轻科研工作者的朝气和信心，不负青春、不负嘱托！""全国向上向善好青年"、空间站机械臂控制分系统主任设计师梁常春说："踏上航天强国建设新征程的我们，一定要自觉地把个人的命运同祖国和民族的命运紧紧联系在一起，在推动航天强国建设的伟大实践中发挥青春之力。"

第八节 大力弘扬深厚博大的航天精神

进入新时代，广大航天工作者在工程实践中传承发扬航天"三大精神"，铸就了探月精神，发展形成了新时代北斗精神，丰富了中国共产党人的精神谱系，为中华民族贡献了具有时代特点、适应时代需要的民族精神和时代精神。同时，中国航天坚持大力弘扬深厚博大的航天精神，讲好新时代航天奋斗故事，推动航天精神深播远传，凝聚起新时代航天队伍逐梦太空、勇攀高峰的强大斗志，鼓舞起万众一心推动航天强国建设和实现中华民族伟大复兴的磅礴力量。

航天精神是中国共产党人精神谱系的重要组成部分

党的伟大精神和光荣传统是我们的宝贵精神财富，是激励我们奋勇前进的强大精神动力。在庆祝中国共产党成立 100 周年大会上，习近平精辟概括了伟大建党精神的深刻内涵，指出"一百年前，中国共产党的先驱们创建

---

① 参见《习近平回信勉励广大航天青年 弘扬"两弹一星"精神载人航天精神 为航天科技实现高水平自立自强再立新功》，《人民日报》2022 年 5 月 4 日。

了中国共产党，形成了坚持真理、坚守理想，践行初心、担当使命，不怕牺牲、英勇斗争，对党忠诚、不负人民的伟大建党精神，这是中国共产党的精神之源"，并强调"一百年来，中国共产党弘扬伟大建党精神，在长期奋斗中构建起中国共产党人的精神谱系，锤炼出鲜明的政治品格"。①

航天精神是鼓舞和激励全党全国各族人民和一代代航天队伍风雨无阻、勇敢前进的强大力量。经过几代航天人的接续奋斗，我国航天事业创造了彪炳史册的辉煌成就，走出了一条自力更生、自主创新的发展道路，积淀了深厚博大的航天精神。在中国共产党成立 100 周年、新中国成立 72 周年之际，经党中央批准，党领导航天队伍在接续奋斗中铸就的"两弹一星"精神、载人航天精神、探月精神、新时代北斗精神被第一批纳入中国共产党人的精神谱系。

伟大事业孕育伟大精神，伟大精神引领伟大事业。党的十八大以来，以习近平同志为核心的党中央高度重视航天事业发展，科学擘画航天事业未来，强调大力传承和弘扬航天精神。习近平发表一系列重要论述，高度肯定航天精神，并站在实现中华民族伟大复兴中国梦的高度，要求必须传承好、弘扬好航天精神，主动肩负起历史重任，把科学追求融入全面建设社会主义现代化国家的伟大事业中去。

"两弹一星"精神是爱国主义、集体主义、社会主义精神和科学精神的体现，是中国航天在 20 世纪为中华民族创造的宝贵精神财富。习近平经常提到"两弹一星"成就与经验，始终亲切褒扬"两弹一星"精神。他指出，不管条件如何变化，自力更生、艰苦奋斗的志气不能丢。新时代的航天工作者要以老一代航天人为榜样，大力弘扬"两弹一星"精神，敢于战胜一切艰难险阻，勇于攀登航天科技高峰，让中国人探索太空的脚步迈得更稳更远，早日实现建设航天强国的伟大梦想。② 他强调，要把"两弹一星"精神一代

---

① 习近平：《在庆祝中国共产党成立 100 周年大会上的讲话》，《人民日报》2021 年 7 月 2 日。

② 《习近平给参与"东方红一号"任务的老科学家回信强调　敢于战胜一切艰难险阻　勇于攀登航天科技高峰》，《人民日报》2020 年 4 月 25 日。

一代传下去，使之变成不可限量的物质创造力。①

　　载人航天精神是"两弹一星"精神的延续和发展，为航天事业发展注入了强劲动力。习近平指出，我们注重传承优良传统，发扬特别能吃苦、特别能战斗、特别能攻关、特别能奉献的载人航天精神，彰显了坚定的中国特色社会主义道路自信、理论自信、制度自信、文化自信，为坚持和发展中国特色社会主义增添了强大精神力量。②他强调："希望同志们大力弘扬载人航天精神，精心做好后续各项工作，确保实现既定任务目标，不断开创载人航天事业发展新局面，使中国人探索太空的脚步迈得更大更远，为建设航天强国作出新的贡献。"③

　　2016 年是中国航天事业创建 60 周年，"60 年来，在党中央坚强领导下，在全国大力支持下，一代代航天人不忘初心、接续奋斗，谱写了我国航天事业发展的壮美篇章，实现了我们先人们的飞天梦"④。为铭记历史、传承精神，自这一年起，经党中央批准、国务院批复，每年 4 月 24 日被设立为"中国航天日"。

　　进入新时代以来，中国航天在深空探测、卫星导航等工程任务的卓绝实践中，大力弘扬"两弹一星"精神和载人航天精神，与党和国家事业同频共振，铸就了新的精神财富，展现出新的时代气象。经以习近平同志为核心的党中央提出和倡导，探月精神、新时代北斗精神被广泛叫响。

　　探月工程实施以来，党中央给予了高度重视和亲切关怀，在历次贺电中

---

① 参见赵小津主编：《精神的力量——航天精神引领中华民族探索浩瀚宇宙》，人民出版社 2022 年版，第 244 页。

② 参见《习近平在会见天宫二号和神舟十一号载人飞行任务航天员及参研参试人员代表时强调　在航天事业发展征程上勇攀高峰　努力建设航天强国和世界科技强国》，《人民日报》2016 年 12 月 21 日。

③ 《神舟十一号载人飞船发射成功　习近平致电表示热烈祝贺》，《人民日报》2016 年 10 月 18 日。

④ 《习近平在会见天宫二号和神舟十一号载人飞行任务航天员及参研参试人员代表时强调　在航天事业发展征程上勇攀高峰　努力建设航天强国和世界科技强国》，《人民日报》2016 年 12 月 21 日。

为研制队伍和他们创造的丰功伟绩、展示的拼搏精神点赞。2019 年 1 月 11 日，嫦娥四号任务取得圆满成功之际，党中央、国务院、中央军委在贺电中正式提出了"追逐梦想、勇于探索、协同攻坚、合作共赢"的探月精神，要求大家不忘初心、砥砺奋进。①2020 年 12 月 17 日，嫦娥五号取得圆满成功后，习近平在贺电中勉励大家弘扬探月精神，一步一个脚印开启星际探测新征程。②

新时代北斗精神是随着北斗卫星导航系统的推进，在北斗二号开通服务后中央提出"北斗精神"的基础上，结合北斗三号的建设实践丰富发展而来的。2020 年 7 月 31 日，党中央、国务院、中央军委在对北斗三号建成开通的贺电中指出，希望参研参试单位和全体同志大力弘扬"自主创新、开放融合、万众一心、追求卓越"的新时代北斗精神，为实现"两个一百年"奋斗目标、实现中华民族伟大复兴的中国梦作出新的更大贡献！③ 在北斗三号全球卫星导航系统建成暨开通仪式上，习近平亲自宣布"北斗三号全球卫星导航系统正式开通"，并要求传承好、弘扬好新时代北斗精神。④

探月精神和新时代北斗精神，是新时代航天人发扬伟大建党精神，在实践中对航天"三大精神"的新发展，续写了中国共产党人的精神谱系，为中华民族增添了新的宝贵精神财富，为新时代中国人民逐梦太空和推进新时代中国特色社会主义伟大事业，树立了闪亮的精神丰碑，注入了更加磅礴的精神力量。

---

① 参见《中共中央国务院中央军委对探月工程嫦娥四号任务圆满成功的贺电》，《人民日报》2019 年 1 月 12 日。

② 参见《嫦娥五号返回器携带月球样品安全着陆 中国探月工程"绕、落、回"三步走规划如期完成 习近平致电代表党中央、国务院和中央军委祝贺探月工程嫦娥五号任务取得圆满成功》，《人民日报》2020 年 12 月 17 日。

③ 参见《中共中央国务院中央军委对北斗三号全球卫星导航系统建成开通的贺电》，《人民日报》2020 年 8 月 1 日。

④ 参见《习近平出席建成暨开通仪式并宣布北斗三号全球卫星导航系统正式开通》，《人民日报》2020 年 8 月 1 日。

国家强盛、民族复兴需要物质文明的积累，更需要精神文明的升华。[①]在全面建设社会主义现代化国家、向着第二个百年奋斗目标砥砺奋进的新征程上，新时代航天人将不忘初心、牢记使命，以深厚博大的航天精神滋养灵魂、以历久弥坚的精神力量突破前进，不断续写新的奋斗史诗、精神史诗。

引领新时代航天队伍刷新中国高度

精神无形，却总能激发出无穷的力量。在航天精神的感召和驱动下，航天队伍勇敢追逐梦想、勇攀科技高峰，自信自强、创新超越，推动中国航天取得一系列民族复兴标志性和具有全球影响的重大成就。中国人在探索浩瀚宇宙的征途上，不断刷新着进军太空的中国高度。

党的十八大以来，载人航天队伍大力弘扬"两弹一星"精神和载人航天精神，放飞一艘艘"神舟"与"天舟"，发射了天宫二号空间实验室，建成了中国空间站，实现了巨大的飞跃，在逐梦太空的征程上续写了振奋人心的中国故事、留下了铿锵坚毅的中国足音，受到以习近平同志为核心的党中央和全国人民的高度肯定。空间站系统总指挥王翔说："空间站不是自己一个站在飞行，这个站背后就是我们有这样一个完备的强大的航天体系的保障，所以空间站能在天上飞，而且我们作为一个国家能独立自主干出空间站在天上飞，就意味着你真的是一个航天强国。"

以探月精神为引领，中国航天人追逐梦想、勇于探索、协同攻坚、合作共赢，让中国人逐梦太空、探索深空的脚步迈得更大更远，取得探月探火等重大成果。从 2007 年开始，中国探月工程屡战屡胜、战战告捷，研制队伍多次受到党和国家领导人的亲切关怀和殷切勉励。在探月精神的引领下，嫦娥团队勇往直前、永争第一，一步一个脚印攀登世界科技高峰，体现出我国科技水平和创新能力的快速提升，谱写了"敢上九天揽月"的逐梦壮歌。

---

① 参见《习近平在中共中央政治局第三十一次集体学习时强调　用好红色资源赓续红色血脉　努力创造无愧于历史和人民的新业绩》，《人民日报》2021 年 6 月 27 日。

在嫦娥三号月球车研制过程中，为了检验月球车在未知环境中进行长距离巡视探测的能力，嫦娥团队找到了最像月面环境的沙漠地区开展了为期两个月的外场试验。风餐露宿、幕天席地，艰苦的条件和枯燥的重复，没有击垮心存梦想的探月团队。相反，他们以苦为乐，常说自己是幸福的"追梦人"，享受着逐梦成长的快乐。在艰苦的试验外场，他们在生活区门口立了一块漂亮的石头，上面写着"望舒"两个字，并给场区起名望舒村。"望舒"是《楚辞·离骚》里为月亮驾车的女神，他们自诩是现代为月亮造车、驾车的人。大漠孤烟，因为村口见不到一棵草，所以大家从远处运来了一棵胡杨，寓意不屈不挠、上下求索的深空探索精神。树上的 6 个指向牌标出了外场到祖国六个城市的距离，因为 150 名试验队员来自这六个地方。树梢上还挂着一块向上的指向牌，上面写着：月球，38 万公里。38 万公里，这是梦想的距离。这个梦想，是目标、动力和方向。

2019 年播出的中宣部《榜样 4》节目，以"学榜样、守初心、担使命"为主题，向全党全国人民介绍了嫦娥四号任务群体代表的事迹。节目说："嫦娥四号任务工程浩大，在与之相关的无数个岗位上，处处可见中国航天人忙碌的身影。大漠戈壁的试验场上，他们伴着狼嚎入眠，就着沙暴进餐；航天城内的月壤环境试验里，他们戴着防毒面具判读数据，人造月壤纤细的粉末透过皮肤侵蚀入肺；试验关键时期，有的刚做完手术不久就迅速上岗，有的扛着病痛坚守岗位，有的在接受肿瘤切除手术前的几分钟还通过短信回复技术疑问，叮嘱试验注意事项。探月工程圆的是中华民族自强不息的飞天揽月梦。逐梦永不停止。"节目播出后，"揽月"天团的故事感动了无数人。

嫦娥五号任务从 2011 年 1 月工程立项，到 2020 年 12 月圆满成功，整整历经十年，三千六百多个日夜。团队里的很多年轻人十年如一日，从论证到立项再到设计研制，把最美好的青春都献给了"嫦娥"。荣获"中国青年五四奖章集体"的嫦娥五号导航制导与控制团队，是一支以青年科技骨干为主体、老中青结合的坚强战斗集体，63% 都是 35 岁以下的年轻人。探月之旅的每一步跨越，都汇聚了无数艰辛和漫长等待。但他们却非常乐观，表示

"非常享受这种圆梦的感觉"。他们说："当你加入月球探测队伍之后，再抬头眺望月亮，那种感觉是不一样的。"圆梦，是新时代航天青年共同的追求。

协同攻坚、合作共赢是推进深空探测的精神指引，是我国在航天事业中充分发挥新型举国体制、推动构建人类命运共同体的充分彰显。从嫦娥到天问，凝聚了方方面面的资源和支持，是成千上万科研人员集体智慧的结晶，依靠的是我们国家的综合国力，汇聚的是中国人民的整体力量。嫦娥四号任务软着陆月球背面后，由多国组织或参与的科学探测任务陆续展开，获得的探测数据通过鹊桥号中继卫星传回地面后，供中外科学家共同开展研究工作。嫦娥五号以月壤样品向世界开放为代表，彰显着中国航天的天下胸怀。中国深空探测工程成为全球航天国际交流与合作中的重要项目，也使中国航天在开放合作中不断提升了自身科技创新能力。

以新时代北斗精神为引领，中国航天人以 2012 年北斗二号区域组网、覆盖亚太为新起点，勇敢面对各种风险挑战，付出了艰苦卓绝的努力，提前完成系统建设，建成了我国独立自主、开放兼容的全球卫星导航系统，实现了"中国的北斗、世界的北斗、一流的北斗"的目标。

自主创新就是要勇担利国之任，这也是攀登世界科技高峰的必由之路。北斗工程在早期就遭遇了来自国外的前所未有的打压与遏制。北斗团队深刻认识到：关键核心技术是要不来、买不来、讨不来的。正如北斗一号、北斗二号卫星总指挥李祖洪所说，"巨人"对我们技术封锁，唯一的办法就是自己成为"巨人"。北斗团队打掉一切依赖思想，坚定地走上了独立运行、自主可控的发展道路。面对核心部件原子钟的进口受到封锁，他们勇敢发起冲锋，顽强攻坚克难，以国产化铷钟全面取代进口铷钟，让北斗卫星拥有了"中国心"，实现了国产原子钟从无到有、从有到国际一流的跨越。立足自主创新，北斗三号卫星实现部组件和关键元器件国产化率100%，彻底摆脱了受制于人的局面，以科技自立自强为国家提供了坚强战略支撑。

开放融合是北斗的鲜明特色。北斗系统既立足中国、依靠自己，又放眼世界、服务全球。我国在推进北斗系统建设与北斗应用的过程中，与世界各国协调合作、兼容互补、资源共享，实现与美国全球定位系统（GPS）、俄罗斯格洛纳斯系统、欧洲伽利略系统等卫星导航系统兼容共用。北斗系统不仅面向全球提供定位导航授时基本服务和短报文、搜救等特色服务，而且在交通运输、电商物流等领域也实现了应用全面开花落地。北斗系统独具的短报文服务功能，不仅能让用户定位"我在哪"，而且实现了通过短信告诉别人"我在哪""在干什么"的超越，成为首个融导航与通信功能为一体的全球卫星导航系统。

千军万马投身北斗，万众一心成就北斗。北斗三号全球卫星导航系统的建成开通，充分体现了我国社会主义制度集中力量办大事的政治优势。[①] 在党的坚强领导下，400 多家单位、30 余万名科研人员参与其中，各个方面全力支持。进入 2020 年，北斗三号系统建设迎来收官倒计时，当时正值新冠肺炎疫情防控的吃紧阶段，多支试验队伍、数百名科技人员无惧疫情，从全国各地逆行出征，齐聚发射场投身"大决战"。全球组网的背后，凝结着全国上下万众一心的磅礴力量。

在奋斗中，航天人始终坚持永不止步、追求卓越，实现超越发展。北斗系统建设历程波澜壮阔，任务连战连捷、系统功能拓展、性能指标提高、寿命持续提升，彰显中国速度、中国精度、中国气度，靠的就是追求卓越、精益求精的精气神。一代代北斗人披荆斩棘、不懈奋斗，用奋斗走向成功、用卓越铸就辉煌，将北斗导航的"勺柄"牢牢握在自己的手中。

必须传承好、弘扬好、发展好航天精神

历史川流不息，精神代代相传。深厚博大的航天精神是中国共产党带领中国人民在发展航天事业的奋斗中积淀出的伟大精神，彰显党的性质宗旨和政治品格，蕴含着中国航天"从哪里来、到哪里去"的精神密码，过去是、

[①] 参见《习近平出席建成暨开通仪式并宣布北斗三号全球卫星导航系统正式开通》，《人民日报》2020 年 8 月 1 日。

现在是、将来仍然是党和人民的宝贵精神财富。

在深厚博大的航天精神中，从航天"三大精神"到探月精神、新时代北斗精神，各个精神产生背景不同、内容表述不同，但各个精神之间具有一脉相承、完整连贯的思想传承。同时，航天精神也是一个守正创新的概念，在航天工程实践中生发，驱动并见证着航天事业的发展壮大，具有鲜明的时代特征、深厚的历史气韵、崇高的道德情怀，在新时代焕发出蓬勃的生机和绵延的力量。

深厚博大的航天精神不仅在载人航天、深空探测、北斗导航中得到传承与弘扬，更在党和国家事业的各个方面、各个领域得到深入实践，成为竞相绽放的文化之花，化为爱国奉献的使命担当、勇于创新的奋斗自觉和无处不在的榜样力量。

在通信卫星领域，航天人忠于初心、诚于价值、勇于担当、敢于超越，推动我国通信卫星领域实现迅猛发展，促进卫星通信得到日益广泛应用，不仅在赤道上空的静止轨道上连成了一条浩荡的"星星桥"，而且创造出东方红五号卫星公用平台，让中国航天跻身世界一流通信卫星"俱乐部"。

在遥感卫星领域，航天人"遥瞰寰宇、感知天地"，奋进航天强国征程，在求实创新中铸造了高分、资源、海洋、风云、测绘等多个系列的国之重器，开创了一个多层、立体、多角度、全方位和全天候对地观测的新时代，以精度和广度彰显了为国家和民族谋发展的使命担当。

在产业化程度高的小卫星领域，航天人发扬"务实、高效、创新、共赢"的品格，以引领超越为使命，以全球市场为战场，以探索创新为驱动，以自强奉献为品格，以融合开放为通途，披荆斩棘、砥砺前行，在充满激烈竞争的小卫星赛场上走出了一条"好、快、省"的发展之路，不断创造新的成就。

在卫星应用领域，航天人坚持以国为重、以人为本、以质取信、以新图强，着力践行以人民为中心的发展思想，挖掘需求、谋划系统、推动落地、服务国家，以新应用推动新发展，以新产业释放新动能，更加有力地推动经济社会发展，不断满足人民对美好生活的需要。

2021年中国空间技术研究院成功发射运行航天器纪念浮雕镶嵌仪式

在国际合作中，航天人牢记"创人类航天文明　铸民族科技丰碑"使命，坚持胸怀天下，高举开放包容、合作共赢旗帜，敞开怀抱欢迎全球合作，致力于为探索宇宙奥秘提供中国智慧，致力于为航天技术服务全世界、造福全人类作出中国贡献。

新时代的中国航天事业蓬勃向上，航天队伍斗志昂扬，奋进步伐激越铿锵，科技进步日新月异，发展成就举世瞩目。在实现中华民族伟大复兴的关键时期，必须坚定不移地大力传承好、弘扬好、发展好航天精神，赓续共产党人精神血脉，坚决战胜前进道路上的各种困难和挑战，依靠顽强斗争打开事业发展新天地。

围绕大力传承和弘扬航天精神，中国航天各级党组织做了大量工作，把传承、弘扬、发展航天精神融入深化改革、科研生产、人才培养全过程，坚持精神立志、筑牢信念共识，坚持精神育人、荟萃一流人才，坚持精神铸魂、壮大航天文化，不断书写赓续弘扬航天精神的新篇章，不断彰显发展航天事业的志气骨气底气。

在中国航天，爱国主义和航天精神教育是每一位航天人职业生涯的"第一课"和"必修课"，各级党组织积极探索传承弘扬航天精神的新理念新方法，持续促进航天队伍的思想共振、心灵共鸣。中国空间技术研究院每年在建院纪念日前后会举办成功发射型号浮雕镶嵌仪式，邀请型号两总亲自在"成功墙"上镶嵌浮雕。这一仪式对年轻员工产生极大鼓舞，有的新员工看到这面墙后激动地说："我为自己能加入这支队伍而自豪！"在航天工程实践中，航天精神教育还突出质量意识、责任意识和风险意识的培养，坚持以航天精神引领实现高质量、高效率、高效益发展的思想共识，把航天队伍对成功的决心转化为严慎细实的工作作风与精益求精的担当作为。

航天精神蕴含着无尽的精神力量，不仅体现为航天队伍的拼搏与成就，而且能够跨越行业界限、超越时空区隔，给全民族全社会带来莫大的鼓舞与激励。新时代的航天队伍有责任有义务肩负起向全社会大力弘扬航天精神的重要使命，这是坚定历史自信的必然要求，也是增强历史主动的必然选择。

2019年9月，来自青海、新疆、广西等9个省区的80余名"春蕾梦想成长营"小营员来到中国空间技术研究院展示中心，在嫦娥四号探测器总设计师孙泽洲的带领下，深入了解航天发展成就和航天精神，尤其在镌刻航天器浮雕的"成功墙"前面驻足良久。来自新疆和田的小姑娘穆凯代斯·麦麦提阿卜说："能亲眼看到祖国航天事业的辉煌成果，我感到无比自豪和骄傲！我回去后，一定把自己的所见所闻分享给家里的小伙伴们，让大家感受到祖国母亲的温暖和强大，早日成长成才来回报关心和爱护我们的人。"航天精神跨越时空、代代相传，精神的力量仿佛一颗梦想的种子，落在青少年的心田里生根发芽。

2021年2月11日除夕之夜，四位航天总设计师登上央视牛年春晚特别节目《向祖国报告》，向全国人民拜年。嫦娥五号探测器总设计师兼总指挥、中科院院士杨孟飞对观众说："我想说，未来中国人必将探索更远的太空！"载人航天工程副总设计师、神舟飞船总设计师张柏楠说："未来，神舟飞船将为我们探索太空提供更强大的保障！"北斗三号首席总设计师谢军说："北斗三号卫星已实现全球组网，实现核心器部件国产化率百分之百！"天问一号火星探测器系统总设计师孙泽洲宣布了一个好消息："就在25小时之前，天问一号成功被火星捕获。"节目一经播出，迅速掀起讨论热潮。"这个节目全场最佳！""他们是真正的明星！致敬！""中国航天，了不起！中国航天人，了不起！"……航天成就令人振奋，航天精神引人奋进，全球中华儿女都为此激动不已。

　　党的百年华诞前夕，从九龙红磡到维港码头，从高校课堂到会展中心，中国航天的故事被口口相传、广泛热议。在"时代精神耀香江"活动中，5名航天院士专家和曾在香港留学的青年科技工作者代表走进香港大中小学，讲述中国航天的奋斗故事。戚发轫动情地说："一个人只有有了爱，才能把最宝贵的东西奉献出来。人最高尚、最伟大的爱，就是爱这个国家。"讲座结束后，同学们追着院士专家们提问，孩子们说道："我们的国家好伟大！""我们会努力学习，刻苦钻研，让五星红旗迎向星辰大海！"闪耀香江的航天精神宣讲，在港引发"航天热""爱国潮"，对促进中华民族团结统一、走向伟大复兴带来了积极影响。

"时代精神耀香江"航天科学家团队进校园活动

充分利用作为航天精神主要发源地的优势，中国空间技术研究院党委认真学习领会习近平总书记关于传承和弘扬航天精神的重要指示批示，以"答时代之问、应社会之需、凝强国之魂、聚奋进之力"为主线，将大力传承弘扬航天精神作为一项重要的政治责任，认真谋划、系统推进、扎实工作，不仅落实到基层一线，而且辐射到广大公众，取得良好成效。

把红色资源用活，建成展示中心，不仅注重展示航天发展成就，还建立了"精神的力量"常展，接待大量来访参观，充分发挥了弘扬航天精神的窗口作用，被命名为"全国爱国主义教育示范基地"，入选"科学家精神教育基地"。一支由精兵强将组成的航天精神宣讲团，为身边的同志们和社会公众阐发精神内涵、讲述精彩故事、传递精神力量，影响多达数十万人次，变航天精神"发源地"为航天精神"传播地"，被授予"基层理论宣讲先进集体"称号。基于持续开展的航天精神理论研究，航天队伍对航天精神的时代价值和内涵进行深入挖掘，在建党百年之际出版《精神的力量——航天精神引领中华民族探索浩瀚宇宙》，由孙家栋亲自作序并给予"有高度、有深度、很厚重"的高度评价，入选"中国好书"月度榜单，受到广大读者欢迎。

展望中国共产党领导中国人民逐梦太空的无垠征途，航天队伍的攀登没有止境，航天事业的发展没有止境，航天精神的发扬没有止境。在航天"三大精神"和探月精神、新时代北斗精神之后，新的、具体的航天精神正在新的时代气象里、新的砥砺奋进中孕育与锻造，既传承着航天精神的内核，又反映出阶段性的航天成就与发展经验，反映出新一代航天人的精神特质与昂扬面貌。这些鲜活的航天精神必将在未来继续涌现，融入航天精神的系统，与已有的航天精神共存，并一起迸发出更加强大的精神伟力。

胜负之征，精神先见。航天精神所在，就是航天队伍血脉所在、力量所在，就是航天事业信心所在、希望所在。新时代的航天队伍以卓绝奋斗和辉煌成就，让航天精神的内涵更加深厚博大、力量更加磅礴绵延，为全体航天人乃至广大中华儿女提供了奋勇前行的强劲精神引擎。面向中华民族伟大复兴，面向航天强国伟大征途，以航天精神汇聚起磅礴伟力的中国航天，必将无往而不胜。

小　结

进入新时代，在以习近平同志为核心的党中央坚强领导下，在习近平新时代中国特色社会主义思想指引下，中国航天牢记殷切嘱托、锚定强国目标，自信自强、守正创新，取得了以载人航天、探月探火、卫星导航为标志的重大成果，不断创造新的历史，为推动我国进入创新型国家行列、加快实现高水平科技自立自强贡献了航天智慧、航天方案、航天力量。

在新时代的宏阔气象中，中国航天始终坚持和加强党的全面领导，坚持全面从严治党，大力弘扬深厚博大的航天精神，更好地服从和服务于国家发展战略，在逐梦太空的征途上攻克一个又一个难关、取得一个又一个突破，实现空间科学、空间技术、空间应用全面进步，支撑强国强军、惠及千家万户、造福世界人民，为以中国式现代化推进中华民族伟大复兴、创造人类文明新形态作出了重要贡献。新时代的航天队伍坚定拥护"两个确立"，坚决做到"两个维护"，不忘初心、牢记使命，心系人民、胸怀天下，逐梦无垠太空、奋进强国征程，不断书写着震撼世界的中国奇迹。

中国特色社会主义进入新时代以来的航天实践充分证明，"两个确立"对新时代党和国家事业发展、对推进中华民族伟大复兴历史进程具有决定性意义。展望新征程，有以习近平同志为核心的党中央的坚强领导，有习近平新时代中国特色社会主义思想的科学指导，中国人民逐梦太空的道路必将越走越宽广、越走越光明，中国航天一定能够实现建设航天强国、托举伟大复兴的宏伟目标，在新时代新征程上赢得更加伟大的胜利和荣光！

第五章

中国共产党领导中国
人民奋进航天强国建
设新征程

中国共产党领导中国人民逐梦太空，是光荣而伟大的事业，有光明和灿烂的前景。半个多世纪以来，中国共产党领导中国人民胸怀航天梦、强国梦，立鲲鹏之志，踏星海之远，敢于战胜一切艰难险阻，勇于攀登航天科技高峰，在探索浩瀚宇宙、发展航天事业、建设航天强国的接续奋斗中，书写了惊天动地的壮丽史诗。

回望来时路，阔步新征程。从筚路蓝缕艰苦创业，到星船飞天富国强军，从走向深空走向国际，到奔赴强国启幕未来，中国共产党领导中国人民逐梦太空的伟大奋斗，融于历史长河，汇入时代大潮，开启文明新篇，具有世界影响，展现光明前景，意义重大深远，经验弥足珍贵，未来无限可期。

第一节　党领导人民逐梦太空伟大奋斗的历史意义

习近平总书记强调："我们处在前所未有的变革时代，干着前无古人的伟大事业。"[①] 党领导人民逐梦太空的伟大奋斗，意义重大、影响深远。

半个多世纪以来，党领导人民坚定发展航天事业，大力发展空间科学、空间技术与空间应用，取得了以"两弹一星"、载人航天、深空探测、北斗导航为代表的辉煌成就，在党史、新中国史、改革开放史中铸就了不朽的飞天传奇，创造了彪炳中华文明史、世界社会主义发展史、人类文明发展史的航天奇迹，正在奔向加快建设航天强国、全面实现民族复兴的伟大梦想。

谱写了我国航天事业发展的壮美篇章

我国航天事业刚起步时，真是一无所有、一穷二白。半个多世纪以来，在党中央坚强领导下，在全国大力支持下，一代代航天人在实现航天梦的长征路上接续奋斗，敢于斗争、敢于胜利，敢上九天揽月，敢教日月换新天。建设年代，人造卫星进入宇宙，《东方红》旋律传遍世界；千年之交，神舟

---

① 习近平：《努力成为可堪大用能担重任的栋梁之才》，《求是》2022 年第 3 期。

飞船往返天地，中国航天员遨游苍穹。仰望星空，嫦娥飞天揽月逐梦，舒广袖且为忠魂舞；胸怀天下，北斗导航泽沐八方，让世界无远弗届。奔向火星，天问一号漫漫求索，跋涉亿万里，抵达"乌托邦"，喝彩百年风华；筑"宫"太空，中国空间站完成在轨建造，书写新历史，托举强国梦，昭示千秋伟业。

伟大的事业孕育伟大的精神，伟大的精神推进伟大的事业。一代代航天人弘扬光荣传统、赓续红色血脉，在创造辉煌成就的同时，积淀了深厚博大的航天精神。"两弹一星"精神、载人航天精神、探月精神、新时代北斗精神由党中央明确提出并大力倡导，在实践中迸发出磅礴绵延的精神力量，引领中华民族迈出了逐梦太空、探索宇宙的坚毅步伐，推动航天事业在艰辛探索中起步、在封锁打压中发展、在后发追赶中壮大、在跨越发展中突破，被第一批纳入中国共产党人的精神谱系，对全民族全社会产生了持久的感召力和引领力，在史册上永恒定格，永放光芒。

绘就了中国式现代化的空间画卷

中国式现代化扎根中国大地，切合中国实际，是党和人民长期实践探索的成果，创造了人类文明新形态。与其他国家具备的条件和面临的情况有着很大的不同，我国发展航天事业从一开始就只能完全依靠自己。在党的坚强领导下，中国航天不信邪、不怕压，既虚心学习借鉴国外的有益经验，又坚定民族自尊心和自信心，没有照搬西方国家的航天技术发展模式，而是紧密立足国情和科技发展实际，一直保持着与国家经济社会发展总体水平相适应的节奏，走出了一条投入较少、发展较快、成果较多、可持续的，富有中国特色的发展道路，把事业发展的主动权牢牢掌握在自己的手中。

中国式现代化是前无古人的事业，逐梦太空也是前无古人的实践。一代代航天人坚持旗帜引领、思想引领、精神引领，坚持自力更生、自主创新、自立自强，坚持稳中求进、循序渐进、持续推进，坚持和平发展、开放融合、合作共赢，以"功成不必在我"的境界与"功成必定有我"的担当，一步一个脚印走、一棒接着一棒跑、一代接着一代干，坚定历史自信、增强历史主动，坚持"一张蓝图绘到底"，尽管遭遇无数艰难险阻、经历无数严峻考验而总能斩关夺隘、勇往直前，不仅在"天地之间"、更在"天地之外"推进和拓展了中国式现代化，展示了伟大的中国道路、中国精神、中国力量。

丰富了中国化时代化的马克思主义行的实践依据

马克思主义是我们立党立国、兴党兴国的根本指导思想，为我们认识世界、把握规律、追求真理、改造世界提供了强大武器。航天事业是党的事业，是在马克思主义指导下创建和发展起来的。中国航天始终坚持党的领导、加强党的建设，始终牢记初心使命、坚定理想信念、践行党的宗旨，始终坚持真理、坚守理想、爱国奉献、自立自强，始终坚持发展是第一要务、科技是第一生产力、人才是第一资源、创新是第一动力，建立并与时俱进地完善了航天系统工程技术和管理体系，通过奋斗让漫天星光洒遍了世界，五星红旗闪耀在深空，中华儿女"定居"于苍穹。

中国共产党坚持"两个结合"，不断推进马克思主义中国化时代化。实践告诉我们，中国共产党为什么能，中国特色社会主义为什么好，归根到底是马克思主义行，是中国化时代化的马克思主义行。进入新时代，中国航天用习近平新时代中国特色社会主义思想统一思想、统一意志、统一行动，坚持人民至上、坚持自信自立、坚持守正创新、坚持问题导向、坚持系统观念、坚持胸怀天下，在逐梦太空的征途上开展了更加深广的发展实践，进行了更加深远的创新探索，凝聚了更加深厚的精神力量，依靠顽强斗争打开事业发展新天地，托举强国梦想、照亮复兴之路，让马克思主义展现出更强大、更有说服力的真理力量。

增强了坚持和发展中国特色社会主义的坚定信念

中国特色社会主义是改革开放以来党的全部理论和实践的主题，是党和人民历尽千辛万苦、付出巨大代价取得的根本成就。中国特色社会主义旗帜引领中国航天事业发展，中国航天事业发展增辉中国特色社会主义旗帜。在逐梦太空的征途上，党领导人民坚持独立自主开拓前进的道路，把航天事业发展放在自己力量的基点上，充分发挥社会主义制度能够集中力量办大事的这一最大优势与重要法宝，通过团结奋斗成就历史伟业。航天队伍矢志不渝听党话、跟党走，在攻坚克难中追求卓越，在自立自强中创新超越，在接续奋斗中实现飞跃，将聪明才智与创新创造写在了无限的宇宙之间。

中国特色社会主义，既是我们必须不断推进的伟大事业，又是我们开辟未来的根本保证。中国航天一路走来，依靠我们国家的综合实力勇攀高峰，汇聚中国人民的整体力量砥砺奋进，不断从胜利走向新的胜利，让我国在世界航天高技术领域不仅占有了一席之地，而且走在前列、迈向一流，正在向着航天强国和世界科技强国的目标勇毅前行。这充分彰显了坚定的中国特色社会主义道路自信、理论自信、制度自信、文化自信，极大鼓舞了中国人民的创新信念和信心，为全社会创新创造提供了强大激励，为不断开创新时代中国特色社会主义事业新局面坚定了信心、鼓舞了斗志、积蓄了力量。

实现了中华文明从神话流传千年到飞天揽月梦圆的重要跃迁

中华民族是世界上伟大的民族，有着五千多年源远流长的文明历史，为人类文明进步作出了不可磨灭的贡献。人类自古就对广袤无垠的天空充满向往，中华民族世代传递着飞天的梦想。在中国古代，关于宇宙、星空、天下的认识与想象，孕育了瑰丽玄奇的神话传说，塑造了天人合一的宇宙观和怀柔远人、和谐万邦的天下观，内化为中华文明的深厚底蕴，深刻影响了中国历史的演进发展。但直到新中国成立后，中国共产党团结带领中国人民，学习运用科学技术，自力更生、艰苦奋斗、大力协同、勇于攀登，才真正地把飞天、奔月、逐日等神话一个个变成现实，让卫星闪耀穹庐、飞船遨游星海，直上青天揽明月，"摘得星辰满袖行"。

党和人民百年奋斗，书写了中华民族几千年历史上最恢宏的史诗。其中，党领导人民逐梦太空的伟大奋斗，用中华文明历史长度仅百分之一的时间尺度，就取得了伟大的成就，产生了深远的影响，不仅成为"最恢宏的史诗"中的壮美篇章，而且把中华民族非凡的创造力刻在了人类文明发展的光辉史册上。从"两弹一星"起，中华文明就揭开了变遥想宇宙为进军宇宙的崭新一页，实现了从千年农耕到逐梦太空、从九州四海到星辰大海的时空跨越，还将继续向着广袤的宇宙空间挺进，走向新的辉煌。

作出了推动世界航天事业发展与人类和平利用太空的中国贡献

中国发展离不开世界，世界发展也需要中国。中国共产党既为中国人民谋幸福，也为人类进步事业而奋斗，始终把为人类作出新的更大的贡献作为自己的使命。外层空间是人类共同的财富，探索、开发、和平利用外层空间是人类共同的追求。在中国共产党的领导下，中国本着为全人类谋福祉的精神，积极推动航天国际合作，不仅造福中国人民，而且造福世界尤其是第三世界国家人民。党领导人民在逐梦太空的奋斗中，以开放包容、合作共赢的实践，为探索宇宙奥秘、缩小信息鸿沟、创造美好生活、共圆航天梦想，推动构建人类命运共同体等作出了重要贡献。

社会主义五百多年的发展，印证了人类追求美好社会的铿锵脚步，始终代表着人类历史前进的正确方向。社会主义的中国虽然底子薄、起步晚、只能靠自己，但仍在不长的时间里就走到了世界航天的发展前列，创造了人类飞天的东方奇迹，并为发展中国家拓展了突破尖端、发展航天的途径。中国共产党领导中国人民坚定站在历史正确的一边，坚持和平利用太空、共享科技创新成果，绝不搞太空争霸、文明冲突，而是向世界敞开合作怀抱，促进全球发展、维护全球安全，在社会主义发展史上刻下了光辉印记，展示了坚定维护人类和平与正义事业的中国形象、中国责任与中国担当。

提供了中国共产党百年来治国理政经验的航天样本

中国共产党自成立以来始终践行初心使命，团结带领中国人民进行了百余年的奋斗，创造了伟大成就，产生了深远影响。新中国成立后，党领导人民以革故鼎新、改天换地的气魄，激情燃烧、斗志昂扬，决心"我们也要搞人造卫星"，矢志"上九天揽月"，开展了艰苦的实践探索，推动中国航天事业从无到有、从小到大地发展壮大起来，实现了从跟跑到并跑和部分领跑的重大跨越。成就闪耀星空，答卷铭刻史册。党领导人民逐梦太空的伟大奋斗，开创了中国共产党百余年来治国理政与重大成就的广阔图景，让中国高度、中国速度、中国精度、中国气度闪耀于浩渺苍穹。

党的百年奋斗积累的宝贵历史经验，贯通历史、昭示未来，在党领导人民逐梦太空的伟大奋斗中得到充分印证。在逐梦太空的征途上，我们之所以能够不断取得成功，归根结底就在于有中国共产党的坚强领导作为根本保证，就在于党在切实加强自身建设的同时，始终团结带领人民一道奋斗，就在于党领导的航天事业始终坚持科学理论指引、坚持自力更生为主、坚持战略主动在握、坚持开放互利共赢，以不懈的创新探索、强大的精神力量、广泛的动员协作，推动事业实现快速发展，奋力实现高水平自立自强，正在踔厉奋发、勇毅前行，开辟更加光明的未来。

昭示了中华民族伟大复兴必将得以实现的光明前景

近代以后，中华民族遭遇深重危机，国家蒙辱、人民蒙难、文明蒙尘。从那时起，实现中华民族伟大复兴就成为中国人民和中华民族最伟大的梦想。百余年来，党领导人民不懈奋斗、不断进取，进行了波澜壮阔的伟大斗争。探索浩瀚宇宙、发展航天事业、建设航天强国，是我们不懈追求的航天梦。航天梦是强国梦的重要组成部分。新中国成立后，党中央高瞻远瞩，创建了航天事业，团结带领人民在逐梦太空的征途上勇往直前，创造了彪炳史册的航天成就，积淀了深厚博大的航天精神，为中华民族迎来从站起来、富起来到强起来的伟大飞跃提供了强大战略支撑与磅礴精神力量。

　　星空浩瀚无比，探索永无止境，只有不断创新，中华民族才能更好走向未来。进入新时代，中国航天坚定捍卫"两个确立"、坚决做到"两个维护"，自信自强、守正创新，不断创造新的历史，让中华民族底气更足、腰杆更硬、说话更有分量，更好地走向未来，推动实现中华民族伟大复兴进入了不可逆转的历史进程。实践充分证明，有习近平总书记掌舵领航，有习近平新时代中国特色社会主义思想科学指引，我们就一定能解决我们想解决的难题，我们就一定能办成我们想办的大事。在党的坚强领导下，航天梦、强国梦一定能实现，到新中国成立一百年时全面建成社会主义现代化强国的目标一定能实现，中华民族伟大复兴的梦想一定能实现。

中国行星探测任务被命名为"天问"系列，中国人正在走向更远的深空

第二节　党领导人民逐梦太空伟大奋斗的宝贵经验

　　历史铭记奋斗的足迹，蕴含智慧的光芒。半个多世纪以来，党领导人民进行了逐梦太空的伟大奋斗，历经艰难困苦而始终敢于斗争、敢于胜利，应

对各种风险考验而始终勇于自我革命，坚定历史自信，赢得历史主动，取得了空间技术的辉煌成就，实现了航天事业的巨大发展，积累了弥足珍贵的历史经验。概括起来，主要有十个方面。

始终坚持党对航天事业的全面领导

中国特色社会主义最本质的特征是中国共产党领导，中国特色社会主义制度的最大优势是中国共产党领导，中国共产党是最高政治领导力量。办好中国的事情，关键在党；推动党和国家事业发展，关键在党的坚强领导。始终坚持党对航天事业的全面领导，也是历史带给我们最根本、最重要的经验。

党中央的英明决策和坚强领导，为事业发展提供了根本政治保证。党中央在新中国成立后不久，立足对国际形势的判断，立足国家安全和科技发展的战略高度，创建和发展了航天事业；在一穷二白的条件下，决策发展"两弹一星"，成立中国空间技术研究院，集中力量进行突破；一路走来，擘画发展蓝图、指引前进方向、给予大力支持，推动空间技术不断跨越，领导航天事业实现高质量发展。

党的科学理论指引，为事业发展提供了坚强思想保证。马克思主义深刻改变了中国，也为中国航天事业发展提供了强大思想武器。航天队伍一路走来坚持马克思主义基本原理，持续加强党的创新理论武装，坚持马克思列宁主义、毛泽东思想、邓小平理论、"三个代表"重要思想、科学发展观，全面贯彻习近平新时代中国特色社会主义思想，全面贯彻党的基本路线、基本方略，采取一系列改革举措，推进一系列科学实践，取得一系列标志性成果，始终沿着党所指引的正确方向前行，并以"天地之间"的卓绝奋斗与"天地之外"的璀璨星光，展现了马克思主义的强大真理力量和实践伟力。

党组织领导作用的有效发挥，为事业发展提供了重要动力引擎。各级党委按照民主集中制原则科学民主决策，坚持在大局下谋划、在大势中推进、在大事上作为，推动党的领导融入改革发展全过程各环节，将党的领导优势切实转化为发展优势与治理效能，充分发挥了把方向、管大局、保落实的全面领导作用，极大推动空间技术不断创新突破、得到广泛应用，极大推动航天事业破解发展难题、深化改革创新、取得重大成就。

我们坚信，只要我们坚持党对航天事业的全面领导不动摇，始终紧密团结在以习近平同志为核心的党中央周围，深入学习贯彻习近平新时代中国特色社会主义思想，坚定捍卫"两个确立"、坚决做到"两个维护"，就一定能够确保逐梦太空的步伐迈得大、行得稳、走得远。

始终坚持毫不动摇加强党的建设

打铁必须自身硬，必须毫不动摇把党建设得更加坚强有力。既要树立正确政绩观，把抓好党建作为最大的政绩，坚定理想信念、严密组织体系、严明纪律规矩，又要找准着力点，围绕中心抓党建，抓好党建促业务，以发展成果检验和彰显党建工作成效。

旗帜引领，指明逐梦太空的前进方向。航天事业作为党和国家的事业、人民的事业，旗帜鲜明讲政治是根本性要求。党旗所在，就是力量所在；党旗所指，就是奋斗所向。通过加强党的政治建设，航天队伍始终感党恩、听党话、跟党走，统一思想、统一意志、统一行动，不断提高政治判断力、政治领悟力、政治执行力，在学思践悟中团结成"一块坚硬的钢铁"，在干事创业中同舟共济、攻坚克难、一往无前。

凝心聚力，筑牢报国强国的使命担当。通过强有力的党建引领与政治动员，航天队伍将对党和人民的无限忠诚，转化为以国为重、爱国奉献的有力行动，始终自觉主动地把国家利益放在首位，把个人理想、人生价值与祖国需要、民族命运紧密相连，以"祖国需要"为使命召唤、人生选择、行动导向，以更加坚定的航天报国志向、更加强烈的航天强国信念，凝聚起事业发展的强大凝聚力和向心力，不断创造更多的中国奇迹。

强基固本，强化敢于胜利的组织保证。逐梦太空是前无古人的伟大奋斗，更需要坚持大抓基层的鲜明导向，需要强有力的组织推进，激发并汇聚起各级基层党组织抓党建、促发展的强劲动力。通过加强党建工作，进行广泛深入的组织动员，夯实坚强有力的战斗堡垒，建强先锋模范的党员队伍，带动众志成城的职工群众，航天队伍能够始终保持"赶考"的清醒和坚定，在不同的历史阶段担负重大工程、完成重大任务、应对重大斗争、取得重大胜利。

我们坚信，只要我们坚持毫不动摇加强党的建设，一以贯之地坚持以高质量党建举旗定向、强基固本、谋篇布局，一以贯之地深化改革、破解难题，推动建立现代企业制度，画好"同心圆"，解决好"两张皮"的问题，就一定能够不断开创航天事业发展新局面，让中国人探索太空的脚步迈得更大更远。

始终坚持践行以人民为中心的发展思想

党的根基在人民、血脉在人民、力量在人民。党和人民始终支持航天事业、关心航天队伍、肯定航天成就。空间技术的成就，增进人民福祉，激发人民斗志；空间技术的发展，离不开人民强有力的支持，离不开万众一心的团结凝聚，离不开职工群众的创新创造。

发展为了人民，是事业发展的根本任务。党中央决定搞人造卫星，决策成立中国空间技术研究院，始终坚强领导、坚定支持逐梦太空的伟大奋斗，就是为了维护人民的根本利益，推动经济社会发展、捍卫国家安全。通过大力推进航天重大工程任务，大力发展航天技术应用产业，航天事业全面服务国计民生，为人民创造美好生活，让人民共享发展成果，持续提高了人民群众获得感、幸福感、安全感。

发展依靠人民，是事业发展的重要方法。人民是航天事业发展的最大底气和关键推动力。从全国一盘棋搞成"两弹一星"，到亿万双手托"神舟"、"特别"团结造"天宫"；从协同攻坚创新上月球、登火星，到调动"千军万马"让北斗泽沐八方，航天事业站稳人民立场，贯彻党的群众路线，紧紧依靠人民不断创造新的历史。

尊重人民首创精神，是事业发展的内在动力。人民群众是真正的英雄。在逐梦太空的征途上，航天事业坚持以人为本，在党的建设中发扬党内民主，在日常管理中健全民主管理制度，在任务推进中发扬民主集中制，营造了尊重劳动、尊重知识、尊重人才、尊重创造的环境，增强了广大职工群众的积极性、主动性、创造性，形成了创新活力竞相迸发、创新力量充分涌流的生动局面。

我们坚信，只要我们践行党的宗旨、走好群众路线，始终同人民想在一起、干在一起，紧密团结职工群众干事创业，不断满足人民对美好生活的向往，让人民群众获得感、幸福感、安全感更加充实、更有保障、更可持续，就一定能够让航天事业始终葆有取之不尽、用之不竭的力量源泉。

始终坚持推进高水平科技自立自强

科技自立自强是国家强盛之基、安全之要。经过几代人接续奋斗，中国航天走出了一条自力更生、自主创新的发展道路；面向航天强国目标，必须加快突破"卡脖子"关键核心技术，奋力实现高水平科技自立自强，把发展的主动权牢牢掌握在自己手中。

坚持科技自立自强，是推动事业发展的立足基点。中国航天事业自创建伊始就确定了"自力更生为主"的方针，坚持把发展方向放在自己力量的基点上。走自己的路，既是党百年奋斗得出的历史结论，也是航天事业冲破艰难险阻、实现跨越发展的秘诀所在。自立自强不是闭门造车，不是单打独斗，不是排斥学习先进，更不是把自己封闭于世界大门之外；而是始终保持开放心态，虚心学习借鉴国外有益经验和世界一切优秀文明成果，有效利用国际知识、国际资源、国际市场，从而拓展发展空间，增强发展动能。

坚持科技自立自强，是掌握发展主动的必由之路。实践反复告诉我们，关键核心技术是要不来、买不来、讨不来的。中国航天自创建以来始终面临着发达国家严格的高技术出口限制政策，面临着各种打压、遏制与封锁，面临着激烈的竞争挑战。越封锁越要突破，越艰难越要向前。航天人以不屈的骨气和非凡的智慧，自立自强、创新超越，突破并掌握一大批具有自主知识产权的核心关键技术，逐步实现了关键元器件自主可控，从根本上改变了关键技术和产品受制于人的被动局面，把进入太空、利用太空的主动权牢牢地掌握在了自己手中。

坚持科技自立自强，是建设航天强国的战略支撑。实现高水平的自立自强，是构建新发展格局最本质的特征。进入新发展阶段，贯彻新发展理念，构建新发展格局，必须增强责任感和危机感，丢掉幻想，正视现实，打好关键核心技术攻坚战，加快攻克重要领域"卡脖子"技术，在科技自立自强上取得更大进展，不断刷新中国航天进军太空的高度，夯实国家安全基石的厚度，向航天强国不断迈进，为全面建设社会主义现代化国家、全面推进中华民族伟大复兴而团结奋斗。

我们坚信，只要我们坚持把自力更生、自主创新，强化科技自立自强作为国家安全和发展的战略支撑，时不我待推进高水平科技自立自强，就一定能够肩负起历史重任，把关键核心技术掌握在我们自己手中，让中国成为世界航天创新高地，在日趋激烈的国际竞争中把握主动、赢得未来，推动航天强国目标的早日实现。

始终坚持发挥新型举国体制优势

积力之所举，则无不胜也；众智之所为，则无不成也。社会主义制度能够集中力量办大事，是我们最大的优势。进入新时代，要发挥市场经济条件下新型举国体制优势，集中力量、协同攻关，支撑航天事业不断创新跨越。

发挥新型举国体制优势，是实现国家战略的关键举措。作为我们成就事业的重要法宝，举国体制在关键时候靠得住、赢得了，支撑航天事业取得从"两弹一星"到载人航天，从北斗导航到深空探测等重大成就。进入新时代，我们既着眼于发挥社会主义制度优势，又注重发挥市场在资源配置中的决定性作用，以实现国家重大战略目标为出发点，统筹推进国防建设、经济发展、科技创新，充分释放发展活力，稳中求进地奔向建设航天强国和世界科技强国目标。

发挥新型举国体制优势，是推动创新发展的关键支撑。在党中央统一领导下，通过科学谋划、整体布局、系统推进重大工程和尖端项目，推动各方面集智攻关，新型举国体制的制度优势被源源不断地转化为政策优势、发展优势。进入新时代，中国航天以新型举国体制为力量支撑，取得了前所未有的发展速度与重大成就，彰显了新型举国体制的显著优势，让制度自信更加坚定。

发挥新型举国体制优势，是迈向并跑、领跑的关键路径。进入新时代，中国航天以现代化重大战略工程和关键核心创新项目为抓手，不断探索关键核心技术攻关的科学模式与系统机理，强化总体牵引、充分验证的有效做法和工作机制，丰富并深化应用系统工程理念、程序与要求，实现了要素统筹配置，强化了国家战略科技力量，着力发挥了体系效能优势，不断取得新突破、攀上新高峰。

我们坚信，只要我们不断坚持、发展和完善新型举国体制，在筑梦圆梦的征程中不断彰显新型举国体制的强大优势，就一定能够着力抢占航天科技未来竞争制高点，推动我国在航天领域率先实现强国目标，创人类航天文明、铸民族科技丰碑。

始终坚持党管干部党管人才党管青年

千秋基业，人才为本。办好中国的事情，关键在党，关键在人，关键在人才，必须抓好后继有人这个根本大计。在党领导人民逐梦太空的伟大奋斗中，干部、人才始终是基础性、关键性、决定性因素，青年始终是生力军和突击队。

坚持党管干部原则，为事业提供了发展壮大的重要保证。党的干部是党和国家事业的中坚力量。社会主义革命和建设年代，干部又红又专，冲锋在前、吃苦在前，推动卫星成功上天；进入新时期，干部政治可靠、素质过硬，勇立改革开放潮头，推动事业科学发展；新时代以来，干部忠诚干净担当，初心本色更鲜亮，推动高质量发展本领、服务群众本领、防范化解风险本领更高强。正确的选人用人导向，科学的培养锻炼机制，完善的激励关爱安排，让好干部不断涌现，发挥重要作用。

坚持党管人才原则，为事业提供了支撑发展的第一资源。人才是第一资源，是实现民族复兴、赢得国际竞争主动的战略资源。在党的领导和关怀下，一代代航天队伍薪火相传，一批批院士专家骨干不断涌现，推进了技术创新突破，推动了事业接续发展。通过实施人才强企战略，全方位培养、引进、用好人才，航天队伍更加壮大、更有作为，成为国家战略人才力量，支撑航天事业不断打开发展新天地。

坚持党管青年原则，为事业提供了后继有人的根本途径。青年兴则国家兴，青年强则国家强。一批批富有朝气、富有梦想的青春面孔信赖党、追随党，选择中国航天，加入航天队伍，怀抱梦想又脚踏实地，敢想敢为又善作善成，练就过硬本领，勇于创新创造，矢志艰苦奋斗，锤炼高尚品格，成为航天事业合格接班人，在逐梦太空的征途上放飞青春梦想，在全面建设社会主义现代化国家的火热实践中绽放绚丽之花，昭示了实现高水平科技自立自强的光明前景。

我们坚信，只要我们始终坚持在党的全面领导下，着力打造高素质专业化干部人才队伍，着力培育敢于有梦、勇于追梦、勤于圆梦的新时代航天青年，使他们在担当中历练，在奋斗中成长，就一定能够为实现航天梦、中国梦提供人才支撑、奠定人才基础。

始终坚持弘扬光荣传统、赓续红色血脉

我们党之所以历经百年而风华正茂、饱经磨难而生生不息，就是凭着那么一股革命加拼命的强大精神。深厚博大的航天精神是中国共产党人精神谱系的重要组成部分，是中华民族的宝贵精神财富，蕴含着磅礴绵延的精神力量。

继承和发扬伟大建党精神，为事业创建发展奠定了鲜明政治品格。伟

大建党精神是中国共产党的精神之源。以伟大建党精神为引领，党团结带领人民攻克了一个又一个看似不可攻克的难关，创造了一个又一个彪炳史册的人间奇迹，取得了以空间技术跨越发展为代表的重大成就。航天事业从伟大建党精神中汲取了丰厚滋养，始终不畏强敌、不惧风险、敢于斗争、敢于胜利，更加坚定、更加自觉地牢记初心使命、开创美好未来。

大力传承弘扬深厚博大的航天精神，为事业自信自强提供了强大精神力量。历史川流不息，精神代代相传。一代代航天人在接续奋斗中，弘扬伟大建党精神，攀登航天科技高峰，积淀并丰富发展了深厚博大的航天精神，既实现了物质文明的积累，又实现了精神文明的升华，扩展了中国共产党人的精神谱系，为中华民族增添了新的宝贵精神财富，为事业发展注入了磅礴绵延的精神力量。传承弘扬航天精神，激发鼓舞精神力量，让建设航天强国的信念更坚定、斗志更昂扬、步伐更有力。

讲好奋斗故事、凝聚社会共识，为事业创新突破营造了有利发展环境。在逐梦太空的征途上，无数奋斗者、攀登者的拼搏奋斗与担当作为，托举空间技术取得一个又一个创新突破，赢得一项又一项胜利荣光。经过持续的政治倡导、组织引导、媒体报道、舆论称道，航天事业在政治上受到高度重视，在社会上赢得密切关注，受到了党中央一如既往的高度肯定和全国人民一如既往的大力支持，凝聚了广泛的奋斗共识，汇聚了强劲的发展合力。

我们坚信，只要我们坚定不移用党的伟大精神滋养自己，坚持中国道路、弘扬中国精神、凝聚中国力量，坚定信仰、信念、信心，增强志气、骨气、底气，就一定能够战胜建设航天强国道路上的一切艰难险阻。

始终坚持构建风清气正良好政治生态

全面从严治党是执政党加强自身建设的必然要求，是党永葆生机活力、走好新的赶考之路的必由之路。逐梦太空的征途充满了风险挑战，对勇于自我革命提出了更高要求，必须持续增强自我净化、自我完善、自我革新、自我提高能力，坚决反对形式主义、官僚主义，一体推进不敢腐、不能腐、不想腐，营造持久风清气正的良好政治生态。

强化日常监督、严肃执纪问责，在事业发展中释放了"不敢腐"震慑。航天党组织通过用足典型案例敲响震慑警钟，狠抓常态化长效化作风建设保证震慑成效，建立忠诚干净担当纪检铁军保证震慑质量，用好监督执纪"四种形态"，坚决做到有案必查、有责必问，全面从严治党的惩治震慑力、影响力和持久力不断提升，强力卫护逐梦太空的征途。

织密责任网络、推动建章立制，在事业发展中强化了"不能腐"约束。航天党组织通过明确全面从严治党"两个责任"履职事项内容和标准，构建联动贯通的大监督体系，加强对责任落实情况的监督检查，将政治巡察作为严肃政治纪律和政治规矩的重要抓手，强化巡视巡察利剑作用，推进全覆盖，把权力关进制度的笼子里，以"明责、履责、问责"为核心的刚性制度约束日益健全，有力支撑逐梦太空的征途。

坚定理想信念、弘扬新风正气，在事业发展中构筑了"不想腐"防线。航天党组织通过持之以恒严肃党内政治生活，加强政治文化建设，大力宣传航天梦、中国梦，大力传承弘扬航天精神，秉航天之魂、怀律己之心，持之以恒纠治"四风"、堵塞管理漏洞。党员干部的觉悟持续提高，纪律意识、规矩意识不断增强，为党尽责、为国干事、为民谋利的理想信念更加牢固，全力奋进逐梦太空的征途。

我们坚信，只要我们不忘初心使命，勇于自我革命，在抓常、抓细、抓长上下功夫，推进政治生态持续向好，就一定能够挑起建设航天强国、实现伟大复兴的千钧重担。

始终坚持提高系统工程思维能力

系统工程不仅在航天领域得到广泛运用，而且被推广应用到党和国家事业全局，深入人心。其中，党的建设既是航天事业作为系统工程的重要组成部分，本身也作为系统工程得到推进。系统工程思维为前瞻性思考、全局性谋划、整体性推进党和国家各项事业提供了科学思想，为航天事业跨越发展提供了有力支撑。

以系统工程思维把握"国之大者"，有利于确保把党中央的决策部署落到实处。在空间领域，各级党组织和广大党员干部准确把握党中央决策部署，牢记党和人民期待，坚持全局思维、战略思维、系统思维，对"国之大者"心中有数，强化责任担当，持续深化改革，勇于创新突破，切实把增强"四个意识"、坚定"四个自信"、做到"两个维护"落到行动上；通过有效处理现实与梦想、当前与长远、中国与世界、政府与市场、发展与安全、航天与全局等关系，加强前瞻性思考、全局性谋划、战略性布局、整体性推进，航天队伍昂首阔步奋进在逐梦太空的征途上，奋进在强国最前沿、创新最前沿、实干最前沿。

以系统工程思维贯穿事业发展全过程，有利于在稳中求进中推动高质量发展。中国航天有效运用系统论和辩证法，不断优化完善航天器系统工程理念和方法，充分发挥总体部门顶层控制作用，以院长令等顶层制度形式强调精细化质量管理，系统开展宇航能力工程建设，推行项目经理负责制的项目管理模式，严格型号软件质量管控，持续加强航天器研制"知识工具平台"建设，构建了集约高效的科研生产综合管理体系，多型号并举与高密度发射能力大幅跃升，系统工程科学理论与项目管理结合日益紧密，有力推动我国航天事业跨越发展。

以系统工程思维强化党建工作引领，有利于将党建工作成效更好转化为事业发展优势。党建工作由多个方面构成，它们系统有机地联结在一起，共同构成党建工作的全貌。在空间领域，通过坚持优化完善党建工作体系，并将党建工作与事业全局、与各业务的相互关系加以系统把握、解决实际问题，既加强谋划设计，在战略上布好局，又把握工作着力点，在关键处落好子，取得了责任体系织密压实、制度体系持续健全、考核体系导向有力、队伍体系持续建强的良好成效，让党建工作更加坚强有力，让高质量党建有力引领事业高质量发展。

我们坚信，只要我们注重提高站位、系统谋划，坚持统筹兼顾、综合平衡，在新发展阶段更加注重提升坚持党的领导、加强党的建设，搞好中心任务的系统性、整体性、协同性，就一定能够在贯彻新发展理念、融入新发展格局中不断开创事业高质量跨越发展的新局面。

始终坚持胸怀天下为人类谋进步

天下为公，人间正道。中国共产党是为人类谋进步、为世界谋大同的党，从诞生那一天起，就把为人民谋幸福、为人类谋发展作为奋斗目标。中国航天事业自创建那一天起，就致力于和平利用太空、共享发展成果、造福世界人民。

着眼世界前沿，让发展的步伐更加铿锵。科学技术是世界性的、时代性的。中国共产党立足全球视野、把握时代脉搏，领导中国人民树立雄心壮志，在走自己的路的同时，积极学习世界先进科技成果，在奋起直追进军宇宙空间的同时，敢于走前人没有走过的路，以艰苦卓绝的奋斗和彪炳史册的成就，有力推动增强综合国力、确保国家安全、实现长远发展，在激烈国际竞争中占据有利地位，在空间高科技领域占有一席之地、走向世界前列。

追求合作共赢，让发展的舞台更加广阔。全球化是历史潮流，合作共赢是大势所趋。在党的坚强领导下，中国航天事业始终坚持合作、不搞对抗，坚持开放、不搞封闭，坚持互利共赢、不搞零和博弈，积极参与国际竞争，大力开拓国际市场，充分利用国际资源，与世界各国尤其是第三世界国家开展广泛合作，共享成果、共赢未来，在造福中国人民的同时，造福越来越多国家和地区的人民，赢得了广泛赞誉，实现了更加强劲可持续的发展。

憧憬世界大同，让发展的前景更加光明。中国人历来主张"世界大同，天下一家"。中国共产党领导中国人民逐梦太空的伟大奋斗，既是为了实现国家富强、人民幸福，也是为了推动人类正义事业，增进全人类共同福祉。在党的坚强领导下，中国航天事业始终站在历史正确的一边，站在人类进步的一边，坚持弘扬全人类共同价值，坚持推动构建人类命运共同体，持之不懈地探索宇宙奥秘、和平利用太空，推动历史车轮向着人类探索太空的光明前途滚滚向前，为推动构建人类命运共同体，解决人类重大问题贡献中国方案、中国智慧、中国力量。

我们坚信，只要我们高举和平、发展、合作、共赢旗帜，置身人类发展大潮流、世界变化大格局、中国发展大历史，继续大力发展航天、阔步逐梦太空，就一定能够更加有力地引领人类进步潮流，为人类在宇宙中更好地生存和发展作出贡献。

以上十个方面的宝贵经验，是中国共产党百年奋斗的历史经验在航天事业发展与空间技术跨越中的具体体现，揭示了党领导人民逐梦太空的伟大奋斗，之所以能够取得重大成就、实现跨越发展的根本所在、力量所在、路径所在、格局所在，是系统完整、相互贯通的有机整体。这些经验启迪智慧、砥砺品格、指明前路，具有广泛的借鉴意义，必须长期坚持并在新时代实践中不断丰富和发展。

第三节　奋进新征程　建功新时代　实现航天梦

历史照亮未来，征程未有穷期。回顾中国共产党领导中国人民逐梦太空的历程：建设年代，发愤图强、星出东方；改革开放和社会主义现代化建设新时期，与时俱进、群星闪耀；进入新时代以来，自信自强、星河璀璨。这些奋斗与成就为全面建成小康社会、实现第一个百年奋斗目标作出了重要贡献，为探索浩瀚宇宙、发展航天事业、建设航天强国坚定了历史自信、增强了历史主动，为全面建设社会主义现代化国家、全面推进中华民族伟大复兴提供了重要支撑与强大动力。

新时代、新起点、新征程

实现中华民族伟大复兴，就是中华民族近代以来最伟大的梦想。百余年来，中国共产党带领中国人民向着这个伟大梦想慨然前行。

新中国成立后，中国共产党团结带领中国人民战胜了一系列严峻挑战，进行了社会主义革命，确立了社会主义基本制度。1956年，在党的八大胜利召开之际，党中央创建了航天事业，领导人民在进行全面的大规模的社会主义建设的历史进程中，同步地踏上了进军宇宙、逐梦太空的征程。在前进道路上，党领导人民自力更生、发愤图强，解放思想、锐意进取，推动航天事业顺利起航、实现飞跃发展。到2012年11月党的十八大召开之际，我国在人造地球卫星、载人航天器和深空探测器三大航天器工程技术领域，都获得了里程碑式的跨越发展和工程应用，极大地促进了科学技术进步、国民经济发展和国防现代化建设，并在各个领域取得了显著的效益。中国正式进入世界航天大国行列。

日月开新元，万象启新篇。从党的十八大开始，中国特色社会主义进入新时代。习近平总书记强调："探索浩瀚宇宙，发展航天事业，建设航天强国，是我们不懈追求的航天梦。"在党中央宏伟擘画和坚强领导下，在全国人民万众一心的大力支持下，中国航天事业矢志攀登新的科技高峰，奋力推动航天强国建设、托举强国复兴梦想，"努力向历史、向人民交出一份合格的答卷"。①

奋斗成就梦想，拼搏谱写辉煌。从2012年到2022年，中国航天事业在逐梦太空的征途上始终坚持党的领导、加强党的建设，经过十年奋斗、十年拼搏，实现了一系列突破性进展，取得了一系列标志性成果，经受住了来自各方面的风险挑战考验，为党和国家事业取得历史性成就、发生历史性变革作出了重要贡献，铸就了激荡人心的东方传奇，赢得了令人惊叹的大国荣光。

---

① 2012年11月15日，党的十八届一中全会闭幕后，习近平总书记在中外记者见面会上郑重表示："我们的责任，就是要团结带领全党全国各族人民，接过历史的接力棒，继续为实现中华民族伟大复兴而努力奋斗，使中华民族更加坚强有力地自立于世界民族之林，为人类作出新的更大的贡献。"他强调，我们要努力向历史、向人民交出一份合格的答卷。参见《习近平谈治国理政》第一卷，外文出版社2018年版，第3—5页。

　　从中华民族发展史看，这是以不可阻挡的步伐迈向伟大复兴的十年。十年来，在中国共产党的坚强领导下，中国航天根据党中央战略部署，落实各级目标举措，实干担当、精耕细作，守正创新、砥砺奋进，以自立拓宽前路，以自强赢得未来。长征火箭和神舟、天舟系列飞船向苍穹，中国空间站建成并投入运营，数百星耀太空，嫦娥、天问探奥秘，浩瀚的宇宙中留下了越来越多的中国身影、中国足迹。中国航天正在让建设航天强国从谋篇布局的"大写意"，加快转向高水平科技自立自强、成就闪耀太空的"工笔画"。复兴的脚步写在了党领导人民逐梦太空的征程中，写在了以中国式现代化全面推进中华民族伟大复兴的实践中。

　　锦绣山河为名，非凡岁月为证，半个多世纪以来，中国共产党领导中国人民完成了一段逐梦太空的伟大奋斗历史书写，引领中国航天事业取得了历史性成就、实现了跨越式发展，推动航天强国建设迈出了坚实步伐，迎来了从一无所有、赶上时代再到走向前列的伟大跨越。这份令世人惊叹、国人骄傲的答卷背后，蕴藏着多少运筹帷幄的胆识，包含着多少气贯长虹的行进，凝聚着多少震撼人心的奋斗！

　　重要的时间节点，关键的奋斗坐标。在全党全国各族人民迈上全面建设社会主义现代化国家新征程、向第二个百年奋斗目标进军的关键时刻，党的二十大在北京胜利召开。我们党自信自强、守正创新，踔厉奋发、勇毅前行，吹响了为全面建设社会主义现代化国家、全面推进中华民族伟大复兴而团结奋斗的前进号角。

　　大道如砥，大势如潮。习近平总书记代表第十九届中央委员会所作的党的二十大报告，主题鲜明、思想深邃、站位高远、视野宏阔，高举中国特色社会主义伟大旗帜，全面总结了过去五年工作和新时代十年的伟大变革，系统阐述了新时代坚持和发展中国特色社会主义的重大理论和实践问题，鲜明提出了新时代新征程中国共产党的使命任务，科学谋划了未来一个时期党和国家事业发展的目标任务和大政方针。习近平总书记在党的二十大报告中庄严宣告："从现在起，中国共产党的中心任务就是团结带领全国各族人民全

永远跟党走 奔赴新征程——中星 19 号通信卫星发射场试验队员认真收看党的二十大开幕会直播

面建成社会主义现代化强国、实现第二个百年奋斗目标，以中国式现代化全面推进中华民族伟大复兴。"这一宏伟的历史使命为全党全国各族人民奋力谱写全面建设社会主义现代化国家崭新篇章指明了前进的方向。

全面建设社会主义现代化国家，全面推进中华民族伟大复兴，是一项伟大而艰巨的事业，前途光明，任重道远。今天的中国身处世界百年未有之大变局，实现中华民族伟大复兴进入关键时期，前进的每一步都是一次知重负重的艰难攀爬，都是一次披荆斩棘的闯关夺隘。正中流击水，浪遏飞舟。当此之时，唯有深入把握中国式现代化的本质要求，要坚持和加强党的全面领导，坚持中国特色社会主义道路，坚持以人民为中心的发展思想，坚持深化改革开放，坚持发扬斗争精神，才能始终把国家和民族发展放在自己力量的基点上、把中国发展进步的命运牢牢掌握在自己手中，全力战胜前进道路上各种困难和挑战，依靠顽强斗争打开事业发展新天地。

新时代这十年，是波澜壮阔的十年，是披荆斩棘、砥砺前行的十年。中国共产党领导中国人民经历了对党和人民事业具有重大现实意义和深远历史意义的三件大事：一是迎来中国共产党成立一百周年，二是中国特色社会主义进入新时代，三是完成脱贫攻坚、全面建成小康社会的历史任务，实现第一个百年奋斗目标。这是中国共产党和中国人民团结奋斗赢得的历史性胜利，是彪炳中华民族发展史册的历史性胜利，也是对世界具有深远影响的历史性胜利……十年自信自强，党领导中国人民坚定不移走中国特色社会主义道路、以中国式现代化推进中华民族伟大复兴，比历史上任何时期都更接近、更有信心和能力实现中华民族伟大复兴的目标。

习近平总书记在党的二十大报告中指出，我国一些关键核心技术实现突破，战略性新兴产业发展壮大，载人航天、探月探火、深海深地探测、超级计算机、卫星导航、量子信息、核电技术、大飞机制造、生物医药等取得重大成果，进入创新型国家行列。[1] 载人航天、探月探火、卫星导航等航天科技成就受到高度认可，党领导人民逐梦太空的伟大奋斗得到高度肯定。这份肯定让航天队伍深深为之骄傲与自豪。

心中有目标，脚下有方向。党的二十大对全面建成社会主义现代化强国进行了全面部署。其中在科技领域明确指出，要"推进新型工业化，加快建设制造强国、质量强国、航天强国、交通强国、网络强国、数字中国"；"加快实施创新驱动发展战略。坚持面向世界科技前沿、面向经济主战场、面向国家重大需求、面向人民生命健康，加快实现高水平科技自立自强"；"以国家战略需求为导向，集聚力量进行原创性引领性科技攻关，坚决打赢关键核心技术攻坚战。加快实施一批具有战略性全局性前瞻性的国家重大科技项目，增强自主创新能力"；"我们要坚持教育优先发展、科技自立自强、人才引领驱动，加快建设教育强国、科技强国、人才强国"。[2]

这些是对全党全国各族人民的伟大号召，更是指引全体航天人朝着中华

---

① 参见习近平：《高举中国特色社会主义伟大旗帜 为全面建设社会主义现代化国家而团结奋斗——在中国共产党第二十次全国代表大会上的报告》，《人民日报》2022 年 10 月 26 日。
② 《高举中国特色社会主义伟大旗帜 为全面建设社会主义现代化国家而团结奋斗——在中国共产党第二十次全国代表大会上的报告》，《人民日报》2022 年 10 月 26 日。

民族伟大复兴迈进的行动号角。系列战略部署让中国航天奋斗的目标和方向更清晰。山长水阔不辞其远，赴汤蹈火不改其志。中国航天作为科技进步和创新的重要领域，是国家科技自立自强的排头兵，必须坚定历史自信、增强历史主动，以咬定青山不放松的执着加快建设航天强国，以行百里者半九十的清醒不懈推进科技创新，风雨无阻向前进，越是艰险越向前，牢牢将核心关键技术和发展主动权掌握在中国人自己手中。

茫茫九脉流中国，纵横当有凌云笔。中国航天事业站在了新的起点，中国共产党领导中国人民逐梦太空之旅踏上了新的长征路。这条路将是无比伟大、无比壮阔却也无比坎坷、无比艰难的征途，需要跨过千道坎、万重岩，但有了中国共产党的坚强领导，中国航天人和中国人民满怀着无比的自信。因为我们知道：这将是一场史无前例的、向着星辰大海的伟大远征，是为了人类美好的明天而出发的浩瀚遨游，是中国式现代化在航天领域的铿锵行进。在这条新的长征路上，一个政党、一个国家、一个民族正向着光明未来坚定前行，必将抵达胜利的彼岸。

持之以恒坚持党的领导、矢志不渝建设航天强国

知所从来，思所将往，方明所去。历史已经证明并将继续证明，航天事业向前奋进的每一步，都离不开中国共产党的坚强领导。奋进新征程，追逐航天梦，攀登新高峰的未来越是美好，前路就越是艰辛，就越需要我们付出艰辛努力，要求我们持之以恒坚持党的领导，实现党的领导坚强有力、基层党建全面过硬，构筑起航天事业跨越发展，并将实现更大发展的坚定底气与强大动力；要求我们保持战略定力，发扬斗争精神，充分把握好我国发展面临的新的战略机遇、新的战略任务、新的战略阶段、新的战略要求、新的战略环境；要求我们团结一条心、拧成一股劲、下好一盘棋，坚持"一张蓝图绘到底"，以脚踏实地的奋斗、敢战必胜的信念、守正创新的勇气奋进新征程，应对风狂雨骤，穿越惊涛骇浪，去赢得主动、赢得优势、赢得未来。

新征程上，我们将始终不渝坚持党的全面领导，深刻领悟"两个确立"

的决定性意义。走好新时代长征路，关键在党的领导，关键在有坚强的领导核心。一是坚持党对航天事业的全面领导，在思想上政治上行动上同以习近平同志为核心的党中央保持高度一致，坚决拥护和捍卫"两个确立"，把"两个确立"的政治要求转化为实际行动，不断增强"四个意识"、坚定"四个自信"、做到"两个维护"。二是立足新发展阶段、贯彻新发展理念、构建新发展格局，推动航天事业更好融入"五位一体"总体布局和"四个全面"战略布局，更好服务和支撑国家经济建设、政治建设、文化建设、社会建设、生态文明建设，不断取得新的重大进展。三是牢记"国之大者"，不惧任何艰难险阻，坚定不移走中国特色社会主义道路，把国家利益摆在首要位置，把满足国家战略需求作为最高需求，以伟大的历史主动精神和强烈的责任担当，全面深化改革，坚持创新驱动、融合发展、人才强国，充分发挥新型举国体制优势，走好中国特色自主创新道路，全力确保党中央重大决策部署贯彻落实，始终保持昂扬向上的精神风貌，始终保持奋发有为的精神状态，始终沿着党指引的正确道路砥砺向前，全力夺取新时代中国特色社会主义伟大胜利。

新征程上，我们将深入贯彻习近平新时代中国特色社会主义思想，以中国化时代化马克思主义指导实践。手中握有真理，前进才有方向。新时代中国特色社会主义的蓬勃发展彰显马克思主义的真理力量，科学社会主义在21世纪的中国焕发出强大生机活力。一是坚定不移地做马克思主义的忠诚信仰者、坚定实践者，坚持和运用马克思主义的基本原理指导航天工程实践，以马克思列宁主义、毛泽东思想、邓小平理论、"三个代表"重要思想、科学发展观、习近平新时代中国特色社会主义思想为行动指南，推动中国航天事业继续沿着科学真理指引的航向破浪前行。二是深入学习贯彻习近平新时代中国特色社会主义思想，坚决落实习近平总书记对航天强国建设的重要论述讲话和指示批示，努力掌握新时代党的创新理论的重大意义、科学体系、丰富内涵、精髓要义和实践要求，领会立场观点方法、道理学理哲理，将其转化为前瞻性思考、全局性谋划、战略性布局谋定航天事业发展的能力，转化为全力推进航天事业高质量发展的科学理念与实践探索，以宽阔的眼界认识真理、以勇往直前的步伐追随真理、以坚如磐石的意志捍卫真理、以实事求是的品格发展真理，用真理之力开创美好未来，以理想之光照亮奋斗征程，推动航天强国建设从胜利走向新的胜利。

新征程上，我们将坚定不移全面从严治党，深入推进新时代党的建设新的伟大工程。全面建设社会主义现代化国家、全面推进中华民族伟大复兴，关键在党。办好中国的事情，关键在坚持党要管党、全面从严治党。必须时刻牢记全面从严治党永远在路上、党的自我革命永远在路上，决不能有松劲歇脚、疲劳厌战的情绪，持之以恒推进全面从严治党。一是深入推进新时代党的建设新的伟大工程，深化落实新时代党的建设总要求，坚持不懈加强党的政治建设，用新时代中国特色社会主义思想凝心铸魂，完善党的自我革命制度规范体系。二是立足航天事业中心任务系统谋划、推动党建工作，着力提升党建工作融合度穿透力，将党的领导优势切实地转化成发展胜势。三是着力增强党组织政治功能和组织功能，充分发挥党委把方向、管大局、保落实作用，把航天各级党组织建设成为有效实现党的领导的坚强战斗堡垒，团结带动群团组织建功航天。四是抓紧抓好思想政治工作，激励党员队伍发挥先锋模范作用、保持先进性和纯洁性。五是以严的基调强化正风肃纪，以零容忍态度反腐惩恶，决不姑息，全面推进党的自我净化、自我完善、自我革新、自我提高，以高质量党建引领推动中国航天事业跨越发展，让党的领导更加坚强有力。

新征程上，我们将牢记初心使命，践行党的宗旨，贯彻以人民为中心的发展思想。中国共产党领导人民打江山、守江山，守的是人民的心。航天事业是党的事业、国家的事业、人民的事业。中国共产党领导中国人民逐梦太空的征程，也是以航天科技为人民创造美好生活的征程。一是始终牢记强国复兴、报国为民的初心使命，全心全意为人民服务，积极践行以人民为中心的发展思想，加速构建国家民用空间基础设施，加快建设随遇接入、高速互联的卫星通信系统，全球连接、按需服务的卫星导航授时系统，全域感知、全球覆盖的卫星遥感系统，响应迅速、精准有效的空间维护与服务系统，大幅提升空间基础设施应用与服务水平，进一步推动卫星通信、卫星导航和卫星遥感全面服务国计民生。二是以支撑国家战略、服务国民经济、创造美好生活为使命责任，加强航天科技成果转化、孵化和产业化发展，推动"航天＋信息化"产业深入发展，推动智慧城市、物联网、无人机等智慧产业加速发展，开展空间生命科学、空间材料科学、航天医学等一大批科学实验和新技术验证，在空间科学探索和应用研究上取得更大成果和突破，将航天技术成果应用到国民经济各领域，不断满足人民美好生活需要。

新征程上，我们将坚持自立自强、矢志不渝奋斗，敢于战胜一切艰难险阻，勇于攀登航天科技高峰。航天科技是关系国家安全和国民经济命脉的关键领域，是国家综合实力和大国地位的重要体现。道阻且长，行则将至；行而不辍，未来可期。一是坚持国家利益至上，肩负起探索浩瀚宇宙、发展航天事业、建设航天强国的历史使命，站在全面建设社会主义现代化国家新征程的历史起点上，进一步坚定航天报国志向，坚定航天强国信念，全面构建"高质量保证成功、高效率完成任务、高效益推动航天强国和国防建设"的航天事业发展模式。二是踔厉奋发、自信自强，加快推进航天强国建设，圆满完成好航天领域国家重大专项任务，持续提升科学认知太空能力、自由进出太空能力、高效利用太空能力和有效治理太空能力，加快推进新一代运载火箭更新换代，提高我国运载火箭的整体技术水平，实现载人空间站长期在轨、月球极区采样返回、月球科研站基本型构建等中国航天发展新目标，积极推进载人月球探测、小行星探测等重点工程，全面掌握多种无人深空探测手段，将国家重大航天工程打造成享誉世界的"国家名片"，让中国人探索太空的脚步迈得更稳更远，早日实现建设航天强国的伟大梦想，以航天强国梦全力托举民族复兴中国梦。

新征程上，我们将坚持走中国式现代化道路，奋力实现高水平科技自立自强。坚持以中国式现代化推进中华民族伟大复兴，必须坚持把国家和民族发展放在自己力量的基点上、把中国发展进步的命运牢牢掌握在自己手中。

奋力实现高水平科技自立自强需要通过中国式现代化的方式来完成，立基于先进的技术创新体系和研发制造能力。一是统筹中华民族伟大复兴战略全局和世界百年未有之大变局，坚定不移走中国特色自主创新道路，坚持创新在战略全局中的核心地位，加快推动创新驱动战略落实落地，面向世界科技前沿和国家重大战略需求，以航天重大工程为牵引，加快关键核心技术攻关和应用，大力发展空间技术与系统，打好关键核心技术攻坚战。二是发挥好国家战略科技力量的引领作用，推动基础性、前瞻性、原创性、颠覆性技术创新，打造航天科技、空间技术领域原创技术"策源地"、现代产业链"链长"。三是完善科技创新体制机制，发挥中国航天科研院所的创新主体作用，汇聚社会资源融通创新，加快技术创新成果转化，以抢占科技制高点夺取发展主动权，把核心关键技术牢牢掌握在自己手中，走出一条中国式现代化的建设航天强国、科技强国的康庄大道，以中国式现代化全面推进中华民族伟大复兴。

新征程上，我们将持续开展国际空间交流合作，推动人类航天事业共同进步。探索宇宙奥秘、利用外层空间，是全人类的共同梦想。唯有各国携手共进、平等互利、和平利用，才能确保外空活动长期可持续发展。一是坚定站在历史正确的一边、站在人类进步的一边，在外空领域推动构建人类命运共同体，主动融入全球科技创新网络，积极参与外空全球治理与交流合作，与世界各国一道携手探索宇宙，共享发展成果，造福世界人民，维护外空安全，积极参与解决人类面临的重大挑战，为保护地球家园、增进民生福祉、服务人类文明进步作出新的更大贡献。二是切实履行大国责任，通过和平利用太空造福全人类、推动世界航天事业发展，为社会文明进步作出新的贡献。三是持续深化国际合作，在充分满足本国发展需求的同时，为其他国家提供优质航天产品和服务、持续开展国际空间交流合作的能力，推动一批卫星整星、零部件产品走向国际市场，逐步建立、持续完善空间基础设施全球服务网络，不断拓展互利共赢的发展形式，着力提升我国的航天国际影响力和话语权，使航天活动成果在更广范围、更深层次、更高水平上增进人类福祉，为人类和平利用太空贡献更多中国智慧、中国方案、中国力量。

新征程上，我们将着力强化人才支撑，抓好后继有人这个根本大计，确保党和人民的事业薪火相传。党和人民事业发展需要一代代中国共产党人接续奋斗，逐梦太空的征程需要一代代可堪大任的合格接班人。一是深入实施新时代人才强国战略，全面贯彻新时代人才工作的新理念新战略新举措，坚持党管人才、人才引领发展，聚天下英才而用之，把航天科技人才资源开发放在发展航天事业的重要位置，有意识地发现和培养更多具有战略科学家潜质的高层次复合型人才，形成航天高层次人才成长梯队，加快建设世界重要人才中心和创新高地，加快形成人才竞争比较优势。二是把青年工作作为战略性工作来抓，把培养重心放在青年科技人才上，源源不断造就爱国奉献、勇于创新的优秀人才队伍，培育堪当时代重任的航天青年，支持青年人才挑大梁、当主角，加强对青年人才的政治引领和政治吸纳，加大团结凝聚、教育引导、联系服务力度，引导青年人才自觉弘扬科学家精神，坚定不移听党话、跟党走，心怀"国之大者"，为国分忧、为国解难、为国尽责，让青春在全面建设社会主义现代化国家的火热实践中绽放绚丽之花。

新征程上，我们将继承弘扬伟大建党精神，大力传承践行航天精神。伟大建党精神是中国共产党的"精神之源"，在过去推动了伟大事业，在现在引领着伟大事业，在将来还会成就伟大事业。一是深入理解并继承弘扬伟大建党精神，坚定不移赓续红色血脉，将航天精神融入航天工程实战，融入航天强国建设全程，融入航天人的岗位实践，永葆追逐梦想、勇于探索的事业热情，永葆自力更生、艰苦奋斗的志气骨气，不断激发一往无前、勇往直前推动航天事业高质量发展的内生动力。二是充分发扬历史主动精神和斗争精神，克服各种艰难险阻，经受住各种挑战和严峻考验，以强大的自信、自立、自强打破技术封锁，自觉肩负起加快建设航天强国的时代重任。三是坚持和传承好航天工程实践中形成的科学求实、严慎细实、技术民主、大力协同等优良作风和全员"零缺陷"质量意识、先进工程管理等宝贵经验，不断以科学方法增强新时代中国人民逐梦太空的信心与底气。四是用伟大建党精神和航天精神激励人、教育人、塑造人，培育航天事业可堪大任的合格建设者，汇聚起不断跑出"发展的加速度"、攀登航天科技高峰的不竭动力，让党的伟大精神伴随着中国特色社会主义伟大实践和航天强国建设的深入推进而大放异彩！

历经半个多世纪的征程，实现中华民族伟大复兴进入了不可逆转的历史进程，中国人民逐梦太空进入了跨越发展新的历史阶段。新的征程上，有中国共产党的坚强领导、有建设航天强国的宏伟目标，中国人民心怀山海、眼有星辰，中国航天必将永葆初心、团结奋进，誓要把祖国的荣耀写满太空，誓要让崛起的中国"如太阳升起在东方那样，以自己的辉煌的光焰普照大地"，谱写中国航天事业新的壮丽篇章，开创民族复兴伟业崭新境界。

征途漫漫，惟有奋斗

一个伟大时代的兴盛，一个文明大国的崛起，需要航天事业的不断发展来体现国家的战略意志。今天，我们比历史上任何时期都更接近中华民族伟大复兴的目标，我们比历史上任何时期都更需要建设航天强国和世界科技强国。

历史车轮滚滚向前，时代潮流浩浩荡荡。当前，世界百年未有之大变局加速演进，科技创新成为国际战略博弈的主要战场，围绕科技制高点的竞争空前激烈。新一轮科技革命和产业变革突飞猛进，科技创新广度显著加大，科技创新深度显著加深，科技创新速度显著加快，科技创新精度显著加强。其中，深空探测已成为科技竞争的制高点，空天科技作为事关发展全局和国家安全的战略性、关键性领域，引发各国竞相角逐。空间技术与产业的深度融合越发显现出催生产业革命、改变历史进程和决定大国命运的关键作用，成为引领未来经济社会发展的重要推动力。

当代中国，江山壮丽，人民豪迈，前程远大。当代中国的航天事业，旗帜高扬，步履铿锵，前途宽广。中国共产党领导中国人民逐梦太空走过的光辉历程，就是一部以旗帜的力量为引领、以精神的力量为驱动，用成功报效祖国、用卓越铸就辉煌的奋斗史。但放眼未来，放到更长的时空尺度中，这半个多世纪以来的奋斗与成就，也只不过是"万里长征走完了第一步"。

时间前行不舍昼夜，连接起过去和未来，铭记着光荣与梦想。数十载峥嵘岁月，弹指一挥间，中国共产党领导中国人民逐梦太空的每一瞬间都在创造奇迹、书写历史。这段浓墨重彩的历史时间，让一个有着五千多年文明的民族走在航天强国的复兴路上，激发出砥砺奋进的壮志豪情，让一个历经沧桑的国度升腾起万千气象，迎来民族复兴的万丈霞光。

星空浩瀚无比，探索永无止境。强根铸魂、自信自强，中国共产党领导下的中国航天事业基业长青、前景无限。

以党的二十大精神为指引，中国共产党领导中国人民正在以更加澎湃的热情和更加昂扬的斗志逐梦太空、挺进未来。中国航天深入学习贯彻党的二十大精神，胸怀"国之大者"，致力于加快构建新发展格局、着力推动高质量发展，致力于加快建设航天强国、实现高水平科技自立自强，致力于如期实现建军一百年奋斗目标、开创国防和军队现代化新局面。

以党的二十大精神为指引，中国共产党领导下的中国航天锚定航天强国建设目标，跨越发展谋蝶变，强国之路正扬帆。中国航天正以高质量保证成功为主线、以高效率完成任务为重点、以高效益推动航天强国和国防建设为目标，奋力突破创新最前沿，走好科技创新"第一方阵"，集中精力、埋头苦干，誓夺航天重大工程和各项型号任务的圆满完成，必将以更加努力的奋斗谱写中国航天事业新的精彩，在全面建设社会主义现代化国家、实现中华民族伟大复兴的进程中，贡献更多航天智慧、航天力量、航天成就。

以党的二十大精神为指引，中国共产党领导下的航天队伍意气风发、豪情万丈，干劲十足。全体航天人全面把握新时代新征程党和国家事业发展新要求、人民群众新期待，正在以更加坚定的自信、更加豪迈的姿态、更加稳健的步伐，以史为鉴、开创未来，守正创新、勇毅前行，着力推动中国航天科技进步，推动空间科学、空间技术、空间应用创新发展，在奋力奔跑和接续奋斗中成就梦想，奋力谱写全面建设社会主义现代化国家的太空篇章。

仰望星空，未来无限；脚踏实地，行稳致远。一个风华正茂的大党，一个日新月异的国家，一份无比伟大的事业，亿万信心满怀的人民，未来不可限量，前景一片光明。中国共产党领导中国人民逐梦太空的征途，永远没有休止符，"更值得骄傲的还在后头"。毛泽东说："一万年以后，也要奋斗。共产党就是要奋斗"。① 习近平总书记强调，"中华民族伟大复兴不是轻轻松松、敲锣打鼓就能实现的"②。"社会主义是干出来的，新时代是奋斗出来的。"③ 奋斗是长期的、艰辛的、曲折的。不管条件如何变化，自力更生、艰苦奋斗的志气不能丢。必须坚定不移坚持党的领导，毫不动摇加强党的建设，大力弘扬伟大建党精神和深厚博大的航天精神，始终保持清醒头脑，始终践行以人民为中心的发展思想，永远保持"越是艰险越向前"的英雄气概，保持"敢教日月换新天"的昂扬斗志，继续勇于自我革命，切实增强走好中国道路、推进中国式现代化、实现中华民族伟大复兴的信心和决心，加快实现高水平科技自立自强，努力完成一项又一项高度复杂的任务，攀登一座又一座看似不可逾越的高峰，撸起袖子加油干，一代接着一代干，不负历史、不负时代、不负人民。

半个多世纪以来，中国共产党领导中国人民逐梦太空，风雨无阻向前进，推动中国航天事业实现跨越发展。尤其是进入新时代，中国共产党领导中国航天事业，战胜了前所未有的困难挑战，取得了前所未有的巨大成就，迎来了前所未有的光明前景。这背后根本在于有习近平总书记作为党中央的核心、全党的核心掌舵领航，在于有习近平新时代中国特色社会主义思想的科学指引。

伟大复兴不可阻挡，逐梦太空永不止步。我们坚信，只要我们更加紧密

---

① 毛泽东：《坚持艰苦奋斗，密切联系群众》，《新湘评论》2013 年第 15 期。

② 《习近平在省部级主要领导干部"学习习近平总书记重要讲话精神，迎接党的二十大"专题研讨班上发表重要讲话强调　高举中国特色社会主义伟大旗帜　奋力谱写全面建设社会主义现代化国家崭新篇章》，《人民日报》2022 年 7 月 28 日。

③ 《习近平致信祝贺金沙江白鹤滩水电站首批机组投产发电》，《人民日报》2021 年 6 月 29 日。

地团结在以习近平同志为核心的党中央周围，全面贯彻习近平新时代中国特色社会主义思想，深刻领悟"两个确立"的决定性意义，树牢"四个意识"、坚定"四个自信"、坚决做到"两个维护"，以旗帜为信仰、以旗帜为方向、以旗帜为力量，不忘昨日的苦难辉煌，无愧今天的使命担当，不负明天的伟大梦想，以史为鉴、开创未来，踔厉奋发、埋头苦干，勇毅前行、团结奋斗，就一定能够在中国特色社会主义道路上坚定不移推进中华民族伟大复兴历史进程，创造无愧于党、无愧于人民、无愧于时代的新业绩，为党和人民赢得更加伟大的胜利和荣光！

旗帜高扬，扬帆起航，乘势而上。在中国共产党的领导下，中国人探索宇宙、逐梦太空的脚步必将迈得更大更稳更远，"火炬赤旗舞，万里红"的大美风景必将延伸到更加辽远的星空，"擎旗已有后来人"的薪火相传必将把航天强国梦变成现实！

我们的目标一定要实现！

我们的目标一定能够实现！

主要参考文献

一、经典著作与重要文献

《毛泽东选集》第1—4卷，人民出版社1991年版。

《毛泽东文集》第1—8卷，人民出版社1993—1999年版。

《毛泽东年谱（一九四九——一九七六）》第1—6卷，中央文献出版社2013年版。

《周恩来选集》（上、下），人民出版社1984年版。

《周恩来年谱（一九四九——一九七六）》（上、中、下），中央文献出版社2020年版。

《邓小平文选》第1—3卷，人民出版社1994、1993年版。

《邓小平年谱（一九七五——一九九七）》（上、下），中央文献出版社2004年版。

《邓小平思想年编（一九七五——一九九七）》，中央文献出版社2011年版。

《邓小平科技思想年谱（一九七五——一九九七）》，中央文献出版社、科学技术文献出版社2004年版。

《邓小平军事文集》第1—3卷，军事科学出版社、中央文献出版社2004年版。

《邓小平年谱》第1—5卷，中央文献出版社2020年版。

《江泽民文选》第1—3卷，人民出版社2006年版。

《江泽民思想年编（一九八九——二〇〇八）》，中央文献出版社2010年版。

《胡锦涛文选》第1—3卷，人民出版社2016年版。

《习近平谈治国理政》第1—4卷，外文出版社2018、2017、2020、2022年版。

《习近平关于科技创新论述摘编》，中央文献出版社2016年版。

《习近平关于全面从严治党论述摘编（2021年版）》，中央文献出版社2021年版。

《习近平谈"一带一路"》，中央文献出版社2018年版。

习近平：《在党史学习教育动员大会上的讲话》，人民出版社2021年版。

习近平：《在中国科学院第二十次院士大会、中国工程院第十五次院士大会、中国科协第十次全国代表大会上的讲话》，人民出版社2021年版。

习近平：《在庆祝中国共产党成立 100 周年大会上的讲话》，人民出版社 2021 年版。

习近平：《论坚持全面深化改革》，中央文献出版社 2018 年版。

习近平：《论坚持推动构建人类命运共同体》，中央文献出版社 2018 年版。

习近平：《论坚持党对一切工作的领导》，中央文献出版社 2019 年版。

习近平：《论党的宣传思想工作》，中央文献出版社 2020 年版。

习近平：《论中国共产党历史》，中央文献出版社 2021 年版。

习近平：《论把握新发展阶段、贯彻新发展理念、构建新发展格局》，中央文献出版社 2021 年版。

习近平：《论党的青年工作》，中央文献出版社 2022 年版。

《习近平新时代中国特色社会主义思想学习纲要》，人民出版社 2019 年版。

《习近平外交思想学习纲要》，人民出版社 2021 年版。

《习近平经济思想学习纲要》，人民出版社 2022 年版。

《习近平生态文明思想学习纲要》，人民出版社 2022 年版。

《总体国家安全观学习纲要》，学习出版社、人民出版社 2022 年版。

《中国共产党两个关于若干历史问题的决议》，人民出版社 2021 年版。

《中共中央关于党的百年奋斗重大成就和历史经验的决议》，人民出版社 2021 年版。

《建国以来毛泽东军事文稿》（上、中、下），军事科学出版社、中央文献出版社 2010 年版。

《毛泽东邓小平江泽民论人才》，党建读物出版社 2003 年版。

《毛泽东邓小平江泽民论科学发展》，中央文献出版社 2008 年版。

江泽民：《论科学技术》，中央文献出版社 2001 年版。

江泽民：《论"三个代表"》，中央文献出版社 2001 年版。

《聂荣臻回忆录》，解放军出版社 1984 年版。

《聂荣臻军事文选》，解放军出版社 1992 年版。

《聂荣臻科技文选》，国防工业出版社 1999 年版。

《聂荣臻年谱》（上、下），人民出版社 1999 年版。

《聂荣臻同志和科技工作》，光明日报出版社 1984 年版。

《中国共产党章程》，中国法制出版社 2022 年版。

《中国共产党的历史使命与行动价值》，人民出版社 2021 年版。

《中国共产党历史》第 1—2 卷，中共党史出版社 2011 年版。

《中国共产党的一百年》，中共党史出版社、党建读物出版社 2022 年版。

《中国共产党简史》，人民出版社、中共党史出版社 2021 年版。

《中华人民共和国简史》，人民出版社、当代中国出版社 2021 年版。

《改革开放简史》，人民出版社、中国社会科学出版社 2021 年版。

《社会主义发展史》，人民出版社、学习出版社 2021 年版。

《十六大以来重要文献选编》（上），中央文献出版社 2005 年版。

中共中央组织部：《中国共产党组织建设一百年》，党建读物出版社 2022 年版。

中共中央宣传部编著：《中国共产党宣传工作简史》（上、下），人民出版社 2022 年版。

中共中央宣传部理论局编：《中国制度面对面：理论热面对面·2020》，学习出版社、人民出版社 2020 年版。

中共中央宣传部理论局编：《新征程面对面：理论热面对面·2021》，学习出版社、人民出版社 2021 年版。

中共中央宣传部理论局编：《百年大党面对面：理论热面对面·2022》，学习出版社、人民出版社 2022 年版。

中国中共党史学会编：《中国共产党历史系列辞典》，中共党史出版社、党建读物出版社 2019 年版。

《百年初心成大道——党史学习教育案例选编》，人民出版社 2022 年版。

中华人民共和国科学技术部编著：《中国科技发展 70 年：1949—2019》，科学技术文献出版社 2019 年版。

《中华人民共和国国民经济和社会发展第十四个五年规划和 2035 年远景目标纲要》，人民出版社 2021 年版。

《中国的航天》《2006 年中国的航天》《2011 年中国的航天》《2016 中国的航天》《2021 中国的航天》，人民出版社 2000、2006、2011、2016、2022 年版。

二、研究著作

宋健：《论科技兴邦》，山东科学技术出版社 1998 年版。

肖裕声主编：《中国共产党军队政治工作史》（上、下），军事科学出版社 2015 年版。

李雪勤主编：《中国共产党纪律检查工作 60 年》，中国方正出版社 2009 年版。

张士义：《打铁必须自身硬——改革开放四十年党建史》，天地出版社 2021 年版。

张化：《邓小平与 1975 年的中国》，中共党史出版社 2004 年版。

江金权：《从十五大到十六大——江泽民同志抓党建重要活动记略》，人民出版社 2003 年版。

江金权编著：《江总书记抓党建重要活动记略》，人民出版社1998年版。

朱佩明、张忆军等：《江泽民党建思想研究》，上海交通大学出版社2011年版。

姚俭建：《江泽民科学技术思想研究》，上海交通大学出版社2011年版。

张钧主编：《当代中国的航天事业》，中国社会科学出版社1986年版。

谢光主编：《当代中国的国防事业》（上、下），当代中国出版社1992年版。

马建堂主编：《十年伟大飞跃》，人民出版社2022年版。

布莱恩·哈维：《中国航天——伟大的跨越式发展》第2版（上、下），许永建、郭玲华等译，中国宇航出版社2021年版。

陈怀国、陶纯：《国家命运：中国"两弹一星"的秘密历程》，上海文艺出版社2011年版。

邓宁丰主编：《天河圆梦》，中国宇航出版社2004年版。

方向明主编：《旗帜——航天"三大精神"学习读本》，中国宇航出版社2020年版。

《飞翔太空》征文编辑部编：《飞翔太空——中国空间技术研究院二十年》，中国宇航出版社1987年版。

冯春萍主编：《飞上九重天——中国航天两总群英谱》（谋略篇、星船篇），中国宇航出版社2006年版。

冯时：《中国古代的天文与人文》，中国社会科学出版社2006年版。

龚盛辉：《中国北斗》，山东文艺出版社2021年版。

兰宁远：《挺进太空：中国载人航天纪事》，河南文艺出版社2018年版。

梁小虹主编：《中国航天精神辞典》，中共中央党校出版社2021年版。

鲁迅：《中国小说史略：外一种：汉文学史纲要》，商务印书馆2011年版。

齐锐、万昊宜：《漫步中国星空》，科学普及出版社2014年版。

上海交通大学钱学森研究中心编：《智慧的钥匙：钱学森论系统科学（第二版）》，上海交通大学出版社2015年版。

《孙家栋故事》，中国宇航出版社2011年版。

谈志兴：《生命线：能打胜仗的政治指挥大计》，华文出版社2020年版。

田秉锷：《毛泽东诗词鉴赏》，上海三联书店2012年版。

王建敏编：《青年的力量》，北京联合出版公司2022年版。

王礼恒主编：《中国航天腾飞之路》，中国文史出版社1999年版。

《王希季院士文集》，中国宇航出版社2006年版。

吴国盛：《科学的历程》，湖南科学技术出版社2018年版。

《献身航天造福人类——闵桂荣院士文集》，中国宇航出版社2003年版。

《杨嘉墀院士文集》，中国宇航出版社2006年版。

杨照德、熊延岭：《闵桂荣院士传记》，中国宇航出版社 2017 年版。

杨照德、熊延岭：《钱学森：中国星》，上海交通大学出版社 2012 年版。

杨照德、熊延岭：《杨嘉墀院士传记》，中国宇航出版社 2014 年版。

叶培建、曲少杰、马继楠等：《征程：人类探索太空的故事》，科学出版社 2021 年版。

叶培建：《永不停步》，北京理工大学出版社 2022 年版。

叶培建：《走在路上》，北京理工大学出版社 2018 年版。

袁珂：《中国神话传说——从盘古到秦始皇》，人民文学出版社 1998 年版。

中国航天科技集团有限公司党群工作部编：《洞见：中国航天科技集团有限公司党建研究理论成果选编》，中国宇航出版社 2021 年版。

《中国航天事业的生命线》，中国宇航出版社 1996 年版。

《中国航天事业的 60 年》，北京大学出版社 2016 年版。

《中国航天事业发展的哲学思想（第二版）》，北京大学出版社 2016 年版。

《中国航天文化的发展与创新》，北京大学出版社 2016 年版。

中国空间技术研究院编，赵小津主编：《精神的力量：航天精神引领中华民族探索浩瀚宇宙》，人民出版社 2022 年版。

中国现代国际关系研究院：《地理与国家安全》，时事出版社 2021 年版。

中国宇航学会编著：《2049 年中国科技与社会愿景：航天科技与中国天梦》，中国科学技术出版社 2020 年版。

周武、石磊编著：《飞天圆梦——共和国 60 年航天发展历程》，中国大百科全书出版社 2009 年版。

周子元编著：《中国空间事业一瞥》，经济管理出版社 1995 年版。

朱晴：《王希季院士传记》，中国宇航出版社 2014 年版。

总体国家安全观研究中心、中国现代国际关系研究院：《新疆域与国家安全》，时事出版社 2022 年版。

三、论文

毛泽东：《坚持艰苦奋斗，密切联系群众》，《新湘评论》2013 年第 15 期。

《邓小平关于发展国防科技和武器装备的思想》，《军事学术》1993 年第 7 期。

中央巡视工作领导小组：《深入贯彻落实中央巡视工作五年规划　不断巩固深化发展巡视工作》，《中国纪检监察》2018 年第 4 期。

《周谷城、华罗庚、钱学森等知识界知名人士谈新中国和毛泽东》，《党的文献》2009 年第 5 期。

邓薇：《建设国家民用空间基础设施　向航天强国迈进——第五场 CAST 空间技术论坛扫描》，《卫星应用》2016 年第 5 期。

姜天骄：《太空奏响"东方红"》，《经济》2021 年第 5 期。

雷凡培：《强化落实党建责任　助推航天强国建设》，《党建》2017 年第 10 期。

李劲东：《中国高分辨率对地观测卫星遥感技术进展》，《前瞻科技》2022 年第 1 期。

李开民：《以创先争优推进空间事业新跨越》，《企业文明》2012 年第 10 期。

刘炳峰：《中国人民解放军"三支两军"的前前后后》，《党史纵览》2006 年第 1 期。

马兴瑞：《坚持自主创新　推动中国航天事业又好又快发展》，《中国航天》2011 年第 8 期。

戚发轫：《展望 21 世纪中国空间技术》，《中国空间科学技术》1995 年第 2 期。

宋泽滨、刘济华：《毛泽东诗词与中国航天事业》，《毛泽东研究》2018 年第 4 期。

宋泽滨：《深入学习习近平总书记关于航天强国的重要论述》，《毛泽东研究》2022 年第 3 期。

孙家栋：《中国空间事业的过去、现在和未来》，《世界导弹与航天》1987 年第 2 期。

王巍：《着力推进航天科技自立自强　全面开启科技强国建设新征程》，《前瞻科技》2022 年第 1 期。

王铮、刘俊、潘健：《物资保障为东方红一号筑牢坚强后盾》，《国际太空》2020 年第 4 期。

吴季、王赤、范全林：《中国科学院空间科学战略性先导科技专项实施 11 年回顾与展望》，《中国科学院院刊》2022 年第 8 期。

吴燕生：《创新突破　为高质量发展贡献航天力量》，《求是》2022 年第 20 期。

吴燕生：《以习近平总书记关于建设航天强国重要论述为指引　奋力谱写航天事业发展新篇章》，《党建》2022 年第 6 期。

吴燕生：《以抓航天重大工程的方法抓好党建工作》，《旗帜》2021 年第 9 期。

谢军、郑晋军、张弓、马福建、赵兴隆：《卫星导航系统发展现状与未来趋势》，《前瞻科技》2022 年第 1 期。

徐福祥：《中国航天器工程的成就与展望》，《中国空间科学技术》2003 年第 1 期。

许达哲：《领导干部要做一个"明白人"》，《现代国企研究》2013 年第 12 期。

杨保华：《创新引领中国空间事业科学发展之路》，《航天工业管理》2011 年第 12 期。

杨宏、周昊澄、李伟：《空间站"太空母港"共轨飞行应用模式发展战略研究》，

《前瞻科技》2022年第1期。

于登云、马继楠：《中国深空探测进展与展望》，《前瞻科技》2022年第1期。

袁家军：《光荣与梦想　科技铸辉煌——中国空间事业发展的经验与启示》，《求是》2003年第21期。

张洪松、朱家明：《国有企业党的领导制度百年探索：发展历程与基本经验》，《四川大学学报》（哲学社会科学版）2021年第2期。

张洪太、赵小津：《继往开来谱写空间事业新篇章》，《国防科技工业》2016年第10期。

张庆伟：《加强党的先进性建设　再创航天事业新辉煌》，《求是》2005年第10期。

赵小津、李杰等：《中国空间事业发展的系统工程理论自信研究》，《航天器工程》2018年第3期。

赵小津：《深厚博大的航天精神及其力量》，《前瞻科技》2022年第1期。

李继耐：《难忘的历史时刻》，《军事历史》2003年第6期。

《"我是靠总结经验吃饭的"——学习毛泽东的思想方法和工作方法》，《学习时报》2017年2月28日。

吴燕生：《接续奋斗创新突破　为我国航天科技实现高水平自立自强再立新功》，《学习时报》2022年8月24日。

赵小津：《以高质量党建引领航天企业高质量发展》，《人民日报》2022年10月31日。

赵小津：《用好"加减乘除"四字诀　谱写航天强国建设新篇章》，《学习时报》2022年10月14日。

后 记

中国共产党领导中国人民逐梦太空的征程，历经半个多世纪，且行且歌，非凡"越"过，融于中华民族历史长河。

在 1958 年 5 月召开的党的八大二次会议上，毛泽东主席发出"我们也要搞人造卫星"的伟大号召，中国共产党领导中国人民逐梦太空的征程正式启航。作为逐梦太空的中坚力量，中国航天在半个多世纪的奋斗征程中始终坚持党的领导、姓党为党，砥砺前行、奋勇拼搏，用一次次圆满成功、一项项历史成就，擎举起中华民族新的世界高度。特别是党的十八大以来，习近平总书记高度重视航天事业发展和空间技术进步，作出一系列关于航天强国建设的重要论述，为新时代加快发展航天事业、建设航天强国提供了根本遵循。新时代的中国航天，不忘初心、牢记使命，紧紧跟随党的旗帜，有力服务国家战略需要，不断创造新的历史。辉煌的航天成就充分彰显国家科技实力与综合国力，深厚博大的航天精神被纳入中国共产党人的精神谱系永放光芒，勇于创新突破的航天奋斗已成为加快实现高水平科技自立自强的生动典范。

中国共产党领导中国人民逐梦太空的征程，注解着百余年来中国共产党领导中国人民踏过烟云、砥柱人间的苦难辉煌，昭示着中华民族迎来了从站起来、富起来到强起来的伟大飞跃，记录着中国航天事业从昨天走到今天、从历史走向未来的壮阔史诗。全面回顾中国共产党领导中国人民逐梦太空的历史进程，系统梳理中国航天听党指挥、向党而行的历史脉络，深刻总结蕴含其中的历史经验规律，既是我们深切的夙愿，也是我们必须担负的使命。

2022 年 10 月，党的二十大在北京胜利召开，在全党全国各族人民迈上全面建设社会主义现代化国家新征程、向第二个百年奋斗目标进军的关键时刻，就新时代新征程党和国家事业发展制定大政方针和战略部署，为全面建设社会主义现代化国家指明了前进方向、确立了行动指南。

回望来时路，阔步新征程。中国共产党领导中国人民正在以更加坚定的自信、更加昂扬的斗志、更加稳健的步伐逐梦太空、挺进未来。蓝图已经绘就，号角已经吹响，在以习近平同志为核心的党中央坚强领导下，中国航天站在了加快建设航天强国的新起点上，正在更加壮阔的新征程上砥砺奋进。新征程是充满光荣和梦想的远征。中国航天人将继续踔厉奋发、勇毅前行，努力谱写新的壮丽篇章，为党和人民赢得更加伟大的胜利和荣光。

在这一极具历史意义的节点上，组织编写一部回顾中国共产党领导中国人民逐梦太空的峥嵘历程、展望中国航天事业美好前景的著作，正当其时、很有意义。怀着强烈的责任感和紧迫感，我们抽调相关单位的骨干力量，组建核心编写团队，迅速集结、科学分工、有序协作，搭建起"领导专家顶层把关、核心团队系统推进、骨干力量深度参与、编写成员专业深耕"的写作架构，保证了编写工作的高效推进。我们下决心要把党对中国航天事业坚强领导与深切关怀写出来，把中国航天听党指挥、向党而行的政治本色和爱国奉献、接续奋斗取得的发展成就写出来。

本书是在中国空间技术研究院党委的领导下，协同攻关、集体合作推进的。赵小津担任主编，李大明、路明辉、李杰担任副主编，对核心主旨、成文框架和内容布局进行深入指导，并审阅了每一轮重大修改后的书稿，审定了全书的终稿。

全书由孙葭艺、吴晓波、高大林、张国航负责搭建框架、组织编写、完成统稿、推动定稿。高大林、张国航、孟旭、薛飞、金哲阳作为编写组核心团队成员，在书稿编写、修改完善、核对文献、校订修改等方面做了大量工作。胡水洋、门昱、郭兆炜、赵淑霞、贾然、王莹、李明、潘晨、于长海、卢昕平、李敏、成方、庞丹、王天成、叶峰屹、沈昕、陆海东、曹冉、孙琳、张宇通、詹桓、时小丹、李方乐、徐芳、陈袁作为编写骨干，在挖掘史料、收集素材、章节成稿等方面亦作出了重要贡献。

在本书编写过程中，孙家栋院士给予亲切指导，并题词："不忘初心跟党走，传承精神立新功。"戚发轫院士亲自为本书作序，肯定本书"站位高远、视角宏阔，字里行间充满了力量"。叶培建院士详细审阅书稿，认为"出这样一本书很有意义"，为本书题词并提供了很多宝贵的启发性建议。杨孟飞、周志成、杨宏、李得天等院士以及谢军、孙泽洲、张庆君、杨慧、柯受全等专家在提出建议意见的同时，还生动讲述了很多航天奋斗故事，为我们丰富文章血肉、还原历史现场提供了珍贵的素材。杨克勤、刘燕宁、马世俊、时旭、叶子鹏等专家通读书稿、详细校订，付出了辛劳，在此一并致以谢忱。中国空间技术研究院相关部门和单位选派精干力量参与本书编写，并提供了大量的支撑性素材。蒋德慧、邹亮为本书编写作出了重要的保障性贡献。多位老同志和许多领导、专家参与了本书的审稿工作，提出了宝贵的意见建议。在此，我们向所有为本书作出贡献的单位和个人表示诚挚的感谢和由衷的敬佩！

最后，我们还要衷心感谢人民出版社一如既往的支持与厚爱。尤其是责任编辑毕于慧女士，在《精神的力量》一书之后，对这本《旗帜的力量》的编写工作再次进行了全过程的专业化指导，为本书顺利付梓面世作出了卓著的贡献！

限于编写团队的写作水平与学识积累，疏漏及不当之处在所难免，恳请广大读者批评指正。

编 者

2023 年 1 月